新能源汽车大讲堂

刘邗　侯明月 **主编**

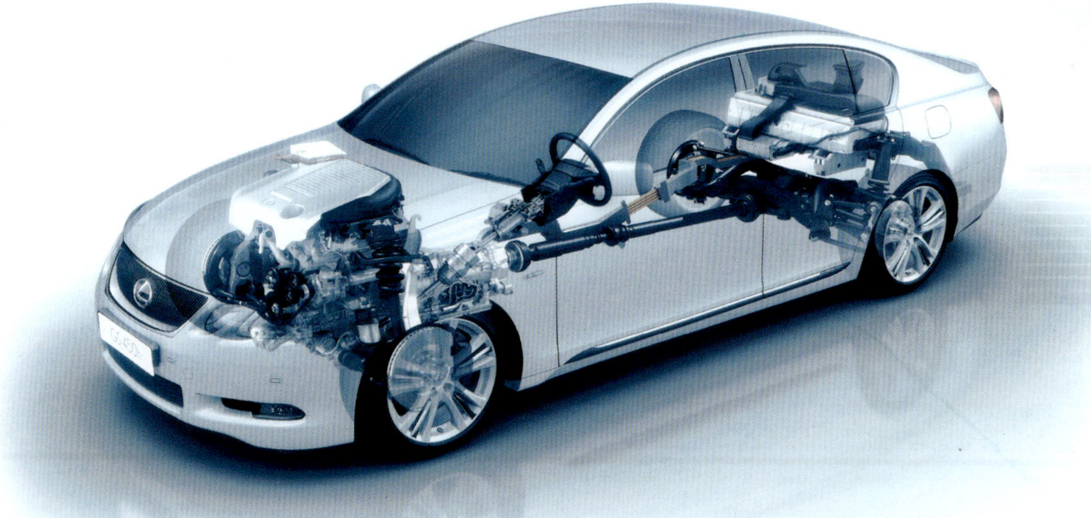

人民交通出版社
China Communications Press

内容提要

本书完整地介绍了内燃机绿色技术、替代燃料汽车、混合动力汽车、电动汽车和燃料电池汽车等，并用大量的全彩汽车内部透视图加以解说，是汽车爱好者不可多得的新能源汽车方面的科普图书。

图书在版编目（CIP）数据

新能源汽车大讲堂 / 刘邗，侯明月主编．—北京：人民交通出版社，2011.1
ISBN 978-7-114-08735-6

Ⅰ．①新… Ⅱ．①刘… ②侯… Ⅲ．①汽车—燃料—新技术应用Ⅳ．①U473-39

中国版本图书馆 CIP 数据核字（2010）第 206041 号

书　　名：**新能源汽车大讲堂**
著 作 者：刘　邗　侯明月
责任编辑：谢　元
出版发行：人民交通出版社
地　　址：(100011) 北京市朝阳区安定门外外馆斜街 3 号
网　　址：http://www.ccpress.com.cn
销售电话：(010)59757969,59757973,85285656
总 经 销：人民交通出版社发行部
经　　销：各地新华书店
印　　刷：北京盛通印刷股份有限公司
开　　本：880×1230　1/24
印　　张：7
字　　数：294 千
版　　次：2011 年 1 月 第 1 版
印　　次：2011 年 1 月 第 1 次印刷
书　　号：ISBN 978-7-114-08735-6
印　　数：0001-4000 册
定　　价：32.00 元

编委会名单（排名不分先后）

前　言

低碳环保已经成为当今世界最深入人心的话题，而作为低碳环保最大污染源之一的汽车尾气，已经成为环保人士的众矢之的。从降低排量到不断对技术推陈出新，汽车生产商的研发团队一直在为降低自己产品对地球的“过失”而努力着。但内燃机从发明到现在，经历过上百年的进化，其成熟度已经让那些绝顶聪明的汽车工程师无计可施。虽然内燃机仍有不断的新技术涌现，但对于环保或者节能的贡献越来越小。因此，彻底改变现有的内燃机驱动系统，成为未来发展的关键也是必然。许多生产商都有自己的一套未来清洁汽车的发展方向，不过具体的思路大同小异，都从替代能源开始着手，逐渐发展自己规划中的替代驱动系统。

走在前列的汽车生产商，已经在各自计划的领域有了成果。他们也都赞同现阶段改进内燃机技术、短期使用替代能源、中期使用混合动力、最后完成纯电动和燃料电池的转变路程。

内燃机技术方面，各个厂家都非常成熟，各种新技术也能很快地投入到量产车当中，在性能不下降的前提下，环保条件得到了有效的改善。

替代能源作为内燃机技术的补充，在欧美发达国家已经渗入到乘用车领域并开始发挥一定的作用。天燃气、液化石油气和生物燃料等已经广泛地开始运用。

混合动力方面，走在最前面的是丰田和本田，他们的混合动力车已经在路上行驶了超过 10 年，惠及超过百万的普通消费者。从 2008 年开始，通用、福特也开始大量的推出混合动力车型；2009 年，奔驰、宝马这些欧洲传统品牌也进入到混合动力领域。虽然现在有大量的混合动力车型上市，但由于价格等原因仍未达到普及的阶段，还有很长一段路要走。

在彻底改变传统的汽车驱动方式方面，电动汽车和燃料电池汽车被认为是终极的解决方案，它们最大的特点是不依赖石油资源，并且无任何废气排放。电动汽车在技术上并没有太多的瓶颈，主要的阻碍就是价格和配套设施，一旦这两个难题解决了，电动车将畅行于满大街小巷。燃料电池存在价格和配套设施等方面的问题，而技术方面也需要不断的改善。在此领域，走在前列的是通用、奔驰和本田。在未来的 1~2 年内，这三家生产商的燃料电池车都将开始小批量的生产，这的确是一个新时代的开始。

总而言之，现在无论是厂家还是消费者，对于新能源汽车的渴求都达到了前所未有的程度。本书也借此机会，将一些新能源的基本知识以及现在一些典型的车型，用立体的透视图并辅以详细的图片说明呈现给读者，使读者能在最通俗易懂的图文中逐步了解这些未来将会改变我们生活的技术或汽车。

由于时间仓促，书中难免会出现错误，希望读者予以谅解并指正。

刘邗

2010.08

目录

第一章　绿色技术

第二章　替代燃料汽车

目录

第三章　混合动力汽车

第四章　电动汽车

第五章　燃料电池汽车

第一章　绿色技术

虽然未来的汽车环保方向，会向混合动力汽车、电动汽车、燃料电池汽车或其他新能源汽车方向发展，但日益高涨的环保意识已经让现有的汽车生产商对传统的内燃机付诸更多的技术研发。基于现有发动机的新技术也层出不穷，不断提高发动机性能，同时降低发动机的油耗，减少 CO_2 的排放，尽可能通过新技术让发动机更环保，适应往绿色汽车发展的趋势。

第一节　可变气门正时技术

VVT 是英文 Variable Valve Timing 的缩写，中文译意可变气门正时技术。它是汽油发动机技术发展的一个里程碑。其主要设计思路是根据发动机的运行情况，调整进气（排气）量和气门开闭时间、角度，使进入的空气量达到最佳，提高燃烧效率，同时提高燃油经济性。

活塞式四冲程发动机都由进气、压缩、做功、排气 4 个行程完成。汽缸进气的基本原理是“负压”，也就是汽缸内外的气体压强差。当发动机低速运转时，气门的开启程度不可太大，否则会造成汽缸内外压力均衡，负压减小，使进气不充分，此时需要以短行程的方式加以控制；当发动机高速运转时，需要更多的进气量，因此需要长行程的气门升程。为了适应各种行车情况，发动机在低转速时要有出色的转矩，在高转速时能释放出更高的功率，但往往鱼和熊掌不能兼得，直到 VVT 技术的出现。

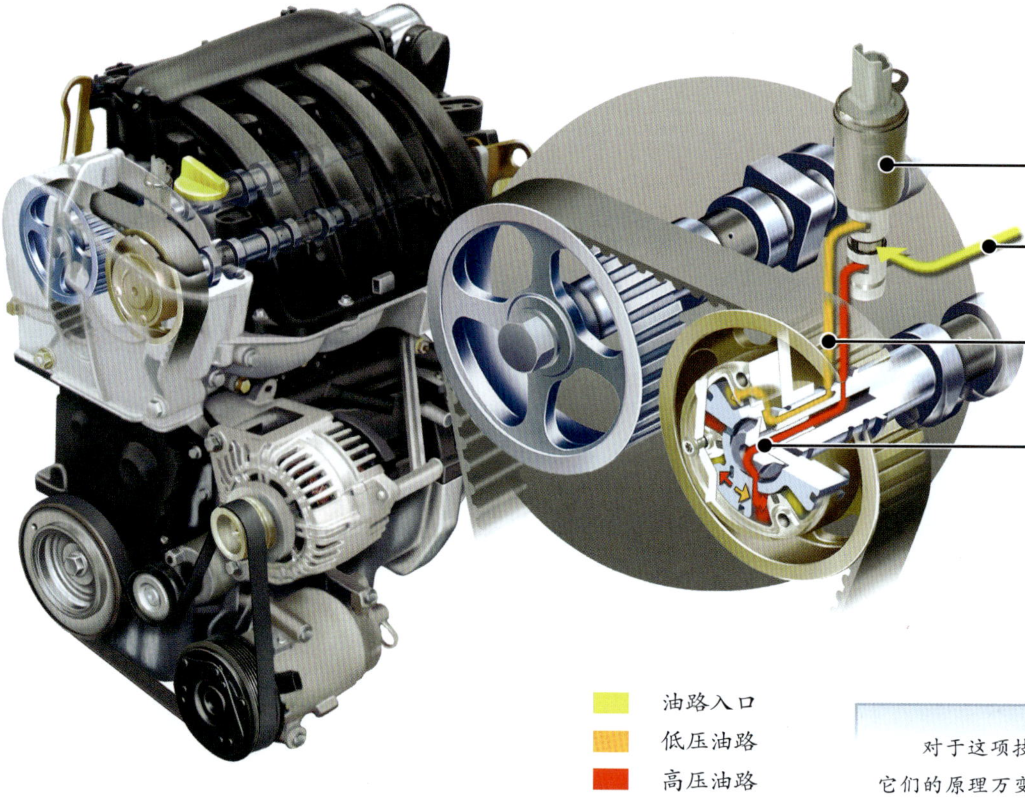

■ 可变气门正时控制机构原理图

上图是一个典型的可变气门正时控制机构。在凸轮轴与正时齿轮之间有两个液压室。一个为高压油区，另一个为低压油区。因此，只要调节两个油区之间的压力差，就能改变配气正时角了。而两个油区的油压是通过上图所标示的油压控制阀调节的。油压调节阀实质上就是一个电磁阀，通过电脑传输过来的脉冲电流来控制阀门的通断。当高压油路（图中红色的通道）接通时，整个油室处于加压状态，根据图中红色箭头的方向很容易判断，此时配气正时被推迟，重叠角增大，适用于低转速；当电磁阀控制黄色区域压力高于红色区域压力时，凸轮轴会如图中黄色箭头所示，提前一个角度，这样重叠角减小，适用于高转速。

对于这项技术，许多厂家都已经掌握，它们的原理万变不离其宗，只不过名称和具体实施细节略有不同。知名汽车品牌的VVT技术名称如下：

本田：VTEC、i-VTEC

丰田：VVT-i、双 VVT-i

三菱：MiVEC

马自达：S-VT

现代：CVVT

雷诺 / 日产：VTC、C-VTC

宝马：Valvetronic、双 -VANOS

保时捷：Variocam

奥迪：AVS

一、本田 i-VTEC

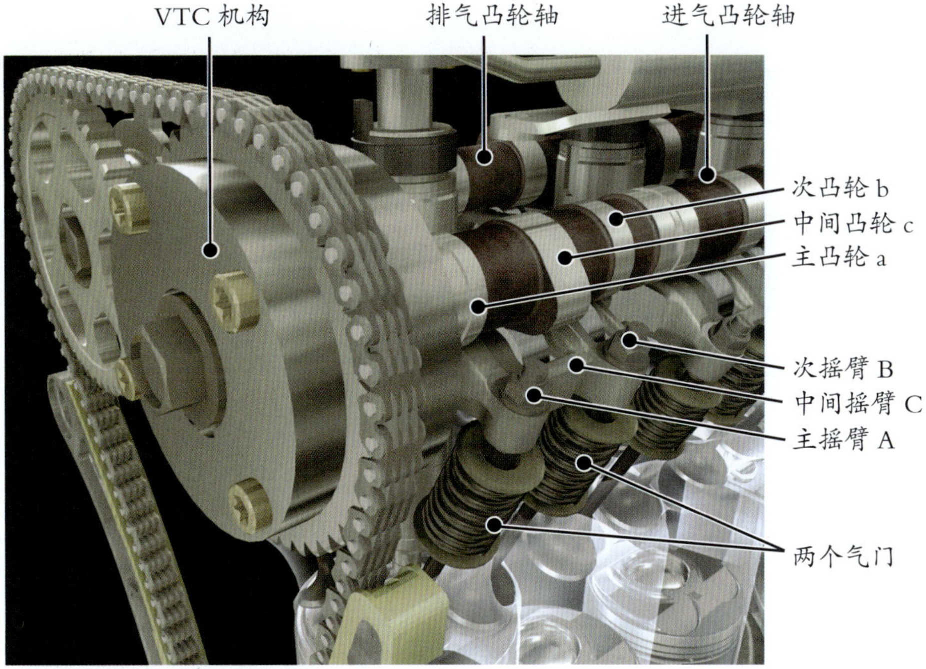

■ 本田 i-VTEC 机构图

VTEC 系统的全名是“Variable Valve Timing and Lift Electronic Control”，中文译意“可变气门正时及升程控制系统”，VTEC 机构最早出现在 1989 年，由于技术先进，一直享有“可变气门技术的代名词”美誉。与普通发动机相比，VTEC 发动机同样是每缸 4 气门（2 进 2 排）、凸轮轴和摇臂等，不同的是凸轮与摇臂的数目及控制方法。

除了原有控制两个气门的一对凸轮（主凸轮 a 和次凸轮 b）和一对摇臂（主摇臂 A 和次摇臂 B）外，还增加了一个较高的中间凸轮 c 和相应的摇臂（中间摇臂 C），三根摇臂内部装有由液压控制移动的小活塞。通过电磁阀对液压系统的控制来移动小活塞，可以根据需求来决定用哪个凸轮来控制摇臂，从而达到控制升程的目的。

VTEC 系统对于配气正时的改变仍然是阶段性的，也就是说其改变配气正时只是在某一转速下的跳跃，而不是在一段转速范围内连续可变。为了改善 VTEC 系统的性能，本田推出了 i-VTEC 系统。

简单来说，i-VTEC 系统是在 VTEC 系统的基础上，增加了一个称为 VTC（Variable Timing Control 即“可变正时控制”）的装置——一组进气门凸轮轴正时可变控制机构，即 i-VTEC=VTEC+VTC。此时，排气门的正时与开启的重叠时间是可变的，由 VTC 控制，VTC 机构的导入使发动机在大范围转速内都能有合适的配气正时，这在很大程度上提高了发动机的性能。

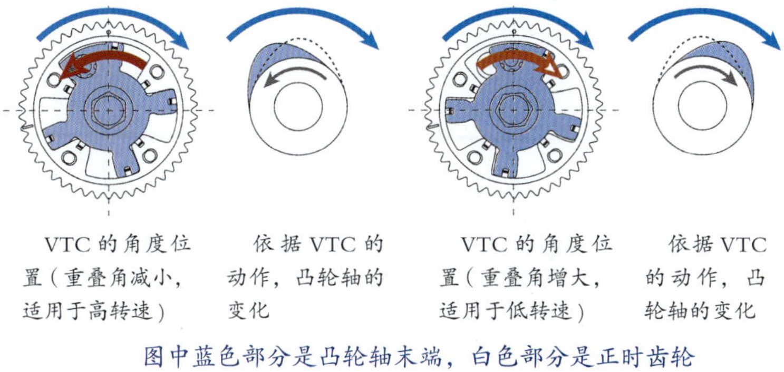

■ VTC 机构操作图

二、宝马 VANOS

VANOS 是宝马发动机连续可变气门正时技术的简称，它是一套液压及机械机构组成的凸轮轴控制装置。VANOS 技术可分为单 -VANOS（单凸轮轴可变气门正时系统）和双 -VANOS（双凸轮轴可变气门正时系统）。

单 -VANOS 是指进气门正时可变（排气门正时不可变）技术，系统能够根据发动机转速及加速踏板行程来调节进气门正时。

双 -VANOS 是进气门正时和排气门正时都可变的技术。相对于单 -VANOS 只能对高低转速进行调节的能力，双 -VANOS 可以让功率在整个转速范围内都得到优化。双 -VANOS 可持续调节进气门和排气门的凸轮轴位置，结果是低转速时转矩明显增大，高转速时功率更高，同时降低油耗和排放。

在低发动机转速时，移动凸轮轴的位置，使气门延时打开，提高怠速质量并改善功率输出的平稳性；在发动机转速增加时，气门提前打开，增大转矩，降低油耗并减少排放；高发动机转速时，气门重新又延时打开，为全额功率输出提供条件。

双 -VANOS 还控制循环返回进气歧管的废气量以增强燃油经济性。系统在发动机预热阶段使用一套专用参数以帮助三元催化转换器更快达到理想工作温度并降低排放。

■ 宝马 单 -VANOS 机构图

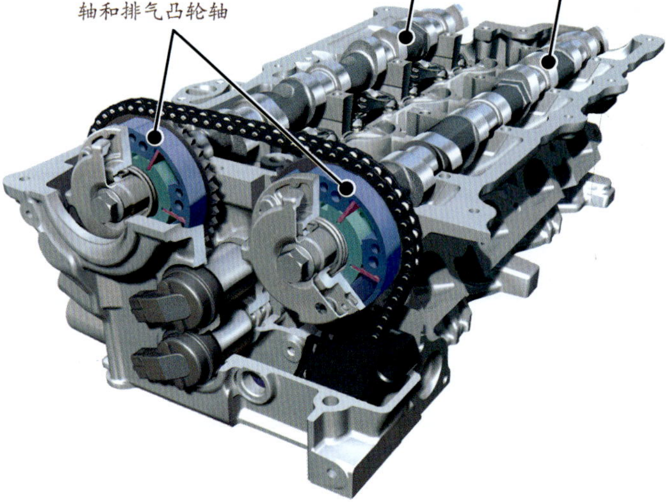

■ 宝马 双 -VANOS 机构图

三、宝马 Valvetronic 电子气门

顾名思义，Valvetronic 意谓电子气门。在普通的发动机进气歧管当中，有一个节气门来控制空气的进入流量以输出从加速踏板传递过来的驾驶意图。Valvetronic 取消了传统的节气门，而是通过进气门升程的变化来控制混合气吸入量，进而减少发动机的泵吸损失。

与传统的双顶置凸轮轴发动机相比，Valvetronic 系统增加了一根辅助偏心轴、一只步进电动机和带复位弹簧的中间杠杆等部件。

Valvetronic 工作原理如下：发动机管理系统根据车辆的功率及转矩需求，通过电气系统驱动步进电动机；步进电动机通过齿轮传递给偏心轴；偏心轴发生转动，其转角变化导致带复位弹簧的中间杠杆发生改变，控制摇臂，使气门升程根据需要产生变化。简单来说，当驾驶人用力踩加速踏板时，进气门便开得深（升程大）；反之，驾驶人轻踩加速踏板时，进气门便开得浅（升程小）。

Valvetronic 摒弃了传统发动机的节气门，减少了泵吸损失，进而可以大大节省油耗量，特别是当发动机处于低转速区时。同时，没有节气门阻流效应的进气门周围进气流速加快，加速了燃油/空气混合物的雾化，提高了燃烧速度。所以，Valvetronic 在提高燃油经济性的同时，还能够提高发动机功率、转矩输出和降低排放。

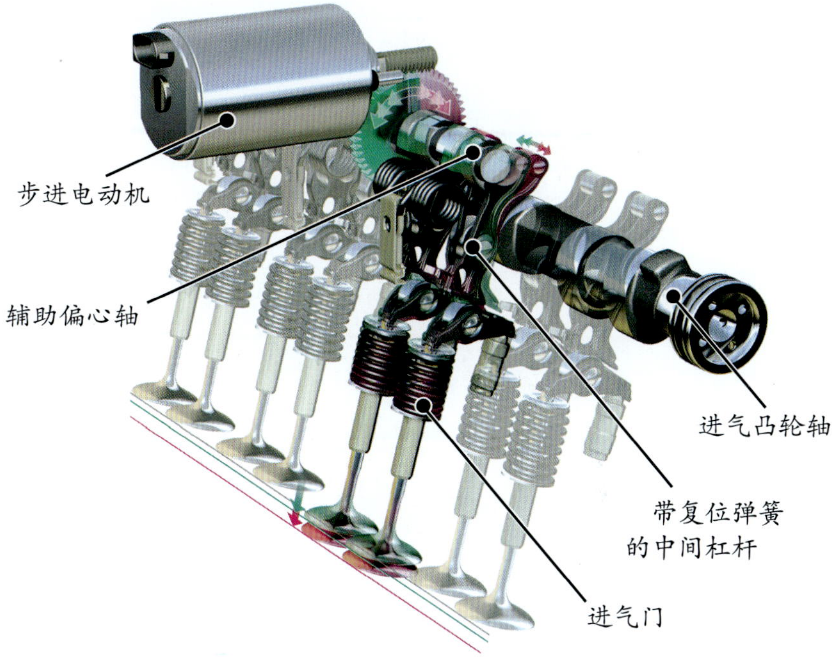

■ Valvetronic 原理图

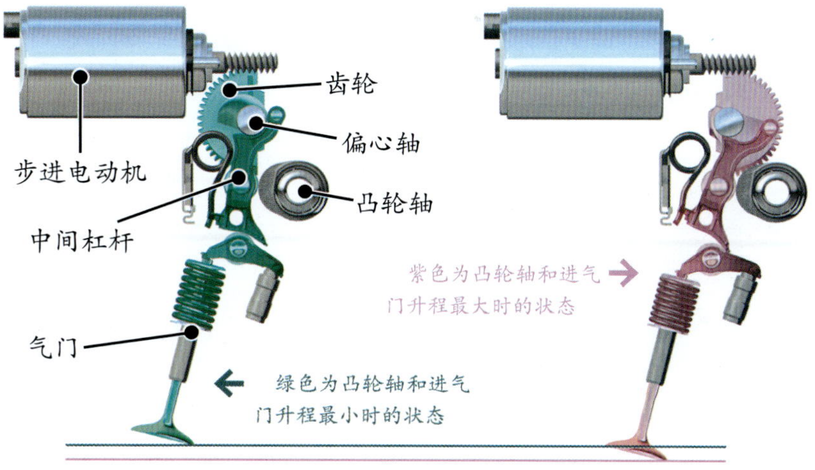

■ Valvetronic 原理分解图

四、保时捷 Variocam/Variocam Plus

以水平对置发动机闻名于世的保时捷同样也有气门正时系统："VarioCam"。VarioCam 技术最早运用在 1991 年的 968 车型上。它利用正时链条改变凸轮轴的相位角，因此它能分三段改变气门正时。这是最早的保时捷气门正时系统，其缺点是不能实现大范围的气门相位角变化。

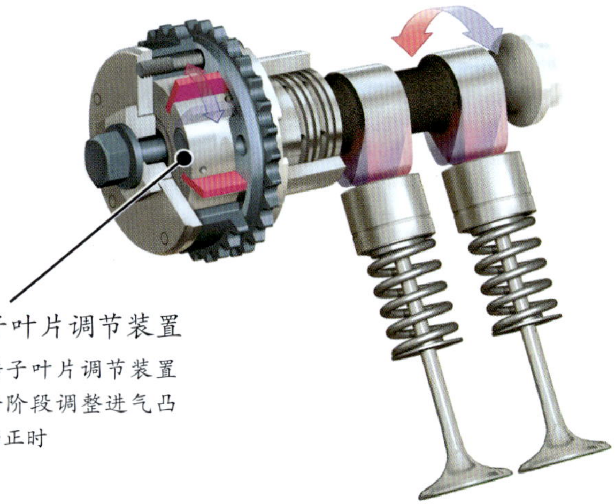

■ 保时捷 Variocam 原理图

为了达到连续可变气门正时的目标，保时捷开发了 VarioCam Plus 系统，用液压机构取代了链条机构。VarioCam Plus 系统（如左图）每个气门被三个凸轮控制，很明显中间的凸轮带来较小的气门行程（仅 3mm）和较短的气门开启时间，即低速凸轮。外部的两个凸轮形状相同，它带来的是高速正时和更长的行程（10mm），凸轮由气门顶部的液压机构顶杆来选择，在气门顶的内部，设计有液压顶杆，它们能在液压的作用下，把气门和气门顶锁在一起，通过这种方法，可以使高速凸轮轴驱动气门。如果气门与气门顶没有锁在一起，那么气门则被中间的低速凸轮直接驱动，气门顶的运动与气门无关。

这套可变气门行程机构结构简单可变气门顶比普通的可变气门行程机构占用更少的空间。但是目前 VarioCam Plus 仅在进气系统上配备。

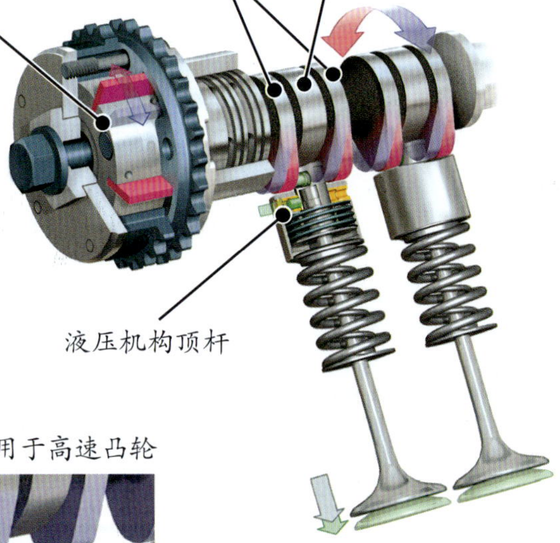

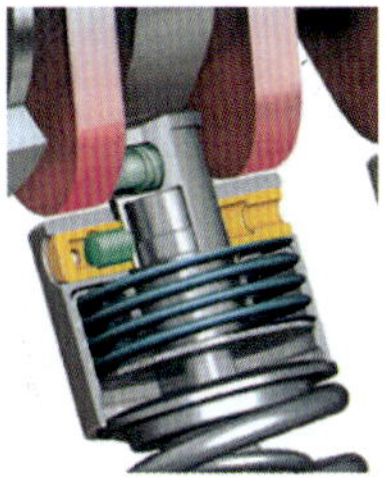

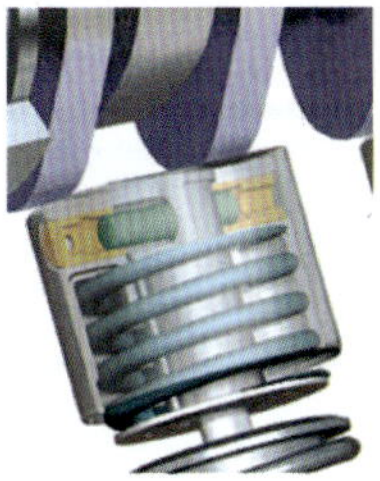

■ 保时捷 VarioCam Plus 原理图

五、奥迪 AVS

奥迪 AVS（Audi Valvelift System）即可变气门升程系统针对汽油发动机进气门正时和升程加以控制，功能类似于本田 i-VTEC，但机械结构略有不同：AVS 在负责控制进气门的凸轮轴上具备两组不同角度的凸轮和负责改变升程的螺旋沟槽套筒。螺旋沟槽套筒由电磁阀加以控制，以切换使用两组不同凸轮，改变进气门的开启升程。

在发动机高负载的情况下，AVS 系统将凸轮向右推动 7mm，使角度较大的凸轮得以推动气门顶杆；在此情况下，气门升程可达 11mm，以提供燃烧室最佳的进气量和进气流速，实现更强劲的动力输出。

在发动机低负载的时候，为了追求发动机节油性能，此时 AVS 则将凸轮推至左侧，以较小的凸轮推动气门顶杆。此时气门升程可在 2 ~ 5.7mm 之间进行调整。

由于采用不对称的进气升程设计，因此空气以螺旋方式进入燃烧室，可让汽缸内的油气混合状态进一步优化，在省油的同时，燃烧更充分。

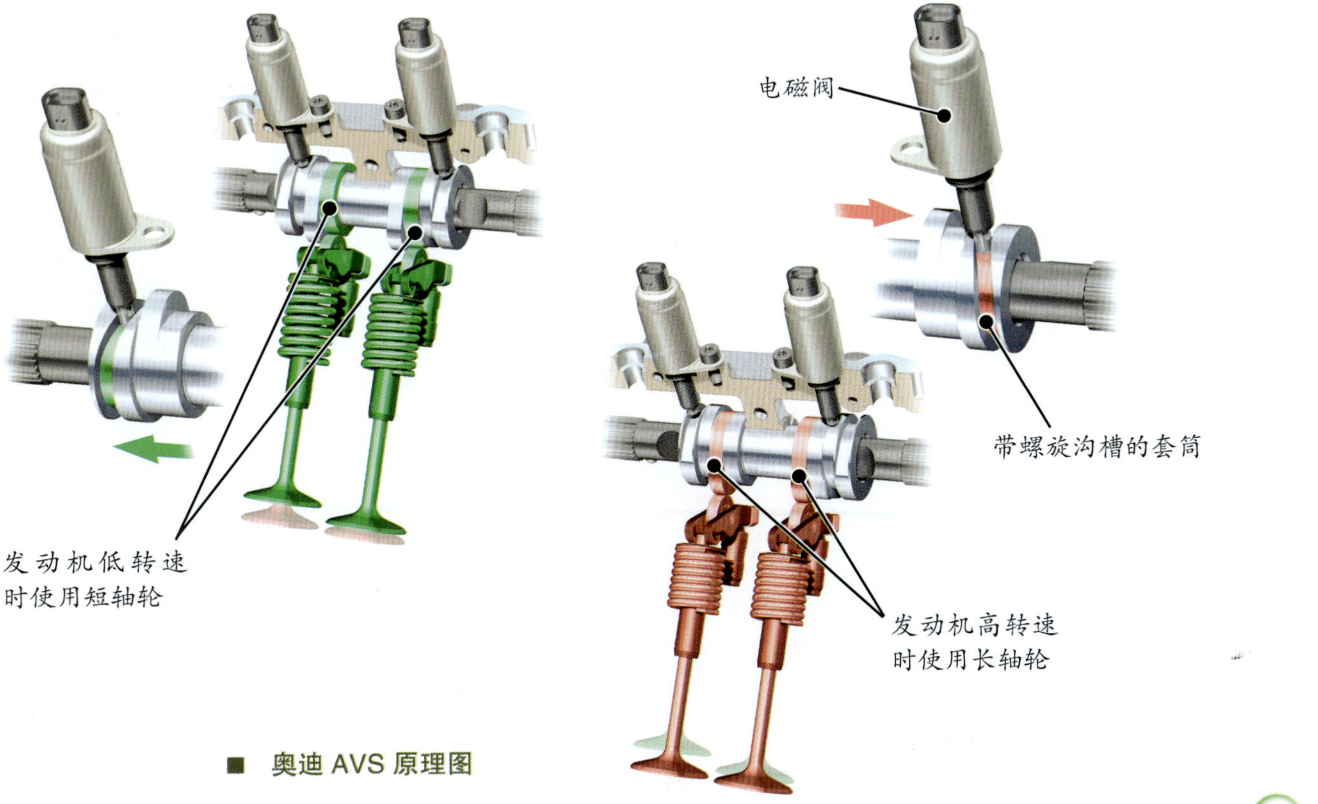

■ 奥迪 AVS 原理图

第二节　GDI 燃油直喷技术

GDI 就是（Gasoline Direct-Injection）中文意谓汽油直接喷射。直喷式发动机与一般汽油发动机的主要区别在于汽油喷射的位置，目前一般汽油发动机上所用的汽油电控喷射系统，是将汽油喷入进气歧管或进气管道里，与空气混合成混合气后再通过进气门进入汽缸燃烧室内被点燃做功；而缸内喷注式汽油发动机顾名思义是在汽缸内喷注汽油，它将喷油嘴安装在燃烧室内，将汽油直接喷注在汽缸燃烧室内，空气则通过进气门进入燃烧室与汽油混合成混合气被点燃做功。直喷技术能有效的降低热损耗，从而增加动力输出、降低燃油消耗。目前有很多汽车生产商都有自己的直喷技术，比如三菱 GDI、大众 / 奥迪 FSI、通用 SIDI、奔驰 CGI、保时捷 DFI、菲亚特 JTS、福特 EcoBoost 等。

一、奥迪 FSI

FSI 是 Fuel Stratified Injection 的简写，中文意指燃料分层喷射技术。FSI 系统通过一个活塞泵提供所需的 10MPa（100bar）以上的压力，将汽油提供给位于汽缸内的电磁喷射器。再经电脑控制喷射器将燃料在最恰当的时刻直接注入燃烧室。

FSI 技术采用了分层燃烧和均质燃烧两种燃料方式。在发动机低、中速运转时采用分层燃烧，此时节气门为半开状态，空气进入汽缸撞在活塞顶部，由于活塞顶部制作成特殊形状而在火花塞附近形成期望中的涡流。当压缩过程接近尾声时，少量的燃油喷出，形成可燃气体。分层燃烧方式可充分提高发动机的经济性，因为在转速较低、负荷较小时除了火花塞周围需要形成浓度较高的油气混合物外，燃烧室的其他地方只需空气含量较高的混合气即可。

当节气门全开，发动机高速运转时采用均质燃烧，大量空气进入汽缸形成较强涡流并与汽油均匀混合。从而促进燃油充分燃烧，提高发动机的动力输出。电脑不断地根据发动机的工作状况改变燃烧模式，始终保持最适宜的供油方式。不仅提高了燃油的利用效率和发动机的输出，而且改善了排放。

分层燃烧　　　　均质燃烧

■ 燃油直喷的两种模式图

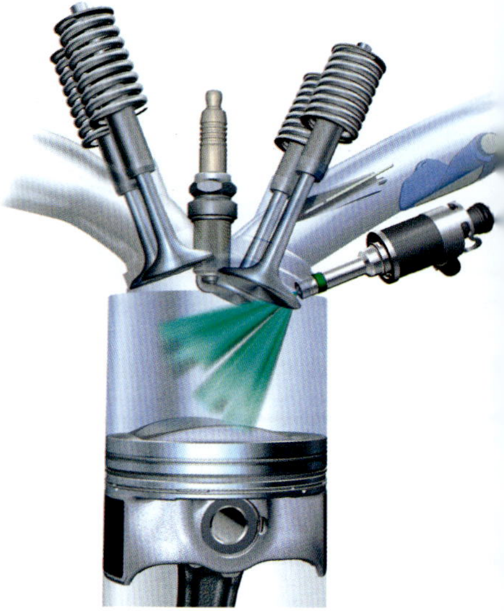

■ 奥迪 FSI 示意图

二、奔驰 CGI

CGI 是奔驰的燃油直喷、分层燃烧技术。它同样包含分层燃烧和均质燃烧两种燃烧模式，分别服务于正常行驶和高速行驶。与其他直喷技术相比，CGI 技术最大的一个特点是采用了压电技术，这样就可以更直接地控制汽油喷射，通过气门来决定气流的大小，这种直接的控制方式使每一次气门开合都非常精准、稳定，可变负荷的压电控制器还保证了气流的连续性。压电技术为高效率的燃烧过程提供了保证。CGI 发动机还采用了新型的喷射器，在任何喷射和操作条件下，它都能形成成分稳定的燃烧混合气。此外，高达 20MPa（200bar）的油压保证了燃油喷射的连续稳定。这些技术所带来的结果就是：燃油喷射非常精确、大幅度地降低了油耗。

■ 奔驰 CGI 布局（中置压电喷油嘴）

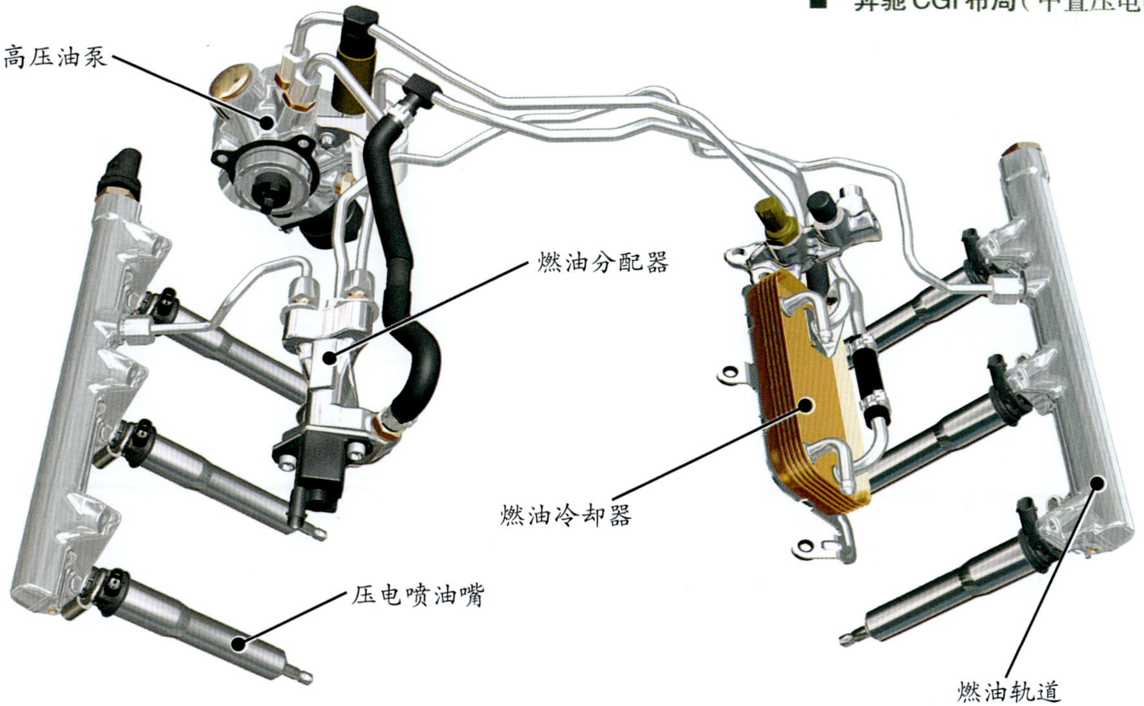

■ 奔驰 V6 CGI 汽油发动机燃油喷射系统

第三节　VDE 可变排量控制技术

VDE 是可变排量发动机的英文简称。不难发现，豪华汽车通常都采用 V6、V8、V10 甚至 V12 的多汽缸大排量发动机，但日常行驶，大多数情况下并不需要大功率的输出，大排量多汽缸就显得有点浪费，不仅费油而且 CO_2 排放严重。VDE 发动机便有了其生存的空间，本田的 VCM、通用的 DoD、克莱斯勒的 MDS 都是相同的可变排量理念，只不过方法不同而已。

一、本田 VCM

本田的 VCM 系统是 Variable Cylinder Management 的简称，意思是可变汽缸管理。在早先的 VCM 系统中，可以按需关闭一半的汽缸，也就是双数的汽缸，而新的 3.5L V6 发动机可在 3、4、6 缸之间变化，使用发动机排量也能在 1.75~3.5L 之间变化。简单来讲，这台 3.5L 发动机，既可以作为 V6 发动机工作，也可以同时根据发动机工况需要，“变身”为直列 3 缸发动机或者 V 形 4 缸发动机。

VCM 有三种不同的模式以适应各种驾驶情形：

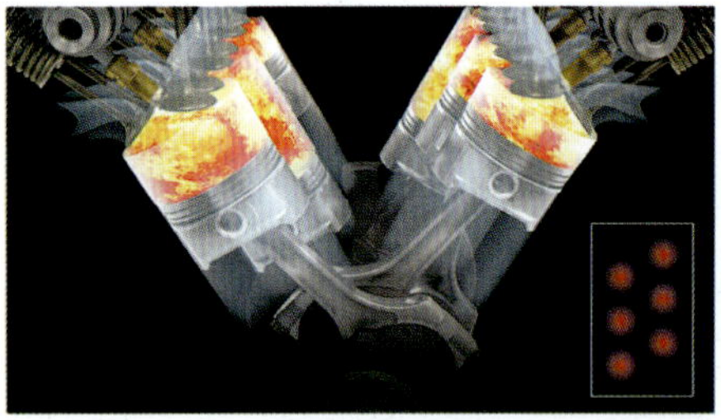

6 缸运行

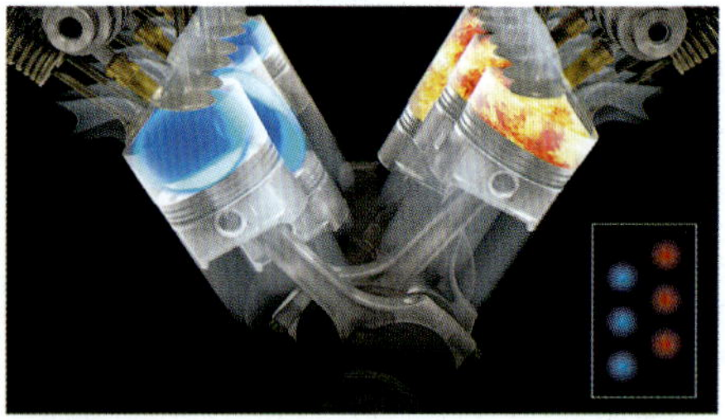

3 缸运行

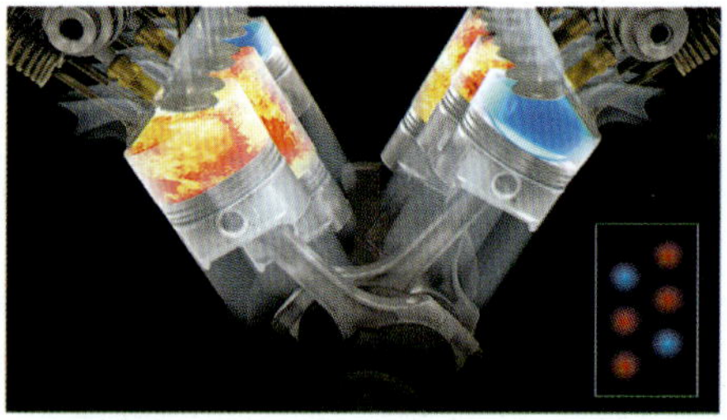

4 缸运行

■ VCM 三种模式模拟图

在发动机起动、加速或者低挡位爬坡时，发动机会起动所有的 6 个汽缸来运行，这样主要是为了满足发动机起动初期缸体的各个部分加热均匀，或者是满足动力输出的需求。此时，发动机可以以最快速度满足最大功率或者最大转矩的动力需要。

当车辆处于中低速的定速巡航或者发动机低负荷需求时（怠速状态下），VCM 会通过控制 VTEC 关闭发动机一侧的三个汽缸的进、排气以及供油来完成从 V6 发动机到直列 3 缸发动机工作模式的切换。此时，这台 3.5L 发动机的工作排量只有 1.75L。

在中等加速、高速巡航和缓坡行驶时，发动机将会用 4 个汽缸来运转。此时，VCM 系统会仅仅保持发动机每一列三个汽缸中最靠近远端的两个汽缸的正常工作状态，相对靠近中心那个汽缸则会被关闭。

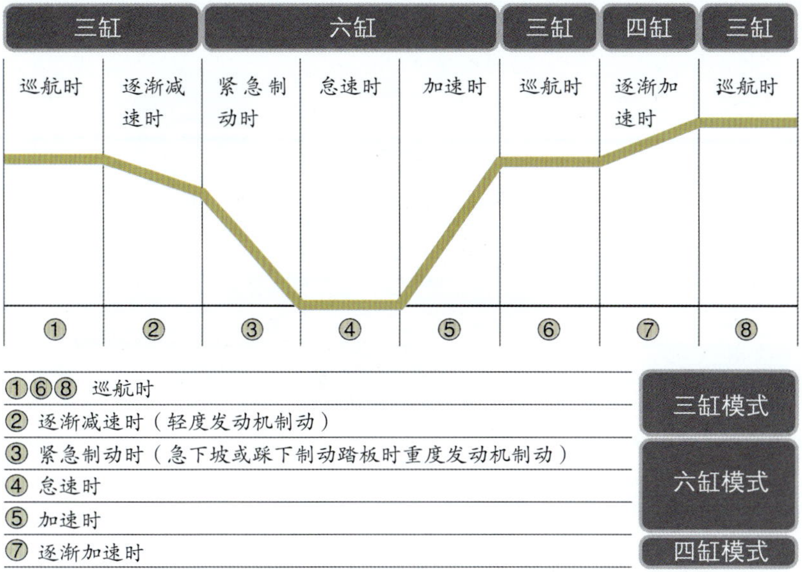

■ VCM 三种模式在实际驾驶状况下的工作状态

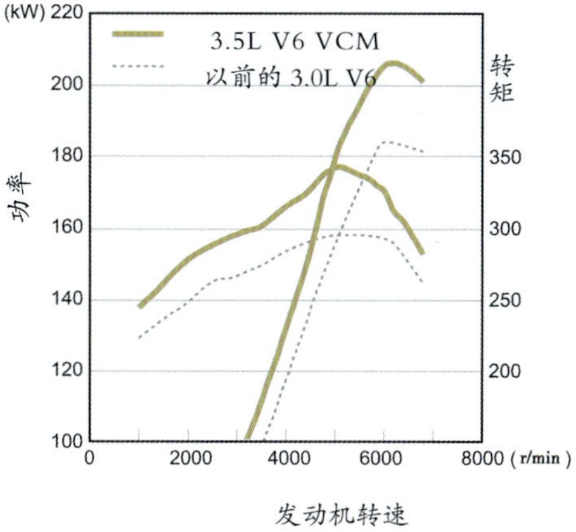

■ 3.5L V6 VCM 工况图

二、通用 DoD

DoD(Displacement on Demand) 是通用公司的可变排量控制技术。工作时，中央处理器会根据从各传感器收集到的信息进行综合分析判断，当发动机的载荷较小，不需要那么多的动力时，电脑发出指令，停止半数缸——也就是 4 个缸的喷油、点火工作，让另外的 4 个缸继续足以胜任的工作。而当驾驶人踩下加速踏板，或车辆在自动巡航时遇到上大坡的情况，电脑迅速反应，开启所有汽缸投入工作，提供充分动力。这一切都是自动进行，DoD 状态的切换时间以毫秒记，而且对发动机运转的平顺性无任何影响，驾驶人根本无需操心，也感觉不到。

DoD 带来的最直接的好处就是在发动机的动力性、排放和噪声振动等性能保持不变的前提下，获得极佳的燃油经济性。测试证明，它可节省最高达 8% 的油耗。

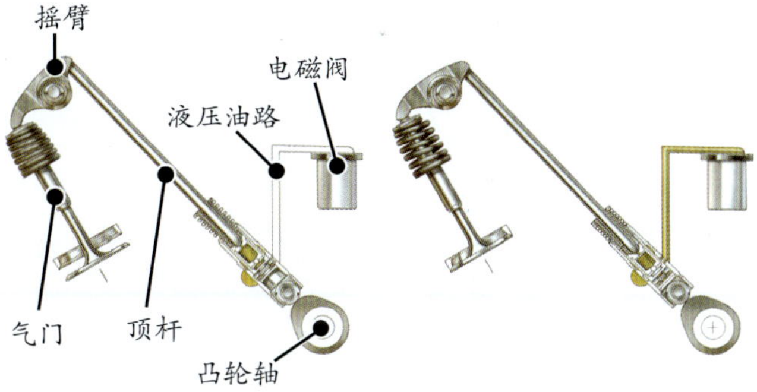

DoD 系统关闭

此时顶杆作用于摇臂来控制气门开合，汽缸正常工作

DoD 系统开启

电磁阀控制液压油路使顶杆失去作用，汽缸停止工作

■ 通用 DoD 系统的工作原理

第四节　涡轮增压技术

涡轮增压的英文名称为 TurboCharger，一般来说，如果在汽车尾部看到 Turbo 或者 T，即表明该车采用的发动机是涡轮增压发动机。

涡轮增压的主要作用就是提高发动机进气量，从而提高发动机的功率和转矩。它的作用是很有现实意义的，比如现在最常见的 1.8L 排量发动机，经过增压后，输出的功率可以与 2.4L 发动机水平相当，但是耗油量却比普通型 1.8L 发动机并不高多少。因此我们并不需要仅靠大排量才能获得高功率，在另外一个层面上来说就是提高燃油经济性和降低尾气排放。

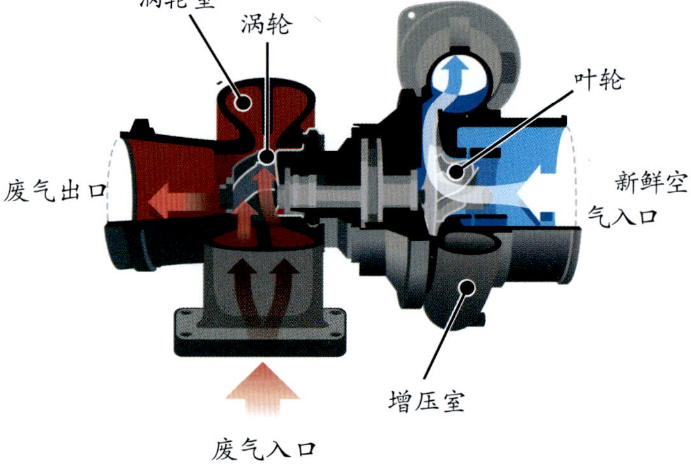

■ 废气涡轮增压器的组成（平面图）

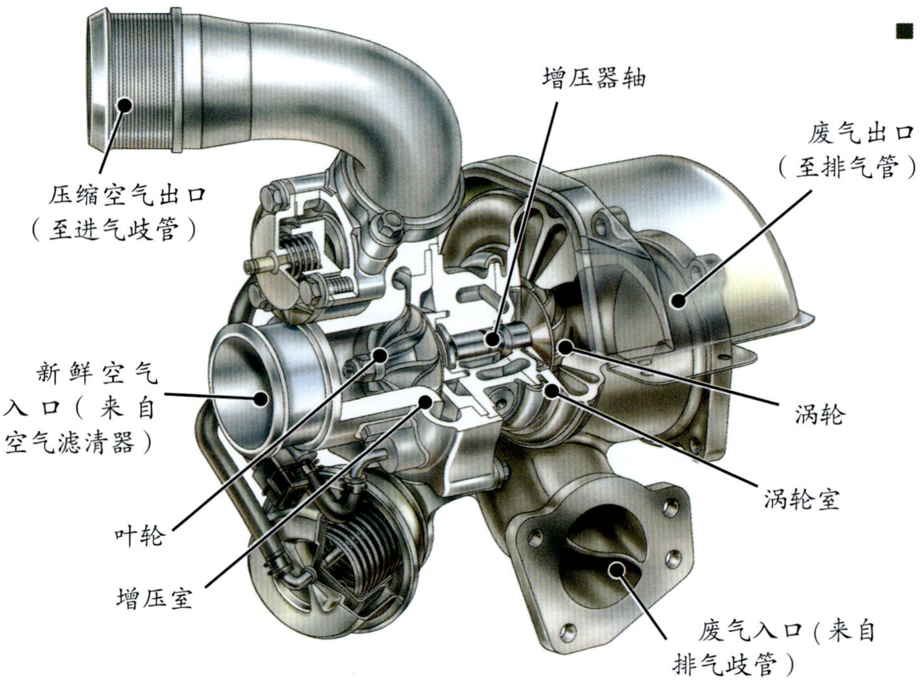

■ 废气涡轮增压器的组成（立体图）

涡轮增压有很多种类型，最常见的涡轮增压装置是一种空气压缩机，通过废气带动叶轮来压缩空气以增加发动机的进气量，因此也称为废气涡轮增压装置。它主要是由涡轮室和增压器组成。首先是涡轮室的废气入口与发动机排气歧管相连，废气出口则接在排气管上。然后增压器的新鲜空气入口与空气滤清器管道相连，压缩空气出口接在进气歧管上，最后涡轮和叶轮分别装在涡轮室和增压器内，二者同轴（增压器轴）刚性连接，组成一个完整的废气涡轮增压装置。

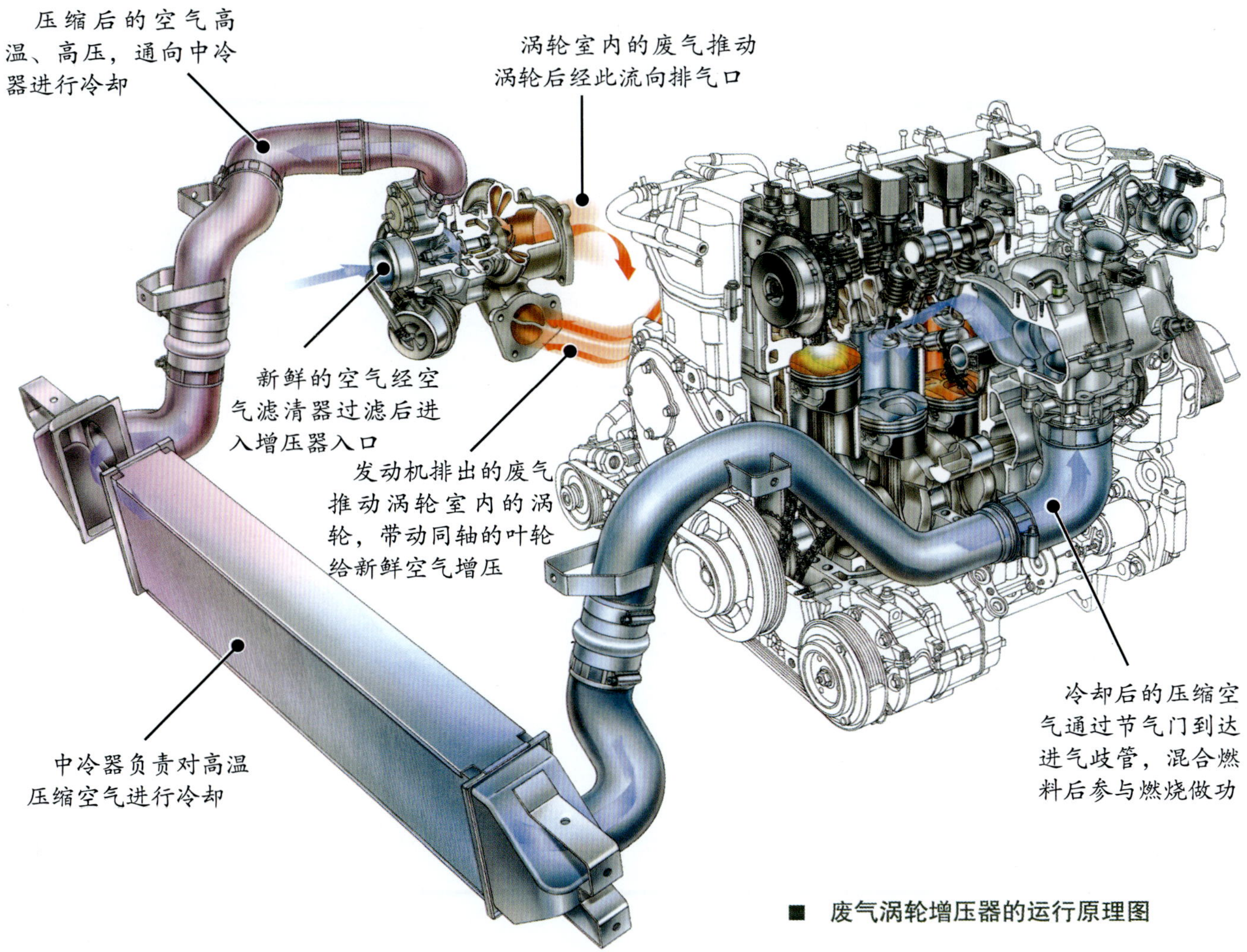

■ 废气涡轮增压器的运行原理图

涡轮增压都是利用发动机排出的废气惯性冲力来推动涡轮室内的涡轮，涡轮又带动同轴的叶轮，叶轮压缩由空气滤清器管道送来的空气，使之增压进入进气歧管。当发动机转速增快，废气排出速度与涡轮转速也同步增快，叶轮就压缩更多的空气进入进气歧管，空气的压力和密度增大可让更多的空气进入燃烧室，相应增加燃料量和调整发动机的转速，就可以增加发动机的输出功率了。

第五节　机械增压技术

涡轮增压是靠发动机的废气推动涡轮来加大空气压力的，也就是说，发动机必须达到一定的转速，涡轮增压器才可能介入工作。而机械增压器（SuperCharger）却不用这么麻烦，在发动机起动之后，机械增压器就可以开始工作了。机械增压器不仅解决了车辆起步前段加速能力偏弱的不足，并解决了发动机在高转速区域会出现进气效率低下的问题。

机械增压器采用皮带与发动机曲轴皮带轮连接，利用发动机转速来带动机械增压器内部转子，以产生增压空气送入发动机进气歧管内，整体结构相当简单。

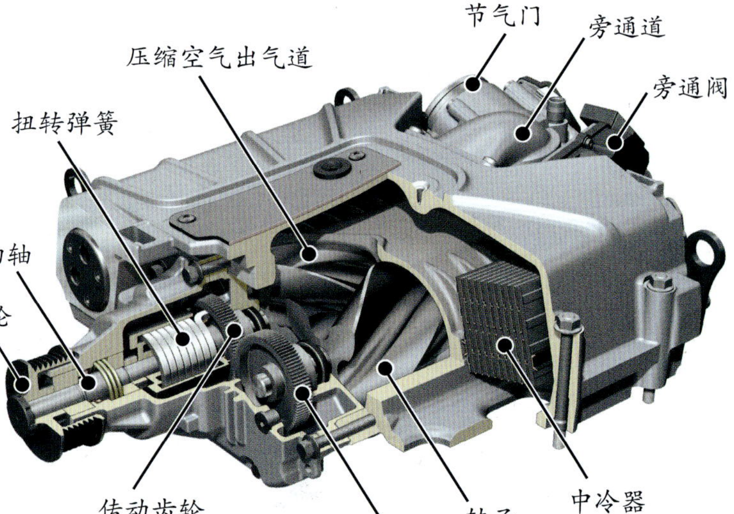

■ 机械增压器的组成

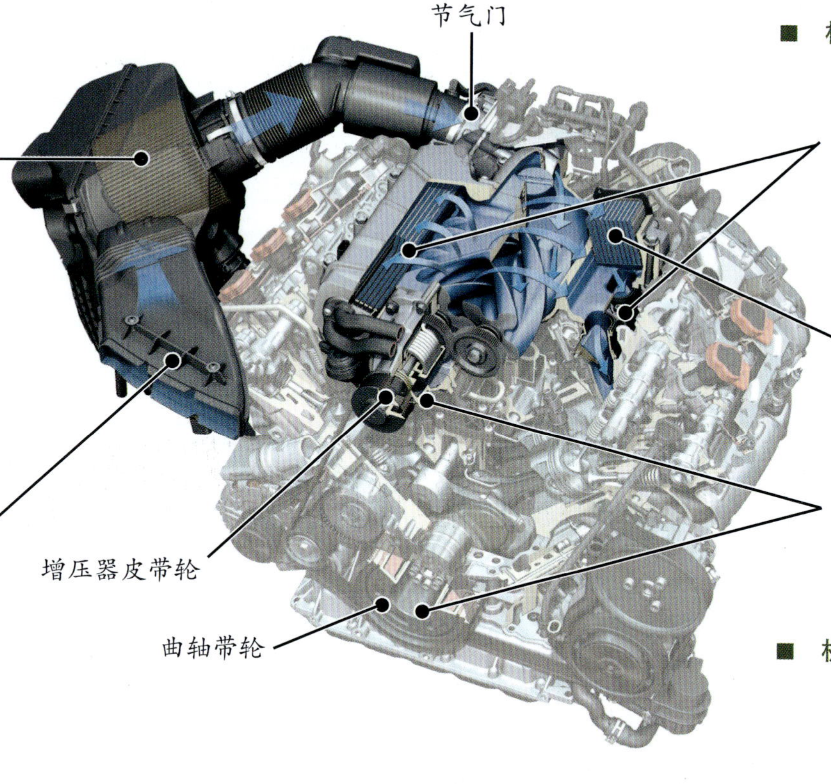

■ 机械增压器运行原理图

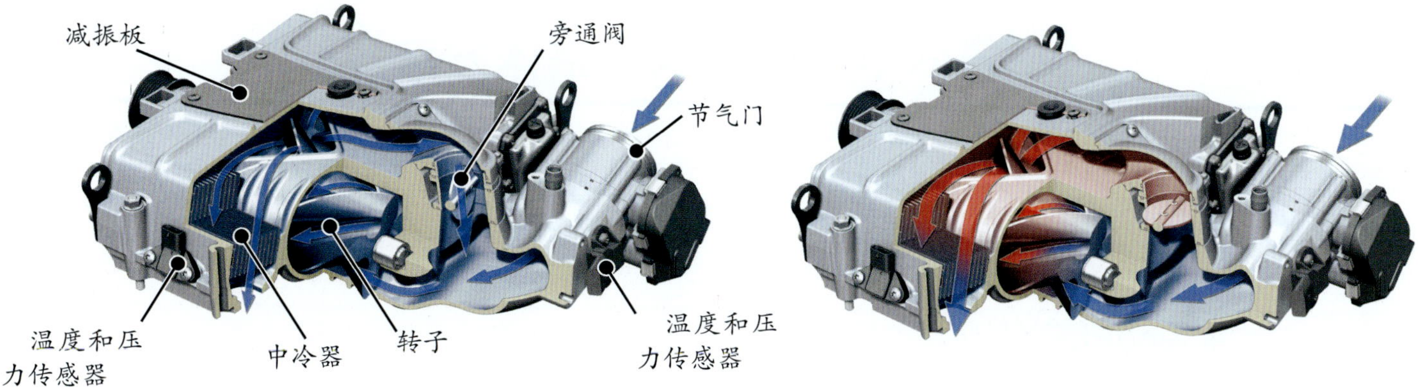

怠速时，旁通阀开启，增压器并不压缩空气　　　　旁通阀关闭，增压器开始工作

■ 机械增压器的空气流

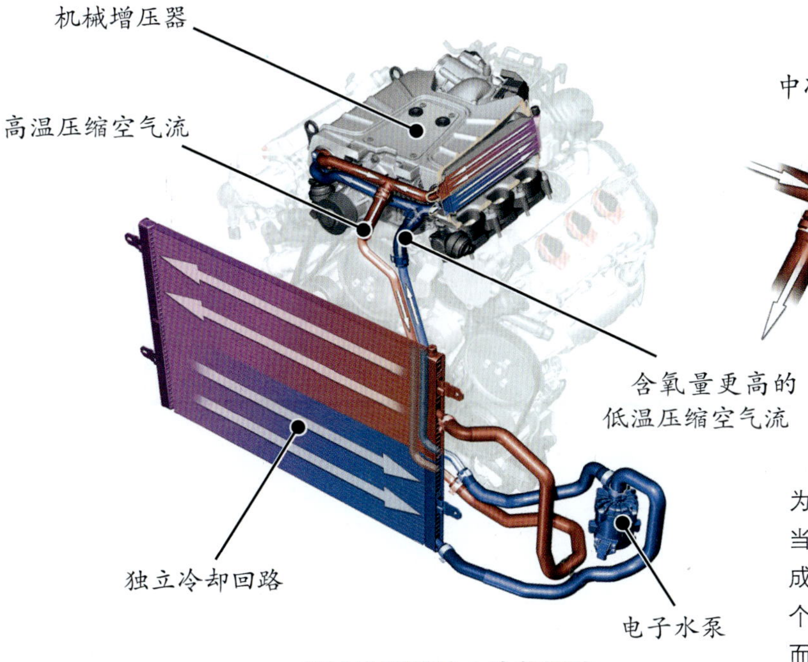

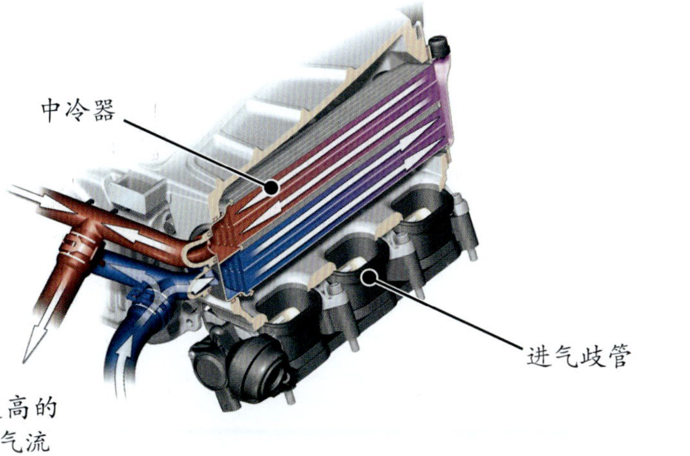

■ 机械增压器独立冷却回路

机械增压对于冷却系统要求没有涡轮增压严格，不过为了获得更充足的空气，现在的机械增压系统仍配备了相当完善的冷却系统。以奥迪 3.0 V6 TSFI 发动机为例，集成在两个转子旁边的两个铝制的水冷式中冷器，还连接在一个独立冷却回路上，经过其中的压缩热空气被再次冷却，从而提高了进入燃烧室空气的含氧量。

第六节　节能减排整体方案

单一的技术改进或措施，对于节能减排的贡献有限，不过，将这些措施组合起来形成一个整体的方案，其效果就非常可观。目前，很多欧洲厂商都采用了由各种技术和措施形成的整体方案，来达到节能减排的目的。这些方案包括进一步改善内燃发动机以及附件的性能；降低车辆动力传动系统损失（例如因传动和轮胎摩擦引起的能量损失）；广泛使用轻质材料以及结构设计；使用主动空气动力学技术等。

一、欧宝 ecoFLEX

在 2008 年的日内瓦车展上，欧宝推出了一系列采用 ecoFlex 技术的环保车型，首款欧宝 ecoFLEX 车型为 Corsa 1.3 CDTI，该车的 CO_2 排放量仅为 119g/km。欧宝 ecoFlex 系列车型的核心是生态涡轮增压发动机 (Eco-Turbo) 和压缩天然气 (CNG)，它通过新型涡轮技术以及替代能源的应用，满足节能环保的要求。新型的生态涡轮发动机与自然吸气式发动机相比，既可缩小发动机所占的空间，实现更高的工作效率和燃油经济性，同时显著降低发动机的摩擦、提高热效能，让发动机以最经济的方式运行，从而减少燃油消耗以及 CO_2 排放。生态涡轮增压发动机概念，可同时应用于汽油发动机和柴油发动机。此外，欧宝也推出了压缩天然气增压发动机 (TNG)，使压缩天然气发动机的动力性能得以进一步提升。

2009 年，欧宝开始为 ecoFlex 车系升级，除了将核心的发动机技术保留以外，还采用了其他不同的措施来降低排放和油耗。包括采用优化的 5 速手动变速器、降低压缩比、采用停车 / 起步系统、配置柴油颗粒过滤器、降低车身、使用低滚动阻力轮胎等等。

■ 2010 款欧宝 Corsa 1.3 CDTI ecoFLEX

欧宝 ecoFlex 车系燃油经济性能比较表

年款	型　　号	最大功率	每行驶 100km 消耗燃油	每行驶 1km 排放 CO_2
2008	Corsa 1.3 CDTI ecoFLEX	55kW	4.5L	119g
2008	Meriva 1.3 CDTI ecoFLEX	55kW	5.0L	135g
2008	Astra 1.3 CDTI ecoFLEX	66kW	5.1L	137g
2008	Zafira 1.6 CNG ecoFLEX	69kW	5.0L	138g
2008	Combo 1.6 CNG ecoFLEX	69kW	4.9L	133g
2009	Insignia 2.0 CDTI ecoFLEX	95kW	5.2L	136g
2009	Zafira 1.7 CDTI ecoFLEX	81kW	5.3L	139g
2010	Corsa 1.3 CDTI ecoFLEX	55kW	3.7L	98g
2010	Astra 1.3 CDTI ecoFLEX	70kW	4.2L	109g

二、奔驰 BLUETEC

BLUETEC 是奔驰对于柴油发动机向更环保方向迈进的一个集成式的解决方案，通过协调不同的技术，将柴油发动机有害物质量排放降到最低，并实现高效的废气后期处理。BLUETEC 系统包含氧化催化转换器、微粒过滤器以及其他降低氮氧化物的措施。

在汽车排放的尾气中，主要有害气体是一氧化碳（CO）、碳氢（HC）以及氮氧化物（NOx）等，柴油机还存在颗粒排放物的问题。对付一氧化碳和碳氢比较容易，现在的三元催化器就可以办到。最为头疼的就是氮氧化物，因为柴油机氮氧化物的排放量比汽油机多得多。BLUETEC 技术在这时发挥了作用，它在排气管的不同部位，采用不同的装置对各种污染物进行选择性的处理。首先是一个氧化催化转换器，它将一氧化碳和碳氢氧化成 CO_2 和水。然后是一个微粒过滤装置，它吸附尾气中的大部分细小颗粒，并在催化剂作用下燃烧掉。

名词解释

催化转换器

催化转换器是利用催化剂的作用将排气中的 CO、HC 和 NOx 转换为对人体无害的一种排气净化装置，也称作催化净化转换器。金属铂、钯或铑均可作催化剂。在化学反应过程中，催化剂只促进反应的进行，不是反应物的一部分。

NOx

NOx 是氮氧化合物的总称，通常包括 NO 和 NO_2 等，大气中的 NOx 来源于自然和人为活动的排放。人类活动产生的 NOx 每年约一亿吨，主要是由于燃烧所致，而在燃烧排出的烟气中，约 90% 以上为 NO。NOx 对大气环境以及人的生活环境都有直接或者间接的影响，如臭氧层的破坏、酸雨、森林及植被的衰减等，都与 NOx 排放有关。

选择性催化还原

选择性催化还原（Selective Catalytic Reduction）技术是一种将烟气中的氮氧化物脱除的脱氮工艺。利用氨（NH_3）对氮氧化合物还原功能，在 320~400℃的条件下，利用催化剂作用，将氮氧化合物还原为对大气没有影响的氮气和水。"选择性"的意思是指氨有选择地进行还原反应，在这里只选择氮氧化合物还原。

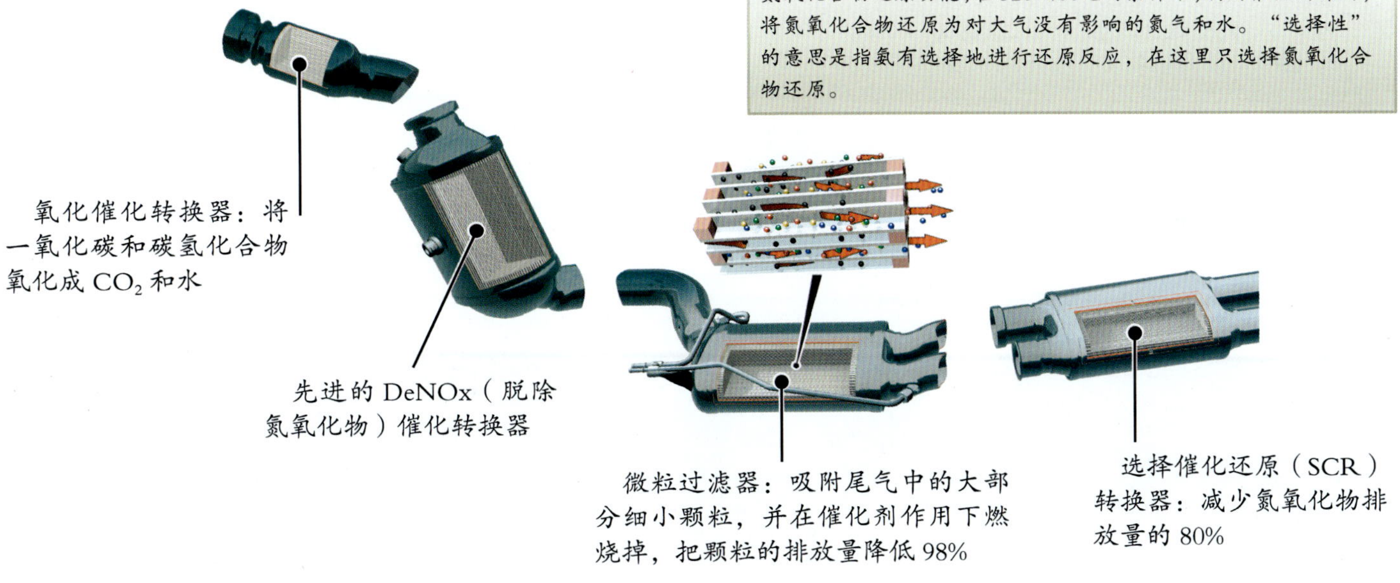

■ BLUETEC 对排气的处理

三、奔驰 BlueEFFICIENCY

BlueEFFICIENCY 是奔驰的一整套节能减排解决方案的总称，其主要是通过降低质量、空气阻力和滚动阻力、进一步优化发动机技术等科技手段，使能量管理更加高效，最终实现节能减排的目标。

奔驰通过实际驾驶情况来分析油耗和 CO_2 排放情况。在总计 200 万 km 的室外油耗试验中，奔驰记录了客户在日常行车中的典型驾驶习惯，并把这些特征和室内油耗测试结合起来，研发出一整套节能环保方案。因此，BlueEFFICIENCY 在日常使用中的实际效果是显而易见的，尤其是在城市用车时。

奔驰在 BlueEFFICIENCY 车型上应用了众多节能措施，这比普通车型降低了约 23% 的油耗。从超薄轻量风窗玻璃到轻质车身结构，从可变动力转向到低阻力轮胎，从燃油泵到交流发电机，研发工程师仔细检查了大量部件，以确定通过何种方式来节油。这些节油方式包括使部件轻量化设计、改变造型、提高部件的功能性和控制的有效性等。虽然许多单项措施只能提高燃油经济性一两个百分点，但这些措施综合起来就能够显著降低油耗。

■ 奔驰 C 250 CDI BlueEFFICIENCY

C 250 CDI BlueEFFICIENCY 采用一台 2.2L150kW 发动机，转矩达到 500N·m。这台最新开发的柴油发动机，采用奔驰第四代共轨技术，轨道压力增加到 200MPa（2000bar）；最大点火压力也达到 20MPa（200bar）。精确的点火和燃油喷射使其在同级中几乎处于顶尖位置，它的燃油消耗仅 5.2L/100km。其他降低燃油消耗的措施包括外表的空气动力学优化，比如更圆滑的后视镜外壳和平滑的车底板。新开发的低阻力轮胎也能降低 10% 的阻力，自适应辅助转向能在不需要的时候关闭，以节省燃油。

■ 奔驰 C 250 CDI BlueEFFICIENCY 的节能减排措施

■ BlueEFFICIENCY 解决方案示意图

四、宝马 EfficientDynamics

与竞争对手奔驰的 BlueEFFICIENCY 类似，宝马 EfficientDynamics 也是一种集成化方案，通过整合现有技术，不断提高制造水准，从而提高燃油效率，达到减少 CO_2 的排放目的。

其实早在 2002 年，宝马就开始计划并实施 EfficientDynamics 方案。这个方案的目标除了节油减排保护环境以外，还必须保持宝马标志性的动态操控和驾驶乐趣。性能和环保，两项相互矛盾的概念，在宝马不断的努力与尝试后，开始走向正轨，运用 EfficientDynamics 技术的新一代发动机，不仅在动力输出方面全面超越之前的发动机，在 CO_2 排放上，平均减少了 26g/km，也就是每车每年将减少排放近半吨的 CO_2。而发动机技术，仅仅是开始。

停车 / 起步系统在城市频繁遭遇堵车时，省油的优势表露无疑，最高能达到节省 15%。该系统能在汽车等红灯的时候关闭发动机，并在驾驶人松开制动踏板时瞬间起动发动机，从而节能减排。

轻质材料不仅运用在发动机上，在车顶、行李舱、前翼子板等车身部件上，使用轻质材料大大减轻了整车的质量，达到减耗的目的。另外，制动能量回收系统、电子机械转向系统、电子冷却液泵等都为减少 CO_2 排放做出了贡献。

2009 年 6 月 23 日，宝马集团空气动力学测试中心正式落成。优化的空气动力学对汽车的燃油经济性和排放管理有直接影响，风阻降低 10% 就可以减少 2.5% 以上的耗油量——这“微不足道”的改进，似乎并不明显，但是作为宝马 EfficientDynamics 集成化方案的一部分，这些提升非常重要。通过建设空气动力学测试中心，宝马进一步强调了 EfficientDynamics 这一重要开发策略；清楚地表达了宝马进一步改善燃油经济性和排放管理的决心。

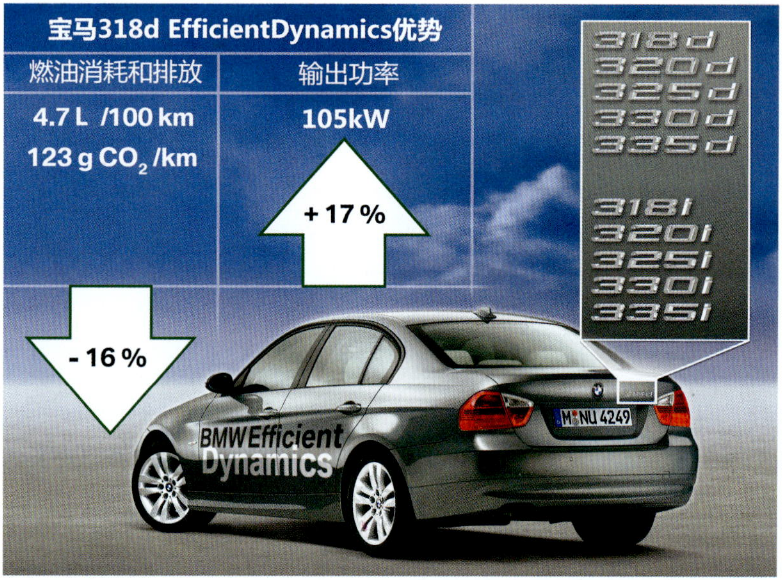

■ 宝马 EfficientDynamics 的优势

■ 宝马空气动力学中心

■ 宝马 320d EfficientDynamics

■ 2.0L 直列 4 缸柴油发动机

在 2009 年的法兰克福车展上，宝马推出了一款采用 EfficientDynamics 解决方案的 320d 车型，这是宝马公司推出的最经济的车型，油耗仅为 4.1L/100km。320d EfficientDynamics 搭载一台 2.0L 4 汽缸涡轮增压柴油发动机，发动机采用了铝制曲轴箱、共轨燃油喷射技术、可变进气歧管技术，并安装了微粒过滤器。最大输出功率在发动机转速为 3500~4200r/min 时，可以达到 120kW，转矩在发动机转速为 1750~3000r/min 时，可以达到峰值 360N·m。320d EfficientDynamics 加速 0~100km/h，只需要 8.2s，最高速度可以达到 225km/h。

320d EfficientDynamics 通过减小变速器的最终减速比、降低高挡位时的发动机转速来降低燃耗。还进一步采用了可吸收曲轴扭转振动的双质量飞轮，从而能够频繁地使用高挡位。另外，行车电脑还可以提示最佳变速时间来实现节能驾驶的目的。

320d EfficientDynamics 还采用了涡轮风格的轮毂，通过降低底盘和悬架，减小了空气阻力，因此，它的风阻系数仅为 0.26。所有这些措施，使 320d EfficientDynamics 拥有油耗 4.1L/100km 的能力，CO_2 排放量仅为 109g/km。

■ 涡轮风格轮毂和低阻力轮胎

五、大众 BlueMotion

■ 大众波罗、帕萨特、高尔夫 BlueMotion

BlueMotion 是大众面向未来的节能环保汽车技术方案，被称之为蓝驱技术。大众蓝驱技术以技术成熟和广泛应用的动力总成技术为基础（包括 TSI、TDI 和 DSG），进一步结合了更多先进的节能、环保技术，来降低燃油消耗和 CO_2 排放。这些技术包括新的停车 / 起步系统、再生制动能量回收系统、电力驱动装置、混合动力系统，以及新型 TSI EcoFuel 汽车所采用的智能驱动系统。除此之外，轮胎优化降低阻力（尤其是轻量化的轮毂）改善车身空气动力特性和采用更低的底盘等，都是改进的重点。蓝驱技术的目标就是为社会提供最清洁、最具经济性的汽车。

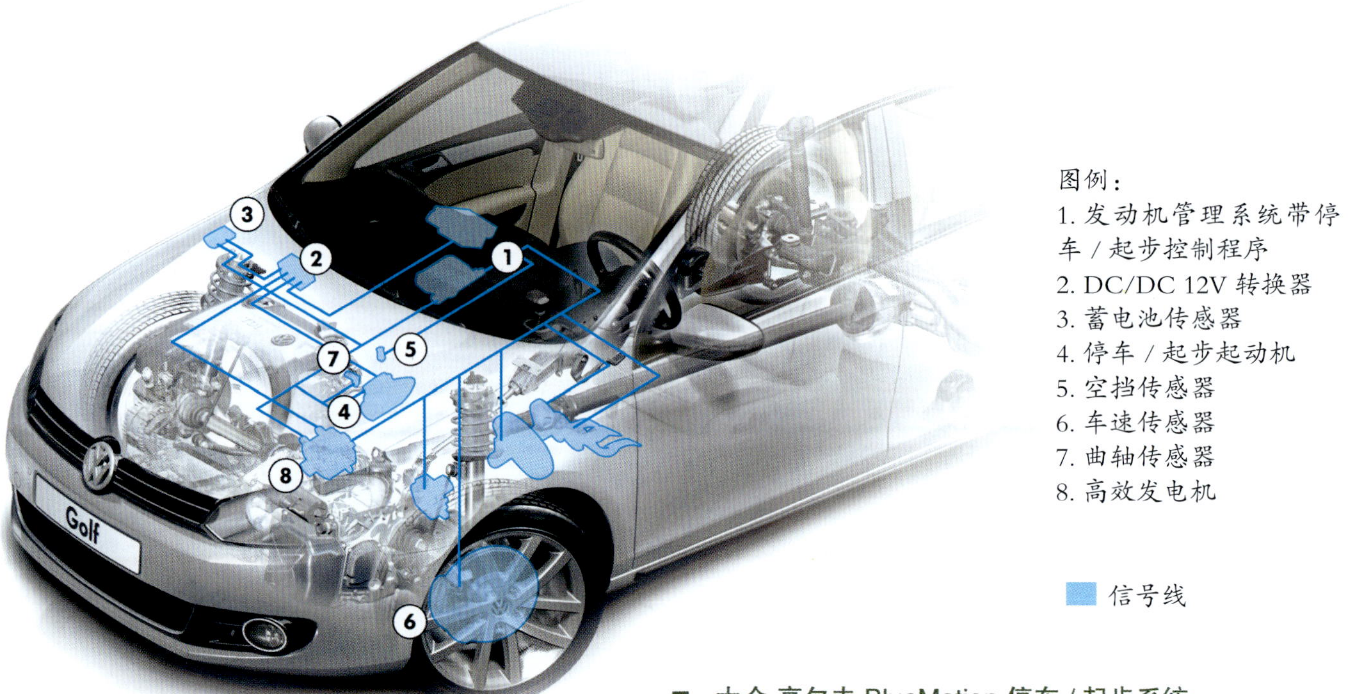

■ 大众 高尔夫 BlueMotion 停车 / 起步系统

帕萨特 BlueMotion

■ 1.6L TDI 发动机

与大众高尔夫 BlueMotion 采用一样发动机的帕萨特 BlueMotion，油耗仅为 4.4L/100km，70L 油箱加满可以行驶 1591km。这对于一台中级车来讲，是非常恐怖的。该车最高时速 193km/h，0~100km/h 加速只需要 12.5s。

波罗 BlueMotion

■ 1.2L TDI 发动机

功率为 44kW 的波罗 Blue–Motion，平均油耗仅为 3.3L，CO_2 排放仅 87g/km，是名副其实的三升车，也是当今世界上油耗最低的 5 座车。与波罗 TDI 比较，CO_2 排放降低了 20%，油耗降低了 0.9L，这得益于采用了新技术的 1.2L TDI 发动机。举个例子，如果一个人驾驶波罗 BlueMotion 从柏林到法兰克福参观车展，行程 545km，仅需要 19 欧元的花费。加满一箱油（45L），可行驶 1363km。

高尔夫 BlueMotion

77kW 的高尔夫 BlueMotion 油耗仅为 3.8L/100km，这是紧凑级车型中最省油的车型。55L 油箱可以行驶 1447km。这台最省油的高尔夫，动力采用一台新的、宁静的共轨涡轮柴油发动机；不仅省油而且性能出色。最大转矩 250N·m，0~100km/h 加速仅用 11.3s。最高时速达到 190km/h。

六、西雅特 ECOMOTIVE

隶属于大众集团的西雅特，由于有大众的发动机和技术支持，很快将一部分车型跻身省油减排的行列。西雅特的这个系列名称为Ecomotive，几乎每个车型都有Ecomotive版本，所用的技术与大众大同小异：停车/起步系统、再生制动功能、低滚动阻力轮胎、空气动力学外表改进等，都是切实而有效的。

再生制动是西雅特Ecomotive车型重要的特色之一。当驾驶人松开加速踏板或者踩下制动踏板时，交流发电机就会进行能源的回收再利用。此时发动机的负荷将会降低，以达到节省燃油的目的。另外，新改良的5速手动变速器也能在省油方面贡献自己的力量。所有车型都还装备有挡位建议指示，能根据当时的驾驶情况向驾驶人给予挡位的建议，以获得更经济的换挡时机。

■ ECOMOTIVE 的制动回收功能装置

Leon ECOMOTIVE

Leon ECOMOTIVE 搭载西雅特最高效的1.6L TDI发动机，功率77kW，通过对电子管理系统的优化、中央控制单位和变速器齿比的改良，该车的CO_2排放仅为99g/km，而1.9L版本为119g/km。燃油消耗仅为3.8L/100km，最高时速达到188km/h。

Ibiza ECOMOTIVE

在西雅特车型中，极受欢迎的Ibiza车型同样有ECOMOTIVE版本。它搭载的是带微粒过滤器的三缸1.4L TDI发动机，最大功率有59kW，转矩为195N·m。CO_2排放仅为98g/km，油耗为3.7L/100km，这些数据在同级车中是绝无仅有的。

Altea ECOMOTIVE

Altea ECOMOTIVE采用了78.3kW（105hp）的1.6 TDI，并拥有柴油微粒过滤器和共轨技术，其CO_2排放仅为119g/km。由于装备了停车/起步系统和能源回收功能装置，它比77kW的1.9 TDI柴油发动机排放还低了20g/km。虽然环保惊人，但性能一样不差，装备该发动机的Altea，0~100km/h加速只需要12.2s，最高时速183km/h。

七、斯柯达 Greenline

拥有大众技术的斯柯达，环保品牌自然不会缺少，名为 GreenLine 也让我们很快联想到其绿色的先进技术。随着 2010 年斯柯达发布了新改款的 Fabia 和 Roomster，全新的第二代 GreenLine 品牌技术也随即上市。

第二代 GreenLine 技术最大的改变，是采用了一台新的 3 缸涡轮增压发动机（1.2 TDI CR DPF, 功率为 55kW），它的油耗仅为 3.4L/100km，CO_2 排放仅 89g/km。其他技术，与大众和西雅特品牌类似，包括停车 / 起步系统、再生制动功能、低滚动阻力轮胎、空气动力学改进等。

■ 斯柯达 Roomster Greenline Ⅱ

斯柯达 Roomster Greenline Ⅱ

基于全新的改款 Roomster 车型，Roomster GreenLine Ⅱ采用 1.2L TDI3 缸机械增压发动机，最大功率 55kW，油耗仅 4.2L/100km，CO_2 排放 109g/100km。发动机停车 / 起步系统能在繁忙的交通环境下能节省 0.3~0.9L/100km。而能量回收技术的运用，可以减少 CO_2 排放 2~4g/km。

■ 斯柯达 Fabia Greenline Ⅱ 旅行版

斯柯达 Fabia Greenline Ⅱ

在发布 Fabia GreenLine 两年之后，斯柯达又推出了全新的第二代 GreenLine 车型，并付诸了更多的技术，包括全新的高压直喷发动机，1.2 TDI 采用共轨技术发动机（功率 55kW）、停车 / 起步系统、制动能量回收系统等。现在 Fabia GreenLine Ⅱ的油耗仅 3.4L/100km，CO_2 排放仅为 89g/km。

八、现代 BlueDrive

BlueDrive 是现代的环保品牌，在 2008 年的洛杉矶国际车展上，现代举行了该品牌发布仪式。现代希望借此品牌，对保护地球环境，为人类以及地球上的所有生命做出应有的贡献。现代所有的清洁能源车型，将都被冠以此商标，包括计划在未来推出的混合动力汽车、插电型混合动力汽车、氢燃料汽车及生物燃料汽车。现代的 BlueDrive 计划，一共分为五个不同的阶段，每个阶段所使用的策略如下所示：

阶段一

– 汽油发动机
– 清洁柴油发动机

提高燃油经济性 20%~40%

汽油发动机

柴油发动机

利用现有技术，开发提高 30% 燃油经济性的车型

阶段二

– 替代燃料

使用生物乙醇、生物柴油和压缩天然气

替代燃料发动机

不同区域采用不同的燃料
北美：生物乙醇
欧洲：生物柴油
印度：压缩天然气

阶段三

– 轻度混合动力
– 完全混合动力

使用两种动力源，例如替代燃料和电力

替代燃料或传统燃料发动机

+

电动机

+

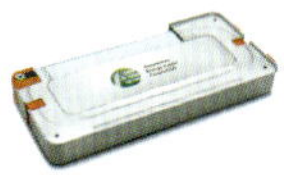

蓄电池

扩充混合动力阵容：
伊兰特 混合动力（2009 年）
索纳塔 混合动力（2010 年）

阶段四

– 纯电动汽车
– 插电型混合动力

以无穷获得的电力资源为动力

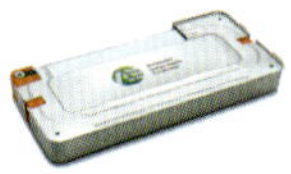

蓄电池

+

电动机

当地政府试运行
插电型混合动力（2012 年）
电动车（2010 年末）

阶段五

– 燃料电池

通过氢气无穷获得的电力资源为动力

燃料电池

+

电动机

+

蓄电池

建立一个早期的量产系统。少量生产（2012 年）

以量产车现有技术作基础的 i-blue 环保车系，现在已经投放市场，为节能减排做排头兵。这些车型包括：

i10 blue

i10 blue 将在 2010 年末投入量产，采用一台全新、高效的 1.0L Kappa 汽油发动机，最大功率 51kW，转矩为 94N·m，该发动机采用了双连续可变气门正时（CVVT）系统，再加上空气动力学的优化和发动机细节的改进，i10 blue 的 CO_2 排放降到 98g/km。

i35 blue

ix35 blue 经过优化后 CO_2 排放仅 135g/km，这对于一台中级 SUV 来讲，是非常可贵的。ix35 blue 采用一台 1.7L 的柴油发动机，由现代位于德国的研发中心设计，最大功率有 84.5kW，转矩为 260N·m，搭配的是 6 速手动变速器。

i30 blue

i30 blue CW

i30 blue 和它的同胞兄弟旅行版 i30 CW blue 源自一台 1.6L 发动机，最大功率 66kW，转矩 240N·m。这台发动机与 6 速手动变速器相配合，这是现代最新一代省油的变速器。该车将在 2011 年投入量产，掀背版的 CO_2 排放仅 98g/km，而旅行版的 CO_2 排放仅 99g/km。

i20 blue

i20 blue 动力来自一台 55kW 的 1.4L 柴油发动机，转矩为 220N·m，与其相配的是六速手动变速器。车底完全被遮盖，从而可以减少风阻，离地间隙降低 15mm，改善前后的空气动力学表现，使用低阻力轮胎和低阻力高性能润滑油。该车 CO_2 排放量仅为 98g/km，百公里油耗尤其令人惊喜，控制在 3.46L 的低水平，该车将在 2011 年量产。

Elantra LPI Hybrid

Elantra LPI Hybrid 是世界上第一台采用液化石油气和蓄电池搭配的混合动力汽车。该车采用 1.6L 液化石油气发动机，最高输出功率为 84kW，最大转矩为 148N·m。电动机输出 15kW，最大转矩为 105N·m，液化石油气燃烧效率为 17.8km/L，CO_2 排放量为 94g/km。同时，为了降低消耗，也采用了更小阻力的环保轮胎和电子辅助转向等措施。

九、起亚 ECODynamics

起亚在2009年的首尔车展上，首先披露了旗下的环保品牌EcoDynamics，并一同展示了2009年8月在韩国上市的Forte液化石油气混合动力车。与母公司现代完全一样，EcoDynamics代表的是起亚未来所有绿色汽车，包括省油减排的解决方案、混合动力汽车、电动车、燃料电池车等。同年的法兰克福车展上，起亚正式将EcoDynamics品牌推向全球，顺势发布了cee’d和索兰托车型的混合动力版；紧接着的2010年芝加哥车展，起亚推出了Ray插电型混合动力车；一个月后的日内瓦车展，起亚又展出了Venga电动车。

所有的这些产品，都是EcoDynamics品牌在未来的发展方向。而离我们最近的，就是基于cee’d车型的EcoDynamics版本，通过现有技术的改良，来达到节能减排的目的。

■ 起亚 索兰托 混合动力车

■ 起亚 cee'd 混合动力车

■ 起亚 Venga 电动车

■ 起亚 Ray 概念车

■ 起亚 EcoDynamics cee'd

EcoDynamics cee’d采用1.6L柴油发动机，拥有最新一代的共轨直喷技术，并安装有可变几何形状的涡轮增压器。该车最大功率66kW，最大转矩235N·m。搭配的停车/起步系统，在交通路口等候的时候，能关闭发动机节省燃油。

EcoDynamics cee’d的悬架低了15mm，车底板完全平滑；轮胎采用米其林205/55 R16低阻力轮胎，轮毂也经过特别优化能有效的降低风阻。所有的措施，使这台随时量产的绿色汽车 CO_2 排放仅为98g/km。

■ 起亚 EcoDynamics cee'd

十、福特 ECOnetic

■ 福特 福克斯 ECOnetic

福特的 ECOnetic 亦同样是一个所有环保技术的整合解决方案。2009 年的法兰克福车展上，福特推出了福克斯的 ECOnetic 版本，让这个环保的方案开始推向市场。ECOnetic 方案包括使用最新技术的汽油、柴油发动机；停车 / 起步系统、更环保的车载电脑调校等。

■ 福特 福克斯 ECOnetic

ECOnetic 的首款量产车福克斯 ECOnetic 采用 1.6L Duratorq TDCi 发动机，最大功率 80kW。这款车的 CO_2 排放量仅为 99g/km，综合油耗 3.17L/100km。该车已于 2010 年第一季度在欧洲上市。Duratorq 4 缸发动机采用新型燃料喷射装置，不仅改进了吸气系统，而且在排气系统中安装了氧传感器。另外，还标配 DPF（柴油颗粒过滤器）。5 速手动变速器提高了 3~5 挡的变速比，降低了发动机转速及发动机噪声。另外，该发动机还搭配停车 / 起步系统以及可在制动或减速时进行能量再生的系统。

整套行车电脑的软件设计，都是以省油为主，比如低燃耗驾驶辅助系统“Eco”经济模式，能让驾驶人时刻知道自己的驾驶是否处于环保状态。

■ 停车 / 起步按钮

十一、沃尔沃 DRIVe

DRIVe 是沃尔沃汽车的环保哲学。它代表了沃尔沃在环保领域的所有努力，包括替代动力总成的发展，采用前沿发动机管理技术和燃油喷射技术的高效内燃机。DRIVe 也是一个整体的解决方案，覆盖车辆从研发—制造—使用直至报废的全部过程。同时，它还是一个车型标志，用来标明沃尔沃最环保的车型。到目前为止，沃尔沃 DRIVe 经历了三个阶段的发展：

2008 年的巴黎车展上，沃尔沃汽车正式推出三款 DRIVe 车型，其中最引人注目的 C30 DRIVe 的 CO_2 排放仅为 115g/km；

2009 年的日内瓦车展上，DRIVe 车型拓展到 7 款，且效率更高、油耗和排放更低，此时，C30 DRIVe 的排放降低 104g/km；

2009 年法兰克福车展上，C30 DRIVeCO_2 排放更是低达 99g/km，代表了当前 DRIVe 车型的最高水平，同时也展示了沃尔沃汽车在环保技术领域的领先地位。

■ 沃尔沃 DRIVe 全车系

沃尔沃 C30 DRIVe

2009 年的法兰克福国际车展上，沃尔沃再次推出环保升级的全新 C30 DRIVe，其 CO_2 排放量仅为 99g/km，提前三年达到了欧盟 2012 年新车 CO_2 排放低于 120g/km 的限制标准。

C30 DRIVe 配备 1.6L 柴油发动机，在目前欧洲主流的 1.6L 柴油发动机车型中，C30 DRIVe 是 CO_2 排放量最低的车型之一。这款新车型已经在 2010 年初投放市场，它显示了沃尔沃在节能环保方面的积极努力以及在这一领域的领先地位，为沃尔沃 2010 年所有车型平均排放量为 90~100g 的目标迈出重要一步。

排放不断降低源于技术不断更新，沃尔沃 C30 DRIVe 装备了先进的停车 / 起步系统，该系统可在汽车停车时自动关闭发动机，在起步时再自动起动发动机，从而避免了车辆停止时无谓的燃油消耗。该功能连同多个更高效的发动机管理和燃烧技术方面的改进，使 C30 DRIVe 的 CO_2 排放量降至 99g/km。而且其油耗也仅为 3.8L/100km。

沃尔沃其他 DRIVe 车型

S40 DRIVe
油耗：3.9L/100km　排放：104g/km

S80 DRIVe
油耗：4.9L/100km　排放：129g/km

V50 DRIVe
油耗：3.9L/100km　排放：104g/km

V70 DRIVe
油耗：4.9L/100km　排放：129g/km

XC60 DRIVe
油耗：6.0L/100km　排放：159g/km

XC70 DRIVe
油耗：6.0L/100km　排放：159g/km

第二章　替代燃料汽车

第一节　燃气燃料汽车

一、压缩天然气汽车（CNG）

天然气是在油田、气田、煤田和沼泽地带产生的天然气体，主要成分是甲烷，纯天然气甲烷含量一般占 90% 以上。天然气用作汽车燃料主要方式是压缩天然气和液化天然气。

天然气是一种清洁环境负荷能源，作为车用燃料，与石油提取物燃料车相比，尾气中的一氧化碳排放量可减少 80% 以上，碳氢及氮氧化合物排放也大大减少，温室气体的 CO_2 亦有显著降低，且基本无颗粒及硫化物排放，有效延长了发动机和润滑油的使用寿命；另外，天然气还拥有经济性高、运行噪声低、低温起动性较好等特点，因此天然气是一种优质车用燃料。

天然气密度低，不如汽油和柴油容易储存，天然气用于汽车燃料时，需要专用的燃料储运和供给系统。为提供充足的燃料，天然气必须压缩至 20.7 ~ 24.8MPa，然后进入高压气瓶内。常见的 CNG 汽车就是用压缩天然气（Compressed Natural Gas）作为燃料的汽车。

1. 大众汽车压缩天然气车型：途安 TSI EcoFuel

大众途安 TSI EcoFuel 以天然气作为主要燃料，在进气歧管内装备了天然气喷射装置，并由一根共同的高压轨道提供燃料。动力系统主要为天然气模式设计。而在紧急状况下，发动机管理系统可自动将燃料供给切换到汽油模式。经过改进的发动机控制单元可完美地处理任一种操作模式。

由于采用天然气做燃料，途安 TSI EcoFuel 的一氧化碳、碳氢及氮氧化合物排放较原型汽油机车型分别降低了 80%、73% 与 80%，温室气体 CO_2 也降低了 23%。消耗天然气 4.8kg/100km，燃料成本大大低于汽油。如果只使用天然气做燃料，途安 TSI EcoFuel 能持续行驶约 370km，加上 11L 汽油容量，最多可跑 520km。

■　途安 TSI EcoFuel 的 CNG（左下）和汽油加注口

为提高途安 EcoFuel 车型的安全性，大众汽车进行了深入而周全的设计：如电磁阀在发动机熄火、汽油模式及车辆发生碰撞时，能自动切断天然气的供应；储气钢瓶的热安全阀与流量控制阀设计，避免了管线中不可控制的压力下降；而储气钢瓶中配置的压力阀，可以避免加气时钢瓶中天然气向外倒流等。因此，在安全性上，途安 EcoFuel 与普通汽油或柴油车型并无差异。

■ 大众途安 TSI EcoFuel 透视图

大众汽车压缩天然气车型主要参数表

年款	型号	排量	最大功率	最大转矩	储气罐容量	天然气巡航能力	每行驶 100km 消耗天然气	每行驶 1km 排放 CO_2
2007	途安 EcoFuel	2.0L	80kW	160N·m	18kg	310km	5.8kg	125g
2008	开迪 EcoFuel	2.0L	80kW	160N·m	18kg	310km	5.8kg	128g
2009	帕萨特 TSI EcoFuel	1.4L	110kW	220N·m	22kg	420km	4.4kg	119g
2009	帕萨特 旅行车 TSI EcoFuel	1.4L	110kW	220N·m	22kg	420km	4.4kg	121g
2009	途安 TSI EcoFuel	1.4L	110kW	220N·m	18kg	370km	4.8kg	129g

2. 奔驰汽车压缩天然气车型：E 200 NGT

NGT 是 Natural Gas Technology 的英文缩写，是奔驰运用的压缩天然气技术的简称。E 200 NGT 是奔驰以 E 级车为基础开发的压缩天然气和汽油为燃料的双燃料汽车。它采用与 E 200 KOMPRESSOR 的同样的 1.8L 直列 4 缸发动机，最大功率 120kW，最大转矩 240N·m，0~100km/h 加速只需要 9.8s，最高时速 220km/h，无论采用哪种燃料，E 200 NGT 的性能都不会发生改变。

驾驶人可以通过转向盘上的按钮来随时切换 2 个模式。开启天然气模式以后，仪表盘上会显示当前储存天然气的数量，当天然气耗尽的时候，系统会自动的切换到汽油模式。汽油箱容量为 65L，位于备胎位置的天然气罐有 18kg 装载能力。当所有的燃料都充满时，E 200 NGT 可连续行驶 1000km。该型号还可以选装 80L 的汽油箱，能再增加 200km 的行程。

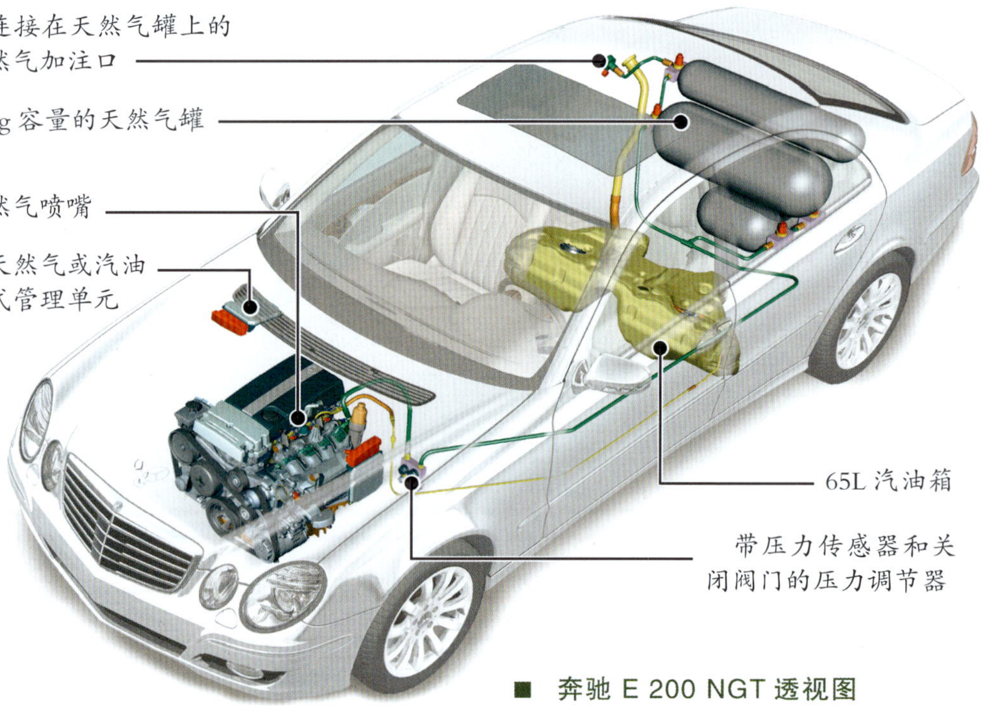

■ 奔驰 E 200 NGT 透视图

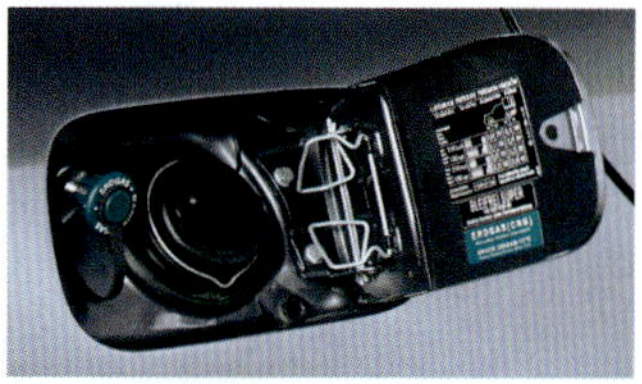

■ 天然气（左）和汽油加注口

■ 加注天然气（左）和汽油

奔驰汽车压缩天然气车型主要参数表

年款	型　　号	排量	最大功率	最大转矩	储气罐容量	天然气巡航能力	每行驶 100km 消耗天然气	每行驶 1km 排放 CO_2
2007	E 200 NGT	1.8L	120kW	240N·m	18kg	300km	6.1kg	168g
2008	B 170 NGT	2.0L	85kW	165N·m	16kg	300km	4.9kg	135g

3. 奥迪汽车压缩天然气车型：A5 2.0 T-CNG

奥迪的压缩天然气市场还处于待开发中，不过也尝试推出相关的车型做研发。2007 年，奥迪就展示过一台基于奥迪 A5 2.0 的压缩天然气概念车，这台车采用了新一代的高压轻量储氢罐和压力调节器，再基于公司出色的 TFSI 发动机，奥迪很有信心在未来的日子里用 A4 或 A5 来冲击压缩天然气汽车市场。

展示用的这台 A5 T-CNG 采用了 4 个储氢罐，质量共 21kg。这些高压罐采用了碳复合材料和铝材料，因此质量非常轻。这比较于同样的汽油发动机车型，质量还轻了 90kg。一次加满气 A5 T-CNG 可以跑 420km，做备用的汽油箱有 14L，可以延长行驶距离 180km。

为了使天然气达到最高效果，奥迪的 A5 T-CNG 采用了最新的带 TFSI 技术的直喷汽油发动机，最大功率可以到 120kW。0~100km/h 加速仅仅需要 8.9s，最高时速 228km/h。

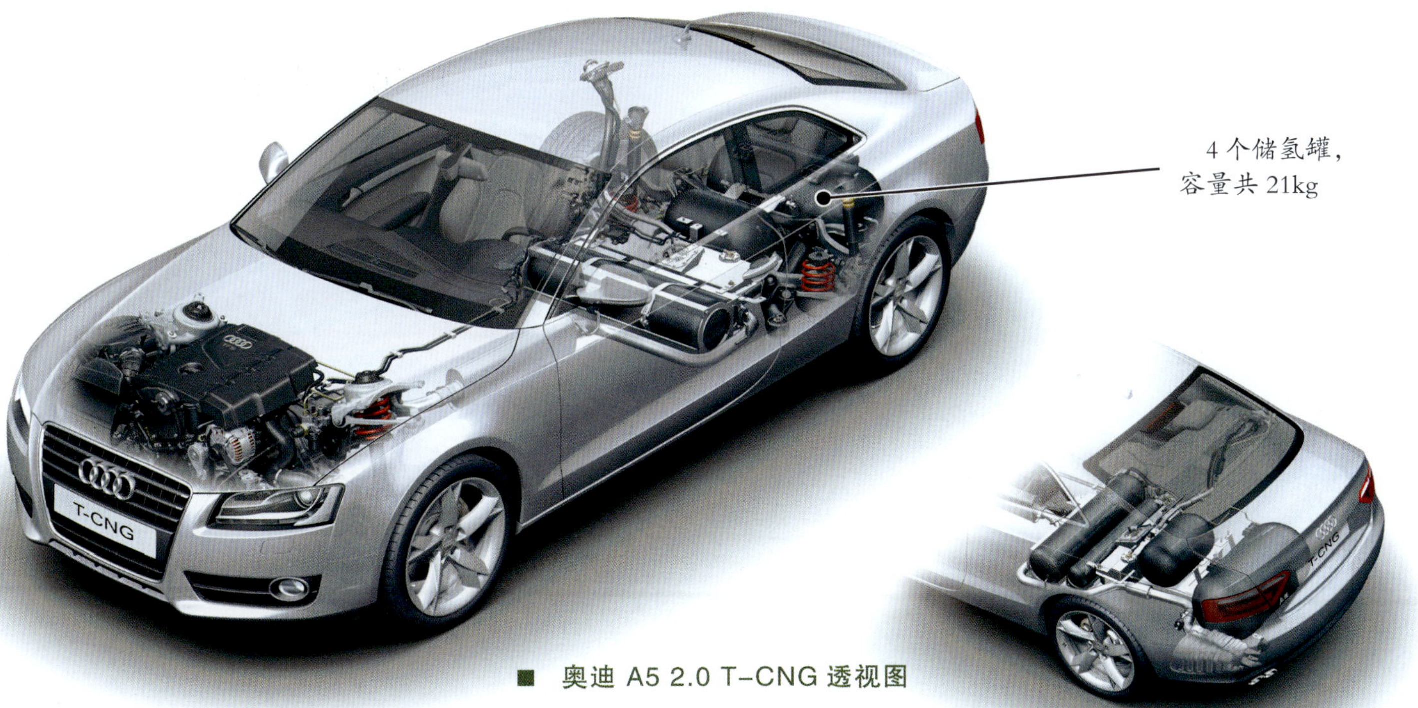

■ 奥迪 A5 2.0 T-CNG 透视图

奥迪 A5 2.0 T-CNG 主要参数表

年款	型　号	排量	最大功率	最大转矩	储气罐容量	天然气巡航能力	每行驶 100km 消耗天然气	每行驶 1km 排放 CO_2
2007	A5 2.0 T-CNG	2.0L	120kW	260N·m	21kg	420km	5.0kg	约 143g

4. 欧宝汽车压缩天然气车型：赛飞利 1.6 CNG Turbo

欧宝致力于发展以 CNG 压缩天然气为燃料的车辆，已经取得了令人瞩目的成绩。早在 2002 年，欧宝就推出了赛飞利 1.6 CNG，取得了销售 2 万辆的好成绩；2006 年，欧宝再次推出全新的赛飞利 1.6 CNG，同样屡获好评；2009 年，欧宝将首次将涡轮增压器装在赛飞利的 1.6L 发动机上，使性能突飞猛进。

新的赛飞利 1.6 CNG Turbo，最大功率 110kW，而在发动机转速 2300r/min 时，便可发挥 210N·m的最大转矩，最高时速更达到了 200km/h，加上仅 144g/km CO_2 排放的表现，不仅在环保上得到众人认可，而在性能方面，也不输给同级对手。

赛飞利 1.6 CNG Turbo 在天然气模式下，最高行驶里程可达到 370km，加上额外的 14L 备用油箱，还可以让这台环保性能多功能车多行驶 150km。

■ 欧宝 天然气车型氢气加注口

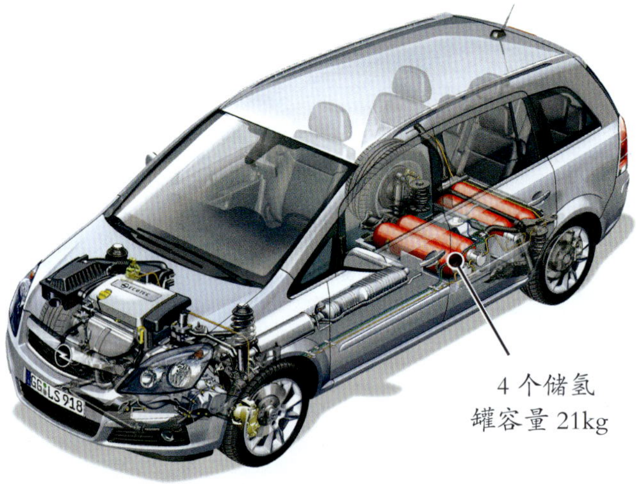

■ 欧宝 赛飞利 1.6 CNG 透视图

■ 欧宝 Combo 1.6 CNG 透视图

欧宝汽车压缩天然气车型主要参数表

年款	型　　号	排量	最大功率	最大转矩	储气罐容量	天然气巡航能力	每行驶 100km 消耗天然气	每行驶 1km 排放 CO_2
2007	赛飞利 1.6 CNG	1.6L	69kW	133N·m	21kg	420km	5.0kg	138g
2007	Combo 1.6 CNG	1.6L	69kW	133N·m	19kg	380km	4.9kg	133g
2009	赛飞利 1.6 CNG Turbo EcoFLEX	1.6L	110kW	210N·m	21kg	370km	5.3kg	144g

5. 本田汽车压缩天然气车型：思域 GX NGV

本田在混合动力、燃料电池和电动车方面一直走在汽车界的前沿，而其他替代能源产品线一样的丰富。在北美市场，本田家喻户晓的思域 GX，就是一款传承三代的天然气汽车。依托于天然气的燃油经济性优势，思域 GX 车主每年的燃料费用甚至低于丰田混合动力车型普锐斯，令人叫绝。

思域 GX 早在 1998 年就以第六代为蓝本进入了北美市场，当时还没有哪家生产商专门制造天然气车型，作为美国的超低排放车型，思域 GX 的车主在美国享有 4000 美元的补助。2001 年，以第七代思域为原型的天然气 GX 车型上市；2006 年，随着全新的第八代思域登场，思域 GX 也跟着改头换面。

最新的第八代思域 GX 动力系统采用最大功率 84kW 的 1.8L SHOC i-VTEC 发动机，搭配五速自动变速器后，拥有平均油耗 11.9km/L 与 354km 的最大巡航距离。

■ 1998 第六代思域 GX

■ 2002 第七代思域 GX

■ 2005 第七代改款思域 GX

■ 2006 第八代思域 GX

本田思域 GX 主要参数表

年款	型　号	排量	最大功率	最大转矩	储气罐容量	天然气巡航能力	每行驶 100km 消耗天然气	每行驶 1km 排放 CO_2
2009	思域 GX	1.8L	84kW	159N·m	21kg	354km	5.2kg	接近零排放

6. 菲亚特汽车压缩天然气车型

1）熊猫（Panda）天然气版

菲亚特熊猫的天然气版在车底下装置了 2 个分离的天然气储存罐，一共可以存放 13kg 压缩天然气，这可以让熊猫行驶约 300km。另外，在储气罐中间还有一个 30L 的汽油箱，可以将行驶里程升至 720km。储气罐的位置可以让熊猫仍然保持乘员和行李舱的空间，并且在安全方面也达到最优。单独使用天然气驱动，熊猫可以释放出 38kw 功率，0~100km/h 加速需要 19s；如果用汽油驱动，功率可升至 44kW，0~100km/h 加速需要 17s。排放方面的差距是相当明显的，使用天然气仅仅 119g/km，而汽油做燃料时，马上升至 146g/km。

另外，装备 1.2L 双燃料发动机的熊猫的天然气车型还有一个四驱的版本，集成了 4×4 车型的良好的通过能力。两个独立的储气罐的装载能力为 12kg，这可以让熊猫四驱版行驶 270km，汽油油箱仍然为 30L，最大巡航里程超过 700km。

菲亚特天然气应用概况

2010 年欧洲权威部门 JATO 调研显示，在欧洲最畅销的汽车品牌中，菲亚特 2009 年第三次荣登欧洲最低 CO_2 排放榜首。菲亚特有这么出众的减排成果，不得不归功于对天然气的充分利用。

由于意大利天然气非常的丰富，致使菲亚特拥有 70 多年生产压缩天然气发动机的丰富经验。在乘用车领域，压缩天然气车型覆盖了大多数的车型，而在商用车领域，菲亚特也能够为市场提供从 3L 到 8L 多种规格的压缩天然气发动机。不仅自己品牌使用，同时也出售给其他品牌。

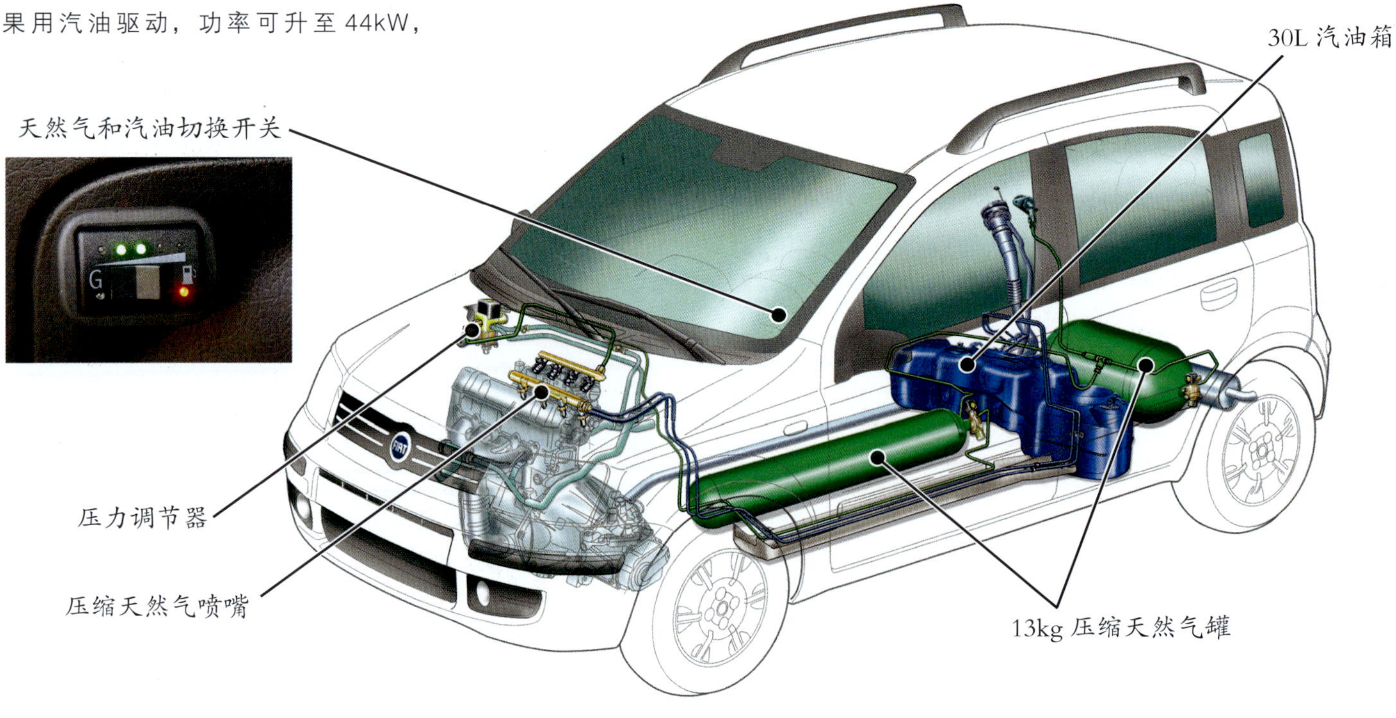

■ 菲亚特 熊猫 Panda 透视图

2）菲亚特 Ducato 140 Natural Power

商用车一直是天然气最大的市场，菲亚特在欧洲占了半壁江山。2008 年共销售 5900 辆天然气商用车，在欧洲占有率为 57.6%。2009 年，最新的 Ducato 140 天然气车上市将巩固菲亚特在此领域的领先地位。

Ducato 140 采用一台 3.0L 发动机，最大功率有 100kW，转矩 350N·m。这台中轴距、高车顶的商用车最高时速可以达到 155km/h，每 100km 消耗天然气 8.8kg，排放为 239g/km。Ducato 140 主要以压缩天然气为燃料，一共有 36kg，可以跑 400km。而汽油只是作备用，只有 15L，可以跑 100km 左右。

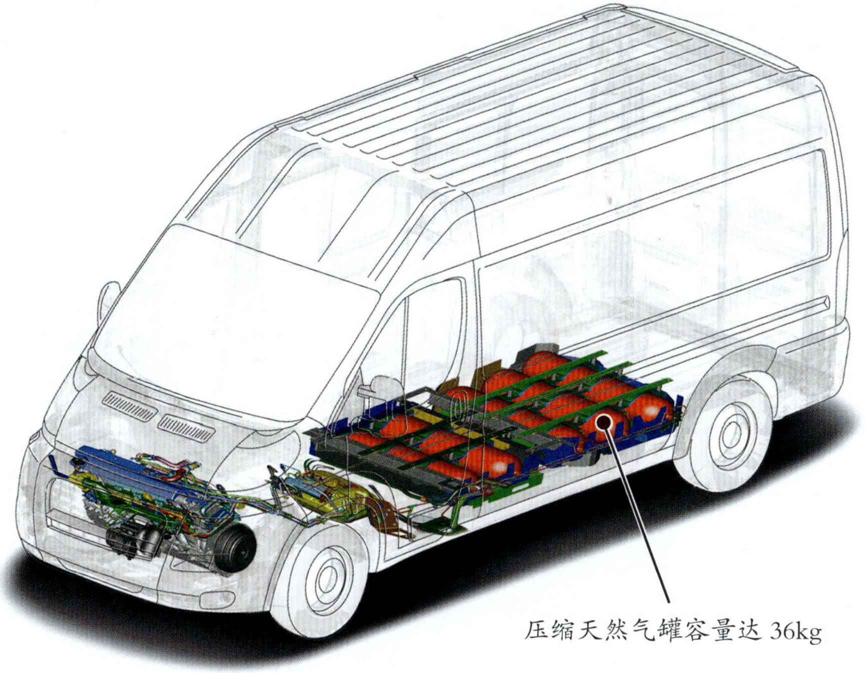

■ 菲亚特 Ducato 140 Natura Power 透视图

菲亚特压缩天然气车型主要参数表

年款	型　号	排量	最大功率	最大转矩	储气罐容量	天然气巡航能力	每行驶 100km 消耗天然气	每行驶 1km 排放 CO_2
2007	Panda Panda	1.2L	39kW	88N·m	13kg	300km	4.2kg	114g
2008	Doblo Cargo Natural Power	1.6L	77kW	145N·m	19kg	300km	5.7kg	129g
2008	Panda Panda Climbing	1.2L	39kW	88N·m	12kg	270km	4.3kg	115g
2008	Multipla Natural Power	1.6L	68kW	130N·m	26kg	520km	5.9kg	125g
2008	Grande Punto Natural Power	1.4L	51kW	104N·m	13kg	310km	4.1kg	115g
2008	Fiorino Combi Natural Power	1.4L	48kW	104N·m	15kg	300km	5.0kg	116g
2008	Ducato Natural Power	3.0L	100kW	350N·m	37.4kg	400km	9.3kg	243g
2009	Ducato 140 Natural Power	3.0L	100kW	350N·m	15kg	100km	8.8kg	239g
2009	Qubo Natural Power	1.4L	57kW	104N·m	13.2kg	300km	4.3kg	119g
2010	Doblo Natural Power	1.4L	89kW	206N·m	16.2kg	325km	5.0kg	134g

7. 国内目前压缩天然气车型

力帆 620 CNG

力帆 620 CNG 双燃料汽车历经力帆汽车设计院三年潜心研制，经济环保，高效节能。系统部件意大利原装进口，由原厂专业设备安装，并配备了多点燃油喷射和 60L 储气罐，平均每公里的燃料消耗费用不足 0.15 元。搭载 1.6L 发动机的力帆 620 CNG 功率达到了 78.66kW，在动力上，不输于普通的汽油发动机车型。尤其值得称道的是，力帆 620 CNG 车型搭载了力帆汽车自主研发的 CVT 技术。

比亚迪 F3 CNG

比亚迪 F3 CNG 双燃料系统采用意大利 LOVATO 公司产品，快充式加气口，方便且可靠性能好。压缩天然气储气瓶容积 60L, 采用混合器式控制，维修简洁方便。动力系统采用三菱 4G18 4 缸 16 气门发动机，0~100km/h 加速只需 12.3s，最大功率 73.5kW，60L 储气瓶行驶里程最长约 200km，汽油发动机最低油耗 6.5L/100km。

东风雪铁龙 爱丽舍 CNG

爱丽舍 CNG 双燃料车采用汽油及压缩天然气电控多点喷射燃料供给系统的 1.6L 16V 高性能两用燃料发动机，其汽油喷射系统选用与爱丽舍相同的 BOSCH ME7.4 汽油电控单元。CNG 系统适配 PSA 认可的意大利 LOVATO 最新一代的压缩天然气多点喷射系统。另外，爱丽舍 CNG 将加气口设计在了车外后翼子板上，实现了外部直接加气，带截止阀的 65L 钢质内胆环向缠绕气瓶，使用更为安全可靠。

长安铃木 天语 CNG

天语 CNG 双燃料汽车采用意大利朗第·伦索公司最新研制及生产的 OMEGASCNG 燃气多点顺序电控喷射系统。该系统采用了全新的开发理念，燃气电脑在控制燃气喷射的方式上完全依附于汽油电脑，使其在驾驶性能、尾气排放、功率损耗及燃气消耗各方面均优于以往各种类型的燃气系统。压缩天然气储气罐容积为 75L，在使用压缩天然气时的巡航里程为：使用空调条件下 180~210km，不使用空调条件下 200~220km。

长安 悦翔 CNG

悦翔 CNG 双燃料系统采用意大利 OMVL 公司的产品，意大利 OMVL 公司是国际上著名的燃气汽车改装设备专业生产企业，其产品减压器恒压供气技术和组合阀限充装技术在国际上享有盛誉。悦翔 CNG 气瓶是专门量车定做，65L 的装气量，瓶体长度却控制在 905mm，可以完全安装在行李舱内的最深处，大大提高了行李舱的有效容积，还用户最多的使用空间。加装压缩天然气系统后对整车轴荷及系统进行重新匹配，以达到最佳的操控性和舒适性以及整车姿态的完美。

国产压缩天然气车型主要参数表

年款	型　号	排量	最大功率	最大转矩	储气罐容量	天然气巡航能力	每公里平均费用	厂家建议零售价
2009	力帆 620 CNG	1.6L	78.66kW	137N·m	60L	190km	0.15 元	7.28 万元
2009	比亚迪 F3 CNG	1.6L	73.5kW	134N·m	60L	200km	0.14 元	8.98 万元
2009	东风雪铁龙 爱丽舍 CNG	1.4L	78kW	142N·m	65L	190km	0.20 元	8.48 万元
2009	长安铃木 天语 CNG	1.6L	80kW	144N·m	75L	220km	0.16 元	11.08 万元
2010	长安 悦翔 CNG	1.5L	72kW	137N·m	65L	200km	0.22 元	6.59 万元

二、液化天然气汽车（LNG）

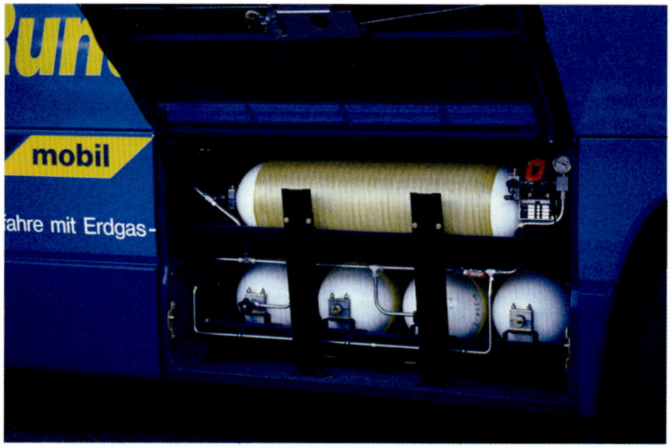

■ LNG 目前更多的是运用于商用车

LNG 就是液化天然气（Liquefied Natural Gas）的简称，将气田生产的天然气净化处理，再经超低温（-161℃）处理后，气体天然气就变成了液体天然气，即液化天然气。液化天然气无色、无味、无毒且无腐蚀性，体积约为同量气态天然气体积的 1/610，质量仅为同体积水的 45% 左右。另外，液化天然气燃烧后几乎不产生污染。

汽车用 LNG 就全球范围内讲都还在起步阶段，由于配套设置不完善及其他原因制约，LNG 目前更多的是用在商用车领域，比如重型卡车或公交车，乘用车方面非常少。使用 LNG 汽车与 CNG 汽车相比较，CNG 汽车必需在建有天然气管网的城镇使用，而 LNG 可以利用槽车运输到没有天然气管网的地区使用，建加气站也不受天然气管网的制约。另外，LNG 的能量密度约比 CNG 高三倍左右，装在汽车上的 LNG 储罐体积较小和较轻，LNG 汽车行驶里程比 CNG 汽车长。

在国内 LNG 的运用主要是在重型货车上面，LNG 重型商用车与柴油车相比有着非常大的优势。以新疆地区为例，在发动机功率为 224kW，运输总质量为 55t 时，百公里柴油的费用为 223 元，LNG 为 150 元，相差 73 元，优势比较明显。

三、液化石油气汽车（LPG）

LPG 是液化石油气（Liquefied Petroleum Gas）的简称，是指常温下加压（约 1MPa 左右）而液化的石油气。液化石油气来自炼厂气、湿性天然气或油田伴生气。

由于液化石油气几乎不含有不可燃烧成分，发热量高、燃烧充分、无粉尘灰渣，所以，液化石油气是一种清洁能源。使用液化石油气能减少空气污染，保护环境。液化石油气燃烧时释放的热量是常用燃汽中最高的，因此非常适合当作是车用燃料。

LPG 的单位质量比汽油所能提供的质量要高 8%。理论上来说配有 LPG 的车辆要比汽油驱动的车辆产生更高的效率。然而，这只是针对专门为 LPG 设计和改造的发动机而言。如果将一台现成的汽油发动机改成 LPG 发动机，将达不到增加效率的目的。在排放方面，LPG 虽然也有如同石油燃料发动机一样的一氧化碳、碳氢化合物、碳氧化合物排放，但数量低得多。在国内，LPG 在车辆方面的运用也仅仅是有政府扶持的公交车；而国外，除了商用车以外，在乘用车方面，也运用得较多。

■ LPG 的加注状态

1. 兰旗亚 LPG 车型

2009 年的日内瓦车展上，兰旗亚推出了 Ypsilon 和 Musa 车型的环保版本：Ecochic。它们都采用液化石油气（LPG）和汽油双燃料发动机。这台双燃料 1.4L 77hp 发动机采用了特别的进气系统以适应 LPG 喷嘴的要求，另外新增加的电缆也完全集成保证安全。环形的 LPG 储罐位于原备胎位置，保证了行李舱的合理空间。另外，这两台 Ecochic 小车除了 LPG 燃料以外，还集成了一个 39L 的汽油油箱，这个容量达到了普通车型的 80%。驾驶人可以很方便地用一个按钮来切换使用 LPG 或者是汽油，当 LPG 使用完之后，系统会自动的切换到汽油燃料以保证行车的连续性。整个行驶里程，Ypsilon Ecochic 能达到 1300km（LPG 能达到 425km，汽油能跑 854km），Musa Ecochic 能达到 1200km（LPG 能达到 419km，汽油能达到 758km）。

■ LPG（上）和汽油加注口

■ Ypsilon Ecochic（左）和 Musa Ecochic（右）在液化石油气加气站

兰旗亚 LPG 车型主要参数表

年款	型　号	排量	最大功率	最大转矩	储气罐容量	LPG 巡航能力	每行驶 100km 消耗 LPG	每行驶 1km 排放 CO_2
2009	Ypsilon Ecochic	1.4L	57kW	115N·m	39L	425km	8.6L	119g
2009	Musa Ecochic	1.4L	57kW	115N·m	39L	419km	8.8L	120g

2. 欧宝 LPG 车型

2010 年，欧宝将旗下的 LPG 车型增加到 7 款。从前面文章可知欧宝在 CNG 汽车市场有着重要的布局，而在 LPG 方面，欧宝仍然在欧洲各品牌当中一枝独秀，誓将降低燃油花费和环境保护进行到底。2009 年 9 月，欧宝推出了 5 款 LPG 车型，2010 年增加到 7 款，可见欧宝在替代燃料方面的前沿技术以及对 LPG 的重视。

这些原厂出品的LPG车型都是欧宝环保解放方案ecoFLEX的最新成员，车型包括Agila、可赛、雅特旅行版和赛飞利。功率从 62kW 到 101kW 不等。它们都是 LPG 和汽油的双燃料车型，除了有燃料费用大幅度降低的优势以外，而因低排放获得的政府税费减免，也是吸引消费者的地方。

欧洲的 LPG 之所以可以在乘用车中展开，因为有广泛的 LPG 加气站支持，截至 2010 年，欧洲有超过 25500 座 LPG 加气站。其中德国最多，有 5800 座；意大利次之，有 2200 座；其他地方大体情况为：法国 1400 座、荷兰 1100 座、比利时 500 座、英国 600 座、匈牙利 250 座。

赛飞利 1.8 LPG

可赛 1.2/1.4 LPG

Agila 1.0/1.2 LPG

雅特旅行版 1.4/1.6 LPG

欧宝 OSV：特别车辆分部

LPG 是一种易燃、易爆的燃料，原厂出品在安全和稳定性方面得到了有力的保障。欧宝的特别车辆分部（OSV），负责生产一些特殊的车辆，CNG 和 LPG 就是这个部门的重要工作之一。对于消费者来讲，购买厂家的 CNG 或 LPG 汽车可以得到质量的保障，安全和空间利用方面也是私自改装所不可比拟的。OSV 成立于 2000 年，专门从事于特别车辆的生产和制造。改装车间位于欧宝工厂里的核心区域，占地约 20 000m^2，离工厂近的好处是特别车辆的专家可以更方便地与平常量产车的工程师交流。OSV 目前有 250 名员工，每一台特别车辆都经过这些专家从功用、设计至性能方面的全方位改进，保证了欧宝出色的造车质量。

欧宝 LPG 车型主要参数表

年款	型　号	排量	最大功率	最大转矩	储气罐容量	LPG 巡航能力	每行驶 100km 消耗 LPG	每行驶 1km 排放 CO_2
2010	Agila 1.0 LPG ecoFLEX	1.0L	48kW	89N·m	48L	580km	6.6L	108g
2010	Agila 1.2 LPG ecoFLEX	1.2L	62kW	107N·m	48L	475km	7.4L	119g
2010	可赛 1.2 LPG ecoFLEX	1.2L	55kW	114N·m	42L	420km	7.8L	127g
2010	可赛 1.4 LPG ecoFLEX	1.4L	65kW	126N·m	42L	415km	8.0L	129g
2010	雅特旅行版 1.4 LPG ecoFLEX	1.4L	66kW	126N·m	52L	514km	8.1L	130g
2010	雅特旅行版 1.6 LPG ecoFLEX	1.6L	84kW	147N·m	52L	501km	9.2L	144g
2009	赛飞利 1.8 LPG ecoFLEX	1.8L	101kW	166N·m	52L	447km	9.9L	160g

第二节　生物燃料汽车

生物燃料（bio-fuel）就是由生物原料生产的燃料，这些生物原料包括农林产品或其副产品、工业废弃物、生活垃圾等。农业和林业生产的碳水化合物是目前的主要生物原料，目前我们所说的生物燃料一般是指生物液体燃料，最广泛的运用是燃料乙醇（bio-ethanol）和生物柴油（biodiesel）。燃料乙醇可以替代由石油制取的汽油，而生物柴油则可替代由石油制取的柴油，因此，生物燃料是可再生能源开发利用的重要方向。

生物燃料的优点很多，首先，它是一种可再生的燃料。依靠生物原料的再生性，这种燃料可以说是用之不竭，取之不尽的；其次是生产的范围广。无论全球哪个地方，也无论那个地方的气候状况如何，都可以获得生产生物燃料所需的原材料。再次，生物燃料的推广方便。不像燃气燃料，需要新建补给设备或专用的运输设备，生物燃料完全可以利用现有的加油站进行燃料补给。欧洲、北美等许多地区在加油站都有燃料乙醇和生物柴油销售，而农作物产量丰富的巴西，则为最典型的代表。最后，生物燃料是非常环保的，它不会有过多的有害物质排放，不会造成环境污染。

一、燃料乙醇（bio-ethanol）

乙醇俗称酒精，它以玉米、小麦、薯类、糖或植物等为原料，经发酵、蒸馏而制成。将乙醇进一步脱水再经过不同形式的变性处理后成为燃料乙醇。燃料乙醇也就是用粮食或植物生产的可加入汽油中的品质改善剂。它不是一般的酒精，而是它的深加工产品。

燃料乙醇一般不会直接用来当汽车燃料，而是按一定的比例与汽油混合在一起使用，这有利于增加燃料的辛烷值。按照我国的国家标准，乙醇汽油是用 90% 的普通汽油与 10% 的燃料乙醇调和而成。它可以有效改善油品的性能和质量，降低一氧化碳、碳氢化合物等主要污染物排放。它不会影响汽车的行驶性能，还能减少有害气体的排放量。燃料乙醇作为一种新型清洁燃料，是目前世界上可再生能源的发展重点。国内从 2003 年起陆续在黑龙江、吉林、辽宁、河南、安徽等省及河北、山东、江苏、湖北等的 27 个城市全面停用普通无铅汽油，改用添加 10% 燃料乙醇的 E10 燃料。当在汽油中掺兑少于 10% 时，对车用汽车发动机无需进行大的改动，即可直接使用乙醇汽油。

▲通用汽车：“我们卖了许多可以使用E85燃料的汽车，尽管如此依然有很大的市场空间，我们看到消费者们对于E85燃料还有更大的需求。现在在美国只有不足1%的燃料站提供E85燃料。”

近年来，出现了名为 E85 的替代燃料术语，这是按 85% 的燃料乙醇和 15% 的汽油混合的新型生物燃料。E85 拥有与传统汽油相同的性能和价格，但是有害物质排放却远远低于普通汽油，因此在发达国家得以迅速的推行。

1. 通用汽车燃料乙醇概况

通用汽车在乙醇以及燃料乙醇汽车技术研发领域中，一直走在业界的最前列。通用汽车 20 多年前就已经致力于燃料乙醇技术的研发，并通过和众多燃料乙醇生产商的合作，开发可以使用燃料乙醇的汽车产品。另外，通用汽车也是第一个在美国大规模应用 E10 燃料的汽车制造商。

现在，通用汽车是最大的 E85 灵活燃料汽车制造商，目前全球在使用中的 E85 燃料乙醇汽车已超过了 300 万辆。在巴西，通用售出的 90% 以上的汽车可以使用 100% 的燃料乙醇，此类车型的保有量达到了 100 万辆。此前通用汽车还承诺在 2010 年，使公司每年在北美生产的可灵活使用不同燃料的汽车产品数量增加一倍，由 40 万辆增加至 80 万辆，2012 年，通用汽车在北美生产的一半汽车都将可以使用 E85。

在 2008 年北美车展上，通用汽车大打“E85 牌”，推出了多款 E85 燃料乙醇车；同时，作为推动车用能源多样化的战略手段，正式宣布与美国 Coskata 能源公司携手，在燃料乙醇技术领域内开展合作。

美国 Coskata 能源公司 2006 年由一位风险投资家及化工技术人员创立，与其他生产燃料乙醇工厂不同的是，Coskata 可以利用包括废旧轮胎、城市垃圾及农作物废弃物等在内的各种有机碳原料来生产燃料乙醇。一直以来，燃料乙醇备受争议，因为有人批评大规模使用乙醇作为燃料，会导致粮食价格上涨，此外，传统的制造乙醇过程中会消耗很多能源。而 Coskata 公司的创新技术，先是应用常规的汽化技术将垃圾等废弃物原料转变为合成气，随后把制成的合成气送入生物反应器中与微生物反应生成乙醇，最后再采用膜技术将乙醇和水分离开。不仅减少了对传统农作物的依赖，并且在生产制作过程中消耗的能量和对环境造成的污染也大大地降低。

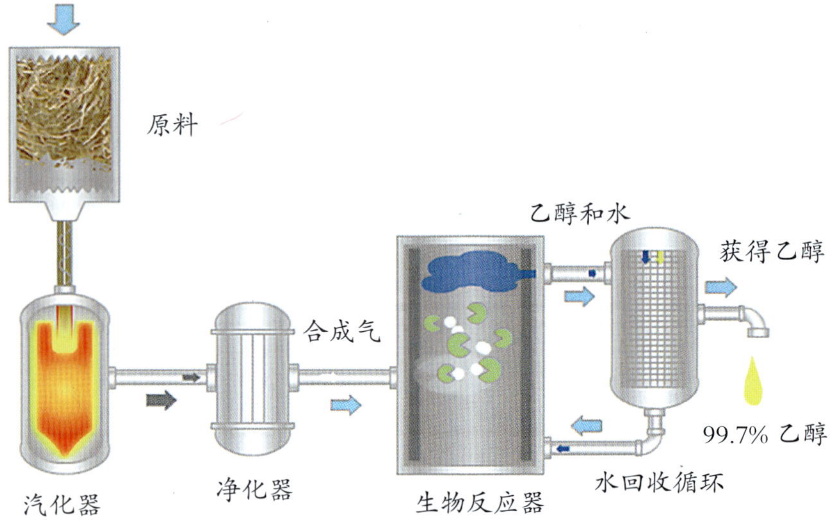

■ Coskata 获得燃料乙醇的方法

利用包括废旧轮胎、城市垃圾及农作物废弃物等在内的各种有机碳原料来生产燃料乙醇

■ Coskata 获得燃料乙醇的原料

2. 福特汽车燃料乙醇概况

福特在燃料乙醇的运用方面，也一直走在前列。从1996年以来，福特已经生产了200多万辆以E85和汽油任意混合比燃料的灵活燃料汽车。作为混合动力技术和燃料乙醇技术的领先者，福特第一个想到把它们结合到一起。

在2006年的华盛顿车展上，福特推出了E85 Escape混合动力车，它是世界第一款使用燃料乙醇的混合动力车。E85 Escape混合动力车比燃烧汽油的Escape混合动力车的温室气体排放量少25%，同时能降低对石油的依赖。福特推出E85 Escape混合动力车并非用来展示，而是即刻投入到实际运行当中，一共生产了20辆，供美国六个州的政府车队使用，而前三辆车分别交付美国能源部门、可再生燃料协会和乙醇联合会理事会使用。

福特也是欧洲燃料乙醇汽车的最主要制造商之一，早在2001年，他们就正式生产了第一辆低CO_2排放的燃料乙醇车。2005年，新一代福克斯推出以后，福特就与欧洲的乙醇企业以及瑞典政府合作开发了福克斯的燃料乙醇版本。采用燃料乙醇E85的福克斯，在价格上与普通汽油车基本持平，而且由于环保性能高、燃油经济性好，政府还有额外的税收优惠政策，因此这款车型具有很强的竞争力。福克斯的1.8L发动机，经过一些改良后即可很好的支持E85燃料：首先，发动机的气门和气门座，都改用特殊强化材料制成，以保证发动机工作时，气门机构可以承受足够的冲击；其次，燃料乙醇和普通汽油的燃点不同，新发动机采用了可调的新式点火方式，这样就可以适应各种燃料的不同要求；最后，燃料乙醇不像汽油那样容易受到低温的影响，因此一旦温度降低到零下15度，发动机汽缸体就可以进行预热，比普通汽油车更容易起动。除了福克斯以外，福特在欧洲许多畅销车型，比如蒙迪欧、C-MAX、Galaxy等车型，都有E85版本。

福特E85 Escape混合动力车比燃烧汽油的Escape混合动力车的温室气体排放量少25%，同时能降低对石油的依赖。这也是首台直接上路运行的E85燃料混合动力车型

2006年福特推出的F-250 Super Chief概念车，配备除汽油外，还可以使用乙醇及氢燃料的发动机“TRI-FLEX”；一次加满汽油、E85燃料或氢以后，行驶里程可达805km。使用氢燃料行驶，燃效可提高12%、CO_2排放可减少99%；使用E85燃料行驶，燃效可提高10%，CO_2排放可减少75%

3. 萨博汽车燃料乙醇概况

依托于政府的大力支持，瑞典对于燃料乙醇的运用在欧洲显得十分活跃，萨博汽车就是其中典型的代表。2004 年的巴黎车展上，萨博推出了一款可同时使用汽油和燃料乙醇的 2.0L 涡轮增压发动机。该发动机可以将两者掺和在一起使用，发动机的管理系统可以自动作调整。这种可以使用灵活燃料的发动机最大功率输出比同规格的汽油发动机要高出 20%，且车辆在中、高负荷状态下的油耗表现更好。

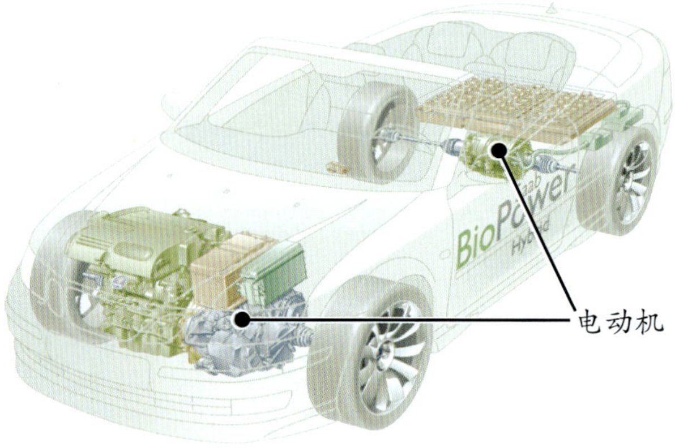

■ 使用 E100 燃料乙醇混合动力概念车

2006 年斯德哥尔摩车展上，萨博推出了使用 100% 燃料乙醇的混合动力概念车。该车强大的动力来自 191kW 2.0L 燃料乙醇涡轮发动机和总共 53kW 电动机，最大转矩 375N·m。功率和转矩分别比普通的汽油发动机高出 24% 和 25%。配有一前一后电动系统，前置 15kW 电动机 / 发电机安装在飞轮与变速器之间，集成了发电机功能，能够产生 15kW 功率和 120N·m转矩，将动力传输给前轮，后置 38kW 电动机负责驱动后轮。前后驱动系统的使用提升了起动时的加速效果和行驶中的动力输出，在没有增加燃油消耗的情况下动力提升了 28%，0~100km/h 加速只需要 6.9s。而同排量汽油发动机的加速时间为 8.8s。这台车还集成了停车 / 起步系统，可以节省燃油 5%~7%。在 50km/h 以下时可以使用纯电动驱动，行驶距离约 10~20km，电量过低或超过 50km/h 时发动机自动重新起动。

从 2007 年开始，萨博推出的所有四款概念车全部采用燃料乙醇作为发动机动力源，表达了该品牌对于这种燃料的重视，包括 2007 年日内瓦车展上的 BioPower 100、2008 年北美车展上的 9-4X BioPower 概念车、2008 年日内瓦车展上的 9-X BioHybrid 概念车和 2008 年巴黎车展上的 9-X Air 概念车。

BioPower 100 概念车采用使用 E100 2.0L 涡轮增压发动机，功率达到 220kW、转矩 400N·m，0~100km/h 加速仅需要 6.6s

9-4X BioPower 概念车采用使用 E85 燃料乙醇的 2.0L 涡轮增压发动机，最大功率达到 220kW，最大转矩 400N·m

9-X BioHybird 概念车采用 1.4L E85 燃料乙醇增压发动机，功率 147kW。搭载的车顶太阳能电池板能为蓄电池充电

9-X Air 概念车仍采用 1.4L E85 燃料乙醇增压发动机，功率 147kW。电动机配合锂离子蓄电池构成混合动力系统

二、生物柴油（Biodiesel）

▲

根据不同的生产方法，1t 麻风树果仁最多可以制造出超过 300L 生物柴油。麻风树作为我国西南亚热带植物，是重要的生物柴油提取原料

生物柴油是指以油料作物、野生油料植物和工程微藻等水生植物油脂以及动物油脂、餐饮垃圾油等为原料油通过酯交换工艺制成的可替代石化柴油的再生性柴油燃料。

1983 年，美国科学家 Graham Quick 首先将菜籽油的甲酯用于发动机，并将可再生的脂肪酸单酯定义为生物柴油。1984 年美国和德国等国的科学家研究了采用脂肪酸甲酯或乙酯代替柴油做燃料，即采用来自动物或植物的脂肪酸单酯来代替柴油燃烧。

作为一种可替代化石燃料的可再生燃料，生物柴油具有以下多个特点：首先它是以可再生的动物及植物脂肪酸单酯为原料，可以降低对石化燃料的依赖，包括自产和进口；其次，生物柴油非常环保，使用生物柴油的汽车所排放出来的有害物质仅为传统柴油汽车的 10%，颗粒物为普通柴油的 20%；另外，生物柴油可以运用于现在普通的柴油发动机，可按任意比例与普通柴油掺和使用，在普通的加油站就可以获得。

美国是研究和推广生物柴油最早的国家，采用的是 20% 生物柴油，掺和 80% 普通柴油的 B20 柴油，而现在还能提供 B99 几乎纯生物柴油供应。B20 可将汽车的尾气污染物降低 50%，获得美国能源署及环保署的清洁燃料殊荣，对生物柴油的税率为 0%。

欧盟是生物柴油推广和发展最快的地区，生物柴油是欧盟最重要的生物燃料，约占生物燃料总产量的 80%。欧盟约 80% 的生物柴油由油菜籽生产，剩余的主要由葵花油和豆油生产。生物柴油市场份额庞大的主要原因是欧盟相当一大部分的汽车由柴油驱动，以及柴油供应短缺。欧盟最大的生物柴油生产国是德国、法国和意大利，2008 年产量分别为 280 万 t、180 万 t、59.5 万 t。而根据每个国家的具体运用不同，生物柴油与普通柴油的掺和比例也不同，有 B5、B30~B40、B100 等。

我国对于生物柴油的研发和推广较晚，但发展迅速。截止 2008 年，我国生物柴油的产能达 300 万 t，但产量仅为 30 万 t。产量与产能之所以有较大的差距是因为生物柴油的原料供应限制以及相关的政策引导、产业化发展程度不足造成。不过可以预见的是，生物柴油作为一种可再生的清洁能源，在完全依靠石油进口的我国，有着广泛的发展空间。

三、太阳柴油（Sundiesel）

▲ 太阳柴油无色无味，如水晶般透明，可由木屑等生物质原料提炼而成

Sundiesel 是德国 Choren 公司的一个注册商标，是该公司将生物质转化为液体燃料的一种技术。与美国的 Coskata 使用垃圾等废弃物生产乙醇一样，Choren 公司通过边角木料、秸秆或稻草为源料来生产生物燃料。从生物质和纤维素中提取的 SunFuel 属于第二代生物燃料。特别通过 CO_2 排放中性的方式对生物质资源进行利用，将会成为这一代生物燃料发展的重点。在现有的柴油发动机中使用这种品质极高的 SunFuel 燃油，可以进一步降低约 30% 的颗粒和氮氧化物排放，哪怕是在老旧车辆上使用，也能够取得明显的效果。为了进一步履行广泛推广 SunFuel 的承诺，大众汽车集团与戴姆勒公司携手签约认购了德国 CHOREN 公司的股份，该公司已在德国建造了全球首个商用产业规模的生物燃料工厂。这种代用燃料的 CO_2 循环回收率达到 90% 以上，而且不会与食品生产发生冲突，对于中国也有广泛的应用前景。

太阳柴油具有以下优点：具有高十六烷值，所以燃力远优于常规柴油；没有芳香化合物，不含硫，因此明显降低有害物排放；可以利用于现有基本设施和发动系统；几乎百分之百 CO_2 中性。

▲ 对于太阳柴油的宣传和推广，大众集团和戴姆勒集团功不可没

▲ 之所以将其称之为太阳柴油，是因为这些原料都是因为太阳的能量而产生的

第三节 氢燃料汽车

一、宝马氢燃料汽车

1. 宝马氢动力发展历程

早在 20 世纪 70 年代，宝马就开始了氢燃料的研究。第一代氢动力车是宝马在 1979 年推出的 520 汽车，装配有可使用氢气和汽油的双燃料发动机，从此拉开了宝马的液氢动力车的序幕。在 1984~1995 年间，宝马又研制了第三代氢动力车，虽然有过大量的路试，但也仅限于实验用途。1999 年，宝马推出了由 15 辆 750hL 组成的氢动力车队。这 15 辆 750hL 在德国汉诺威 2000 年世博会上作为贵宾接待车，为宝马的氢动力市场化迈出了坚实的一步。同年，世界上第一个液氢加气站也在慕尼黑机场投入使用。

▲ 四代宝马氢动力车（从左至右）：1995 年 728h、1990 年 735iL、1984 年 745i Turbo、1979 年 520

1999 年，世界上第一个公用液氢加气站在慕尼黑机场投入使用 ▼

2001 年，宝马举行了“清洁能源世界巡展”。在这次活动中，宝马清洁能源车队 2 月 1 日从中东的迪拜出发，途经布鲁塞尔、米兰、东京，最后到达洛杉矶。9 月的法兰克福车展，宝马又推出了以全新 7 系为基础的第六代氢动力车 745h。

▲ 2001 年，宝马举行了“清洁能源世界巡展”

2004 年的巴黎车展，宝马展出了打破 9 项记录的氢动力赛车 H_2R。2 年后，宝马 Hydrogen 7 诞生，一共生产了 100 辆，正式交付特定的用户使用，氢动力汽车进入准商业化运作。

2. 宝马 750hL

750hL 是宝马第五代氢动力车产品，2000 年汉诺威世博会上，有 15 辆 750hL 作为世博会贵宾接待车而受到极大的关注。750hL 的发动机由原来的汽油发动机改进而成，并没有太大的变动，只是在发动机上安装了用于氢供给的管路。氢气利用储氢罐的压力，并且经过汽化送到发动机中。液态氢的汽化通过新增加的热交换器来完成。

750hL 是一台汽油和氢双燃料汽车，采用 5.4L V12 发动机，使用汽油时，最大功率 240kW,0~100km/h 加速需要 6.8s，最高时速 250km/h；使用氢气时，最大功率 150kW，0~100km/h 加速需要 9.6s，最高时速 226km/h。储氢罐能储存 140L 氢气，消耗 40L/100km，一次加满氢气可行驶 350km。

■ 宝马 750hL 透视图

3. 宝马 745h

随着新一代的 7 系于 2001 年上市，宝马的氢动力车也迈入第六代，即 745h。745h 采用 4.4L 的 V8 发动机，与汽油量产车相同，可使用汽油和氢气两种燃料。使用氢气时，745h 的最大功率为 135kW，最高时速为 215km/h，140L 的储氢罐可以提供 300km 的巡航能力。汽油箱为 70L，可提供额外的 650km 巡航距离。

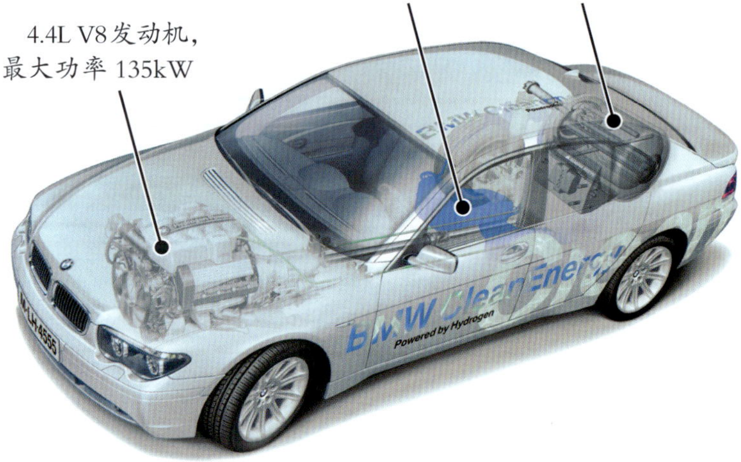

■ 宝马 745h 透视图

■ 六代宝马氢动力汽车

4. 宝马 H_2R

2004年，宝马向世界展示了一台仅用氢气为燃料的赛车：H_2R。作为宝马清洁能源计划的一部分，H_2R 在法国米拉马斯高速试车场创下氢燃料内燃机汽车的9项全球速度记录。H_2R 证明了采用氢燃料内燃发动机的惊人潜力。宝马一直坚信氢燃料可以完全取代传统燃料并直接用于现有的内燃机，与此同时车辆的性能和动力丝毫不会逊色于任何一部现代汽车，H_2R 的记录，让宝马的坚信得到世界的认可。

H_2R 是宝马公司仅用10个月的时间开发出来的，整个开发过程得益于已往数代氢动力车的宝贵经验。这辆“世界纪录创造者”概念车的车身表面由碳纤维强化型塑料制成，经过空气动力学优化后，H_2R 的风阻系数仅0.21。

H_2R 动力源自一台6.0L的V12发动机，最大功率210kW，0~100km/h加速仅仅需要6s，最高时速达到300km/h。与宝马的其他氢动力车不同，这款赛车仅仅使用了氢气作为其唯一的动力源。H_2R 的储氢罐容量为11kg，位置在驾驶座椅的一侧，其三阀门设计可以提供很好的安全性。工作阀门在4.5Pa的压力下打开，另外两个安全阀可以防止任何液氢泄漏产生的危险后果，在压力超过5Pa时立即开启，释放压力，从而保证储氢罐不会因为压力过高而发生事故。H_2R 在储氢罐加满且驾驶人就座状态下的质量仅为1560kg，在创造世界记录的同时，排出的仅仅是水蒸气。

▲ H_2R 的储氢罐容量为11kg，位置在驾驶座椅的一侧

◀ 这台单座赛车完全用氢气推动，最高时速300km/h

▲ 超低风阻源于大量的空气动力学测试

5. 宝马 Hydrogen 7

在 2006 年的洛杉矶车展上，宝马首次向公众展示了全新一代的氢动力车：Hydrogen 7。该车一共生产了 100 辆，主要用于准商业运行、宣传和道路实验。Hydrogen 7 采用 6.0L V12 缸发动机，最大功率有 191kW，最大转矩为 390N·m。如此的性能可以让这台豪华汽车 9.5s 内加速到 100km/h，最高时速可达到 230km/h。

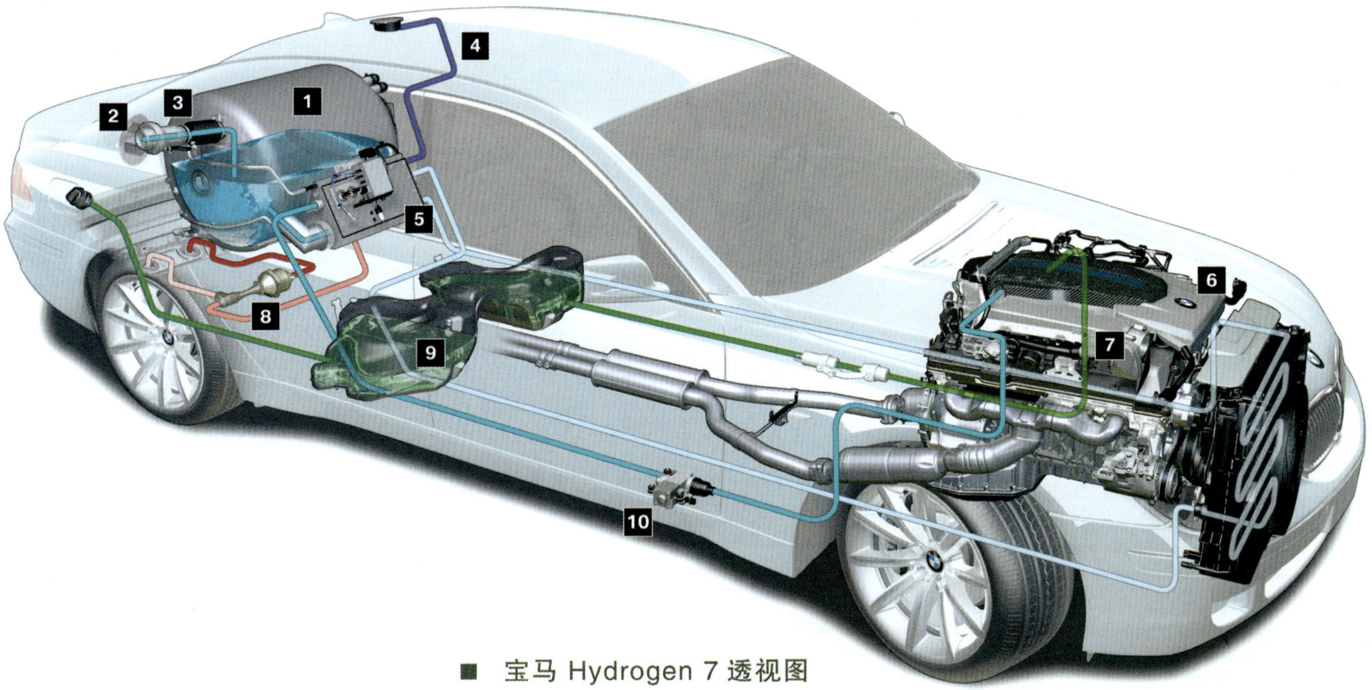

■ 宝马 Hydrogen 7 透视图

- 气态氢供给线路
- 蒸发管路
- 放空阀安全管路
- 排气管蒸发管理系统
- 空气进气蒸发管理系统
- 水冷循环
- 汽油油管

1. 8kg 液化氢燃料罐
2. 液化氢加注口
3. 液化氢连接器
4. 放空阀安全管路
5. 辅助装置（包括氢热交换器和燃料箱控制单元）
6. 可使用液化氢和汽油的内燃机
7. 供氢气道及进气歧管
8. 蒸发管理系统
9. 74L 汽油箱
10. 压力控制阀

Hydrogen 7 依然是一台使用汽油燃料和氢燃料的双燃料汽车，它拥有一个 8kg 的液态氢储氢罐和一个 74L 的汽油箱。采用液态氢的好处是在相同体积的储存空间里，低温状态下储存的液态氢，比加压储存的气态氢，所包含的能量要大 75% 左右。8kg（约 114L）的液态氢可行驶 200km；74L 的油箱可行驶 500km。

要想将氢气液化，必须将温度降低至 –253℃，并且一直保持这个温度。因此，储氢罐对于隔热的效能要十分好。Hydrogen 7 的储氢罐由 2mm 厚的不锈钢内胆和外胆组成，在内外胆之前，有 30mm 厚的真空隔热层。虽然宝马拥有十分有效的隔热措施，但仍不能保证氢气完全不会被蒸发。为了防止储氢罐中压力过大，通过蒸发管理系统控制燃料蒸发过程：一旦超过即定的压力水平，系统就会允许蒸发的氢气在受控状态下，从蒸发阀逸出，自动与空气混合并经催化剂氧化成水，半满的储氢罐大约 9 天就会缓慢地蒸发，但是其蒸发过程是安全可控的，仍然有足够的氢保存在储氢罐中，足以在氢燃料运行模式下行驶一定的距离。

■ 宝马 Hydrogen 7 储氢罐透视图

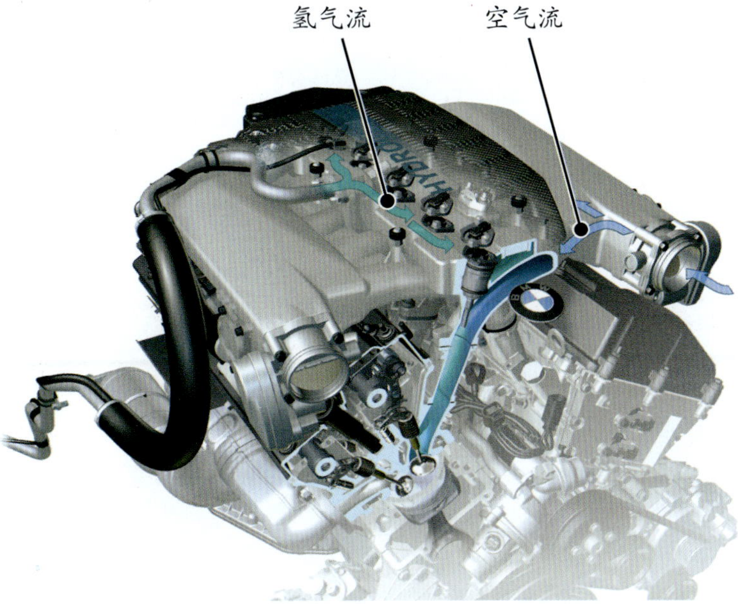

■ 宝马 Hydrogen 7 发动机透视图

在使用汽油燃料时，汽油是直接喷射入汽缸的；而使用氢燃料时，氢气和空气要在进气歧管中形成混合气。由于两种燃料的燃烧性质完全不同，因此发动机的管理系统将精确地控制使用各种燃料时发动机的各项参数。氢气燃烧得更快，与空气混合后的燃烧过程具有更快的燃烧速率，这是氢气具有的显著优点，利用宝马 V12 发动机上的 Valvetronic 电子气门管理系统和双 VANOS 凸轮轴控制系统，发动机管理系统可以针对氢气空气混合物的特定特点和要求，来进行燃料喷射和气门正时、升程的控制。

二、马自达氢燃料汽车

1. 马自达氢动力发展历程

1991 年 HR-X

与宝马一样，马自达是第二个十分热衷于研究采用氢气作为内燃机燃料的汽车生产商，不过更独特的是，马自达是将氢气用于本品牌最有魅力的转子发动机上面。

1993 年 HR-X2

早在 1991 年的东京车展上，马自达就推出了旗下第一款氢转子发动机概念车 HR-X，该车采用由 RX-7 转子发动机改进而成的 0.49Lx2（转子发动机的排气量通常用单位工作室容积和转子的数量来表示）氢转子发动机，最大功率 73.5kW，最大转矩 127N·m。$1m^3$ 的燃料箱储存了相当 $43m^3$ 的压缩氢气，最大巡航里程达到了 230km。

1993 年 MX-5 Roadster

1993 年，马自达发布了第二款氢转子发动机概念车 HR-X2。该车采用 0.65Lx2 氢转子发动机，最大功率 95.6kW，最大转矩 167N·m。另一个特色是 HR-X 采用了马自达独自研发的“液晶聚合物塑钢”材料，加强了对于再收回环保材料的运用。

在开发 HR-X2 的同期，马自达的研发队伍还在 1993 年研制出以 MX-5 敞篷车为基础的氢转子发动机试验车。该车排量为 0.65Lx2，并在日本汽车研究所举行了实地测试大会。

1995 年 Capella Cargo

两年后的 1995 年，马自达得到当时日本运输省（交通部）批准，两辆以氢转子发动机为动力的 Capella Cargo 车型正式上路测试。马自达与新日铁公司合作，4 年时间内总共进行了超过 40000km 的测试。该车采用 0.65Lx2 氢转子发动机，最大功率 92kW，最大转矩 175.5N·m。

2003 年 RX-8 Hydrogen RE

2003 年，马自达将氢转子发动机运用到目前唯一量产的转子发动机车型 RX-8 上面。2004 年 10 月，采用双燃料系的 RX-8 氢转子发动机车型获得了日本国土交通省的认可，开始进行公路测试。2006 年正式将氢转子发动机车型进行准商业运用——对外租赁，位于东京及大阪的两家日本企业获得了首批 2 台的租赁权。

2009 年，马自达专为 HyNor 计划推出的全新 RX-8 氢转子发动机车型，基于全新改款的 RX-8

2006 年，挪威建成首座氢燃料补给站

2004 年，世界第 3 大石油和天然气输出国挪威启动了一项国家计划——HyNor（挪威氢能源之路），其目的是减少 CO_2 放量，并且在资源逐渐枯竭的背景下研究如何利用氢能。

虽然挪威已基本普及 CO_2 排放为零的水力发电，但工业或家庭用电无法进一步减少 CO_2 的排放量。为此，挪威将希望寄托于承担着国内主要交通运输任务的汽车，通过对汽车能源的改造来达成减少 CO_2 排放量的目的。

挪威将发展重点放在应用氢作为汽车燃料方面，因为氢不仅可以通过本国自产的天然气或水电解而产生，而且不会排放 CO_2。

目前，HyNor 正计划在连接斯塔万格（邻近北海的挪威第四大城市）和奥斯陆（挪威首都）的全长 580km 的高速公路上，建设可供氢能源汽车补给的基础设施。预计于 2010 年将会建成包括 5 座固定式氢燃料补给站和 1 个拖车式的氢燃料移动补给站在内的 6 个基础设施。

2006 年，马自达参加了挪威首座氢燃料补给站的开幕典礼，并展示了 RX-8 氢转子发动机车型。2007 年，马自达为了促进氢和氢能汽车的普及，决定为 HyNor 提供帮助，并计划在未来一共提供约 30 辆 RX-8 氢转子发动机车型供挪威政府及相关单位使用。这是马自达首次将氢转子动力车型交付日本以外地区使用。

2. 马自达 RX-8 Hydrogen RE

氢转子发动机

采用可分别使用氢燃料和汽油的双燃料系统

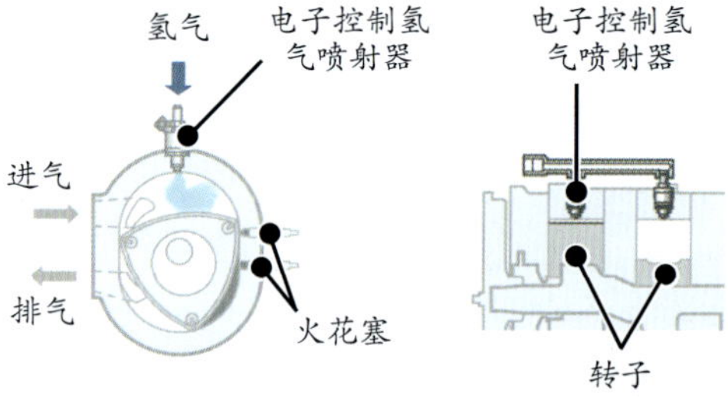

氢燃料信息显示仪表

除了原来的汽油余量表以外，还增加了显示氢燃料余量的仪表（右一）

包含氢燃料余量的仪表

高压氢燃料罐

搭载可储备 35MPa（约 350 个大气压）氢燃料的高压储氢罐

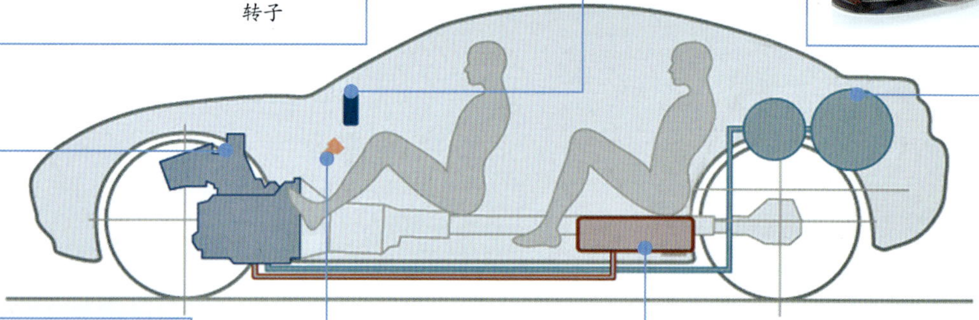

氢转子发动机

氢转子发动机剖面图

燃料切换开关

利用切换开关进行燃料的选择
可在汽油和氢燃料之间轻松转换

燃料切换开关

汽油燃料箱

使用原有的 RX-8 汽油燃料箱
汽油与氢燃料双燃料系统

汽油

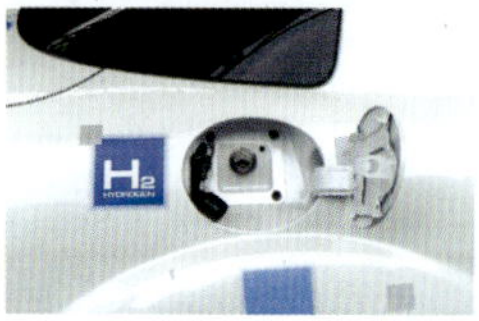

氢燃料

马自达 RX-8 Hydrogen RE 于 2003 年东京车展首次露面，随着 2004 年的路试、2006 年的租赁，现在已经开始准商业化运作。RX-8 Hydrogen RE 的动力源自一台 RENESIS 氢转子发动机，RENESIS 是马自达新一代转子发动机的称谓，该发动机 1999 年在 RX-EVOLV 概念车上露面，2003 年随着 RX-8 量产而正式走向市场。新一代的 RENESIS 转子发动机最大的改进是采用了侧排气/侧吸气技术，排气量为 0.65L × 2，自然吸气，输出最大功率却可达到 184kW，最大转矩达 216N·m。燃油经济性和净化尾气排放方面也得到了大幅度的改善。

▲ 马自达 RX-8 Hydrogen RE 于 2003 年东京车展首次露面，现在已经开始准商业化运作

马自达 RX-8 Hydrogen RE 上的 RENESIS 转子发动机，被设计成为可使用氢燃料和汽油双燃料的发动机。发动机外壳上安装了 4 个氢气喷射器。在使用汽油为燃料行驶时发动机与 RX-8 是完全一样，采用两侧进排气；当使用氢气为燃料行驶时，发动机便可通过安装在 RENESIS 外壳上的喷射器直接喷射氢气，由于氢气密度小，喷射量比汽油多得多，因此每个转子配备两个喷射器。使用氢燃料时，氢转子发动机最大输出功率为 81kW、最大转矩为 120N·m。使用汽油时，氢转子发动机的最大功率为 154kW、最大转矩为 222N·m。

马自达 RX-8 Hydrogen RE 在后行李舱安置了一个容量 74L，35MPa（约 350 个大气压）的储氢罐，可以行驶 60km 左右。马自达还有意研发 70MPa（约 700 个大气压）的储氢罐。为了确保安全，该车还配备了 4 个氢气泄露检测装置。驾驶人可以通过切换按钮来选择使用汽油或氢燃料，仪表上也多出了一项氢气余量显示表，以提醒驾驶人关注氢气余量。

◀ 马自达 RX-8 Hydrogen RE 上的 RENESIS 转子发动机，被设计成为可使用氢燃料和汽油双燃料的发动机

第三章　混合动力汽车

混合动力汽车是指同时装备两种动力来源——热动力源（由传统的汽油发动机或者柴油发动机产生）与电动力源（电池与电动机）的汽车。混合动力汽车一般采用能够满足汽车日常驾驶需求的小排量发动机，通过电动机获得加速与爬坡所需的附加动力。其结果在未牺牲性能的前提下，大大降低了燃油消耗和废气排放。

第一节　混合动力汽车分类

一、按照动力系统结构形式划分

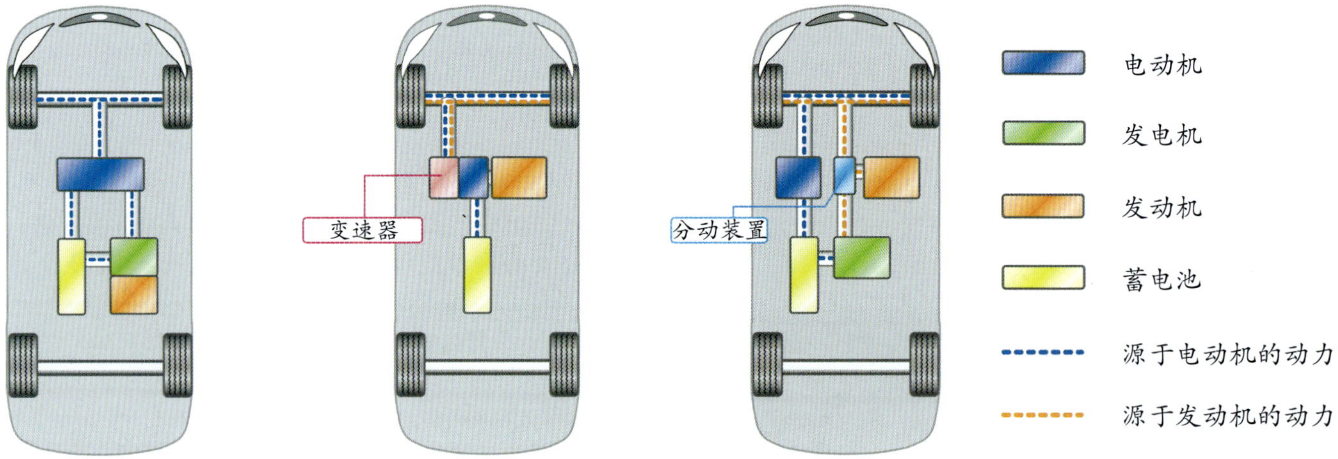

1. 串联式混合动力汽车

是指车辆的驱动力只来源于电动机的混合动力汽车。特点是发动机带动发电机发电，电能通过电动机控制器输送给电动机，由电动机驱动汽车行驶。另外，蓄电池也可以单独向电动机提供电能驱动汽车行驶。如雪佛兰 Volt。

2. 并联式混合动力汽车

是指车辆的驱动力由电动机和发动机同时或单独供给的混合动力汽车。它的结构特点是并联式驱动系统可以单独使用发动机或电动机作为动力源，也可以同时使用电动机和发动机作为动力源驱动汽车行驶。如本田 Insight。

3. 混联式混合动力汽车

是指具备串联式和并联式两种结构的混合动力汽车。其特点是可以在串联混合模式下工作，也可以在并联混合模式下工作。混联混合动力多了动力分离装置，动力一部分用于驱动车轮，另一部分用于发电。如丰田普锐斯。

二、按照混合度划分

根据在混合动力系统中，电动机的输出功率在整个系统输出功率中占的比重，也就是常说的混合度的不同，混合动力系统还可以分为以下四类。

1. 微混合型混合动力汽车

微混合型混合动力汽车是指以发动机为主要动力源，不具备纯电动行驶模式的混合动力汽车。具备停车 / 起步功能 (Stop/Start) 的混合动力汽车是一种典型的微混合模式。一般情况下，微混合型混合动力汽车的混合度在 10% 以下。

这种混合动力系统在传统内燃机上的起动电动机（一般为 12V）上加装了皮带驱动起动电动机（即 Belt-alternator Starter Generator, 简称 BSG 系统）。该电动机为起动机 / 发电机一体式电动机，用来控制发动机的停止和起动，从而取消了发动机的怠速，降低了油耗和排放。从严格意义上来讲，这种微混合动力系统的汽车不属于真正的混合动力汽车，因为它的电动机并没有为汽车行驶提供持续的动力。

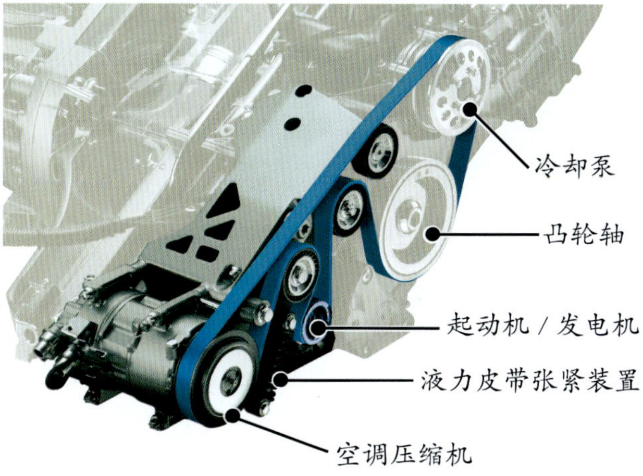

■ 微混合型混合动力的 BSG 系统

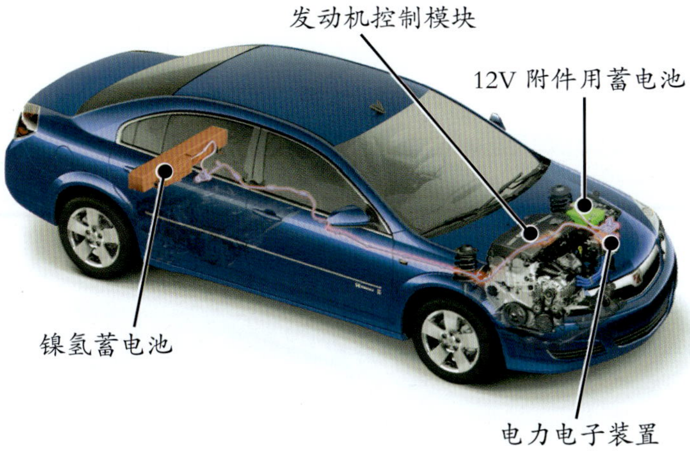

■ 轻度混合动力汽车透视图

2. 轻度混合（弱混合）型混合动力汽车

以发动机为主要动力源，电动机作为辅助动力，该混合动力系统采用了集成起动电动机（即 Integrated Starter Generator，简称 ISG 系统）。与微混合动力系统相比，轻混合动力系统除了能够实现用发电机控制发动机的起动和停止以外，由于搭载有额外的蓄电池，系统还可以在减速和制动时，对部分能量进行回收，并且在汽车等速运行时，发动机产生的能量可以在驱动需求或发电机充电需求之间进行调节。轻度混合动力系统的混合度一般在 20% 以下。

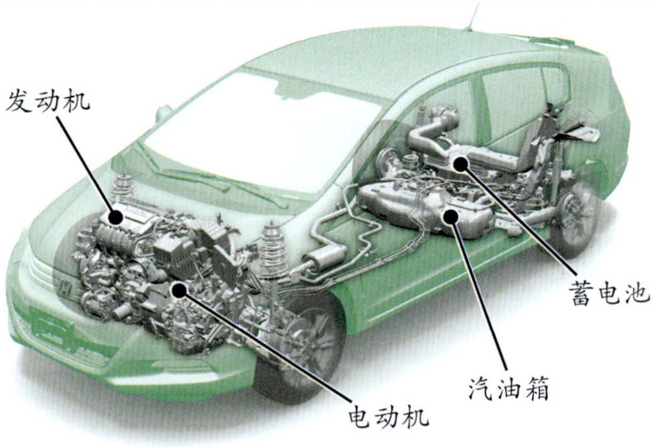

■ 轻度混合动力汽车透视图

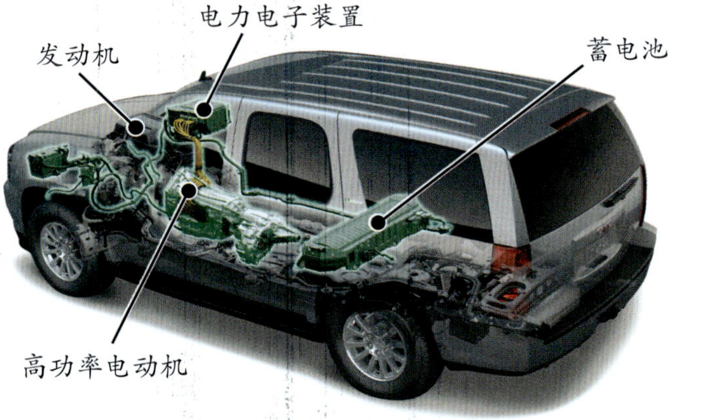

■ 重度混合动力汽车透视图

3. 中度混合型混合动力汽车

中度混合动力系统以发动机为主要动力源，电动机作为辅助动力，同样采用了 ISG 系统。不同的是中混合动力系统采用了高压电动机，能产生更大的功率。另外，中度混合动力系统还增加了一个功能：在汽车处于加速或者高负荷工况时，电动机能够辅助驱动车轮，从而补充发动机动力输出的不足，在提高整车性能的同时，能有效的降低排放。中度混合动力系统混合程度较高，可以达到 30%。

4. 重度（完全）混合型混合动力汽车

重度混合动力系统采用了更大功率的电动机，与中混合动力系统相比，重度混合动力系统的混合度可以达到甚至超过 50%。它的最大特色是电动机可以独立于发动机而驱动车辆前进，也就是纯电动模式。丰田的普锐斯是最好的重度混合动力车型。随着技术的成熟和成本的下降，重度混合动力车型将以出色的燃油经济性和环保能力而成为混合动力未来的发展方向。

三、插电型混合动力汽车

插电型混合动力汽车是指可使用外接电源插头（包括家用或专用）对车载可充电蓄电池进行充电的混合动力汽车。这种混合动力车型通常具有更长的纯电动行驶里程，比如超过 50km；不过需要时，仍可以以普通的混合动力汽车方式工作。比如一款插电型混合动力汽车可用蓄电池行驶 50km，在电量耗尽时混合动力系统将自动介入推动车辆前进，而到了充电站或回家后，可用外接电源直接为蓄电池充电以继续用纯电动模式行驶。

■ 插电型混合动力汽车工作图

第二节　各品牌混合动力汽车车型

一、丰田、雷克萨斯汽车混合动力车型

1. 丰田第一代普锐斯

■ 1997~2003 年第一代丰田普锐斯

1997 年 12 月，丰田首先在日本市场上推出了世界上第一款批量生产的混合动力汽车：普锐斯（Prius）。普锐斯混合动力系统由汽油发动机和电动机组成，采用一种折衷的方式弥补了汽油发动机车和纯电动车两者之间的缺陷。2000 年，普锐斯经过细微的改动之后推向美国市场，随后进入欧洲，开始了其世界第一混合动力车型的历程。

■ 第一代丰田普锐斯透视图

丰田第一代普锐斯技术参数

动力源	类　型	最大功率	最大转矩
发动机	1.5L 直列 4 缸汽油内燃机	120kW	240N·m
电动机	274V 永磁同步交流型	30kW	165N·m
蓄电池	6.5Ah，40 个镍氢电池串联		

■ THS 丰田混合动力系统

THS 丰田混合动力系统

普锐斯的中枢是丰田混合动力系统(Toyota Hybrid System，THS)，它利用汽油发动机和电动机两种动力系统，通过串联和并联相结合的形式进行工作。THS 是世界上最早商业化量产的混合动力系统，目前该系统装备于丰田的多款混合动力车型上，与汽油发动机相比，它的燃油经济性提高了一倍，排放量减少了一半。丰田混合动力系统在行车过程中可以不断检测车辆行驶工况，然后通过管理控制系统，对车辆动力分配装置的工作模式进行调整，从而达到省油减排的目的。

THS 的工作模式

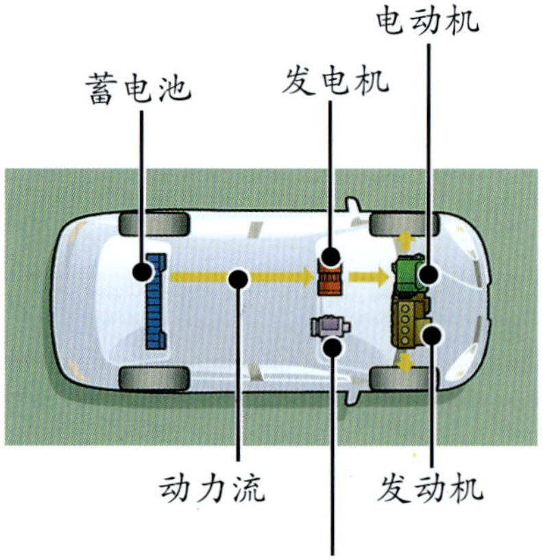

当车辆处于起步或中低速运转时，发动机不用于驱动车辆，而由蓄电池供电给电动机，电动机直接驱动车辆，此时车辆不排放废气

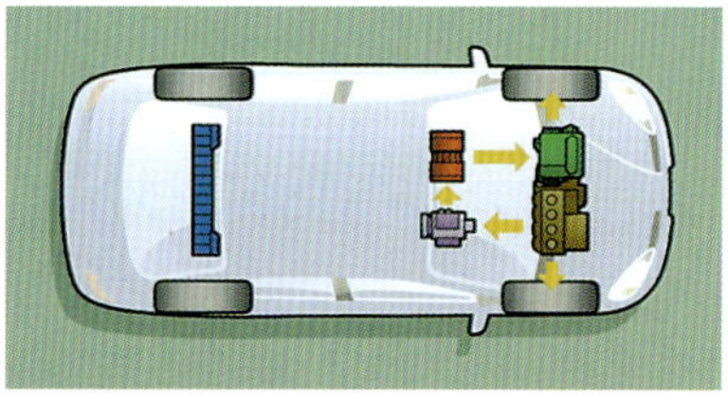

当车辆处于普通行驶状态时，车辆的行驶动力由发动机为主，发动机驱动车轮，同时也带动电动机工作

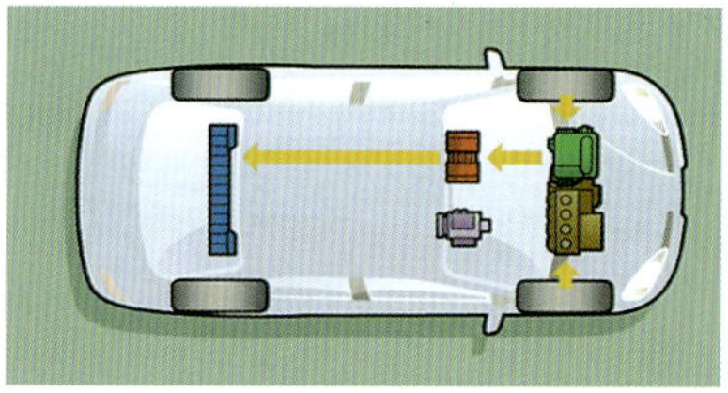

当车辆减速、制动时，车轮驱动电动机，电动机起到发电机作用，再生制动将动能转变为电能，并储存于镍氢蓄电池

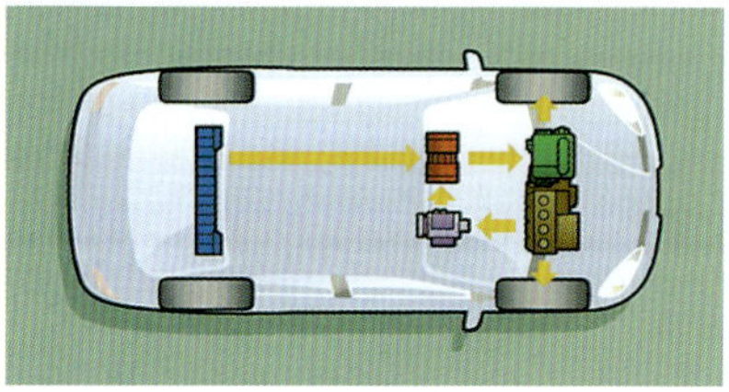

车辆瞬间加速时，车辆蓄电池会提供额外的动力给电动机，电动机会辅助发动机来提高整车动力，改善整车加速性能，此时发动机瞬态加速性能大幅提高

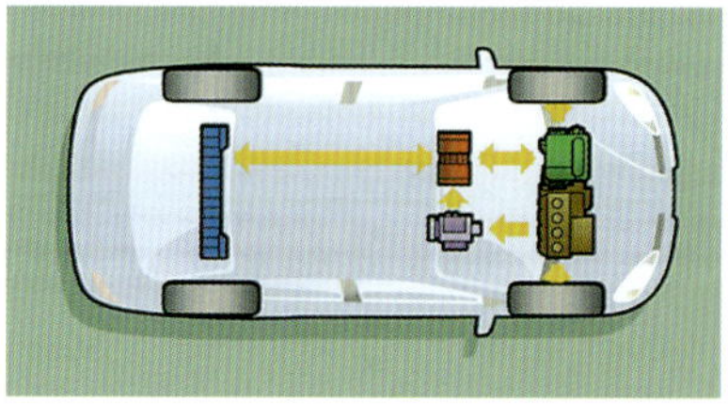

当系统检测到蓄电池电量低时，发动机可以在驱动车辆的同时，随时带动发电机运转给蓄电池充电

■ 2003~2009年第二代丰田普锐斯

2. 丰田第二代普锐斯

2003年9月，丰田在日本首先上市了全新第二代普锐斯，除了外表的改进外，最重要的是引入了第二代丰田混合动力系统THS-Ⅱ。THS-Ⅱ是在HSD（混合动力协同驱动）的概念下开发出来的，即电动机，发动机在车辆各种状态中，采用不同的方式协同工作，来适应各种驾驶模式。THS-Ⅱ与THS基本理论相同，不过使用的电动机在同类电动机中性能较高。另外，为了更好地进行能源消耗管理，THS-Ⅱ使用一种新型的线路和制动能量回收系统，与高效的蓄电池组合，可以在制动的时候更好地对制动能量进行回收。

THS-Ⅱ最大的改进在于使用了高电压线路——发动机、电动机和蓄电池之间的电压高达500V，而上一代THS的电压只有274V。

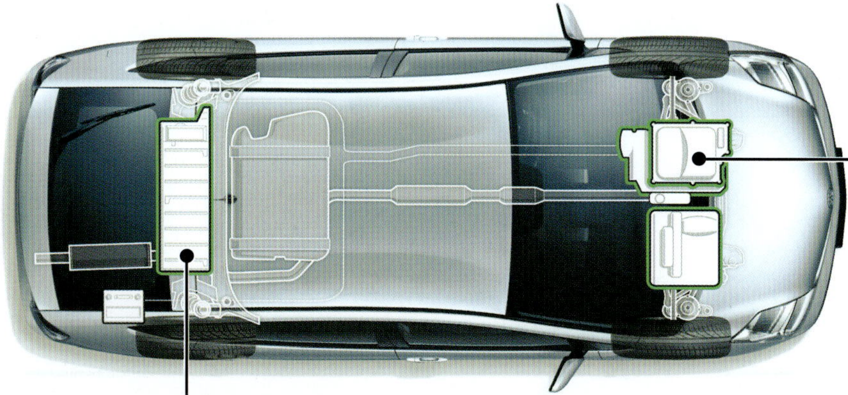

THS-Ⅱ总成

THS-Ⅱ最大的改进在于使用了高电压线路——发动机、电动机和蓄电池之间的电压高达500V

镍氢蓄电池

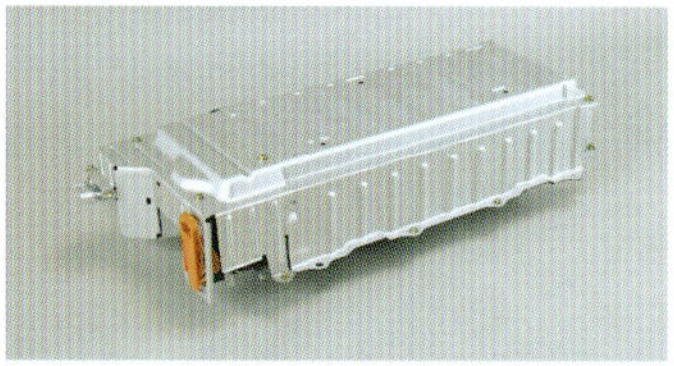

比较于第一代的镍氢蓄电池，新的蓄电池尺寸更小、质量更轻，容量却没有改变

丰田第二代普锐斯技术参数

动力源	类　型	排量 / 电压 / 容量	最大功率	最大转矩
发动机	直列4缸汽油内燃机	1.5L	57kW	115N·m
电动机	永磁同步交流型	500V	50kW	400N·m
蓄电池	28个镍氢电池串联	6.5Ah	—	—

3. 丰田第三代普锐斯

■ 2009 年第三代丰田普锐斯

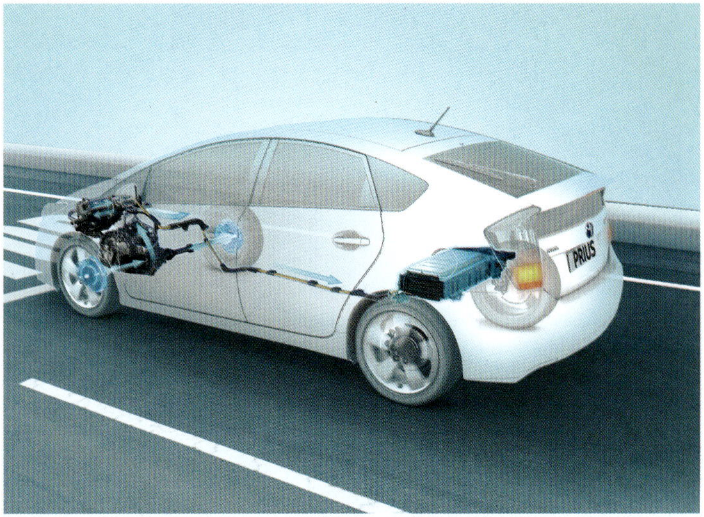

■ 第三代丰田普锐斯制动能量回收

2009 年，丰田推出了全新第三代普锐斯，并于 2010 年全面上市。新一代的普锐斯对混合动力系统进行了改进，主要包括两个方面：一个是使用全新的 1.8L 发动机代替原有的 1.5L 发动机；另外一个是对 HSD 混合动力协同驱动系统进行重新设计。

第三代丰田普锐斯搭载阿特金森循环 1.8L 直列 4 缸发动机，取代老款的 1.5L 发动机，最大功率为 73kW，比老款提高 16kW，转矩则达到 142N·m，比老款增加 27N·m，加上电动机动力整车最大功率为 100kW，低速转矩进一步提升，这也意味着低速时候能够获得更好的燃油经济性。0~100km/h 加速时间比老款提高 1s，仅需 9.8s。

第一代普锐斯的综合路况油耗为 5.74L/100km，第二代为 5.11L/100km，第三代普锐斯丰田官方公布的数据综合油耗约 4.7L/100km。来自美国环保局（EPA）的测试数据为城市路况约 4.9L/100km，高速路况为约 5.2L/100km。

第三代普锐斯提供 4 种不同的驾驶模式，Normal 为正常模式，EV-Drive 模式允许驾驶人在低速状态下单纯依靠电力行驶约 1.6km。Power 模式提高加速灵敏度，以提升运动性能。Eco 模式则可以帮助驾驶人获得最佳的燃油经济性。

新的丰田混合动力系统的开发思路是“彻底停止发动机”。这与本田 Insight 车型“不是停止发动机，而是关闭阀门”的做法形成鲜明对照。为此，新普锐斯将水泵及空调压缩机改为电动，并从曲轴上去掉了传动带。由于在蓄电池余量充足的情况下可随时启动空调，因此，可取消发动机而无需担心空调。

HSD 混合动力协同驱动系统

包括更大排量的发动机、更大功率的电动机，电压也升至600V

1.8L 直列 4 缸发动机

搭载阿特金森循环1.8L直列4缸发动机，最大功率为73kW，转矩则达到142N·m

太阳能蓄电池板车顶

选装件太阳能蓄电池板可以为普锐斯空调系统提供动力，从而更加节能环保

镍氢蓄电池组

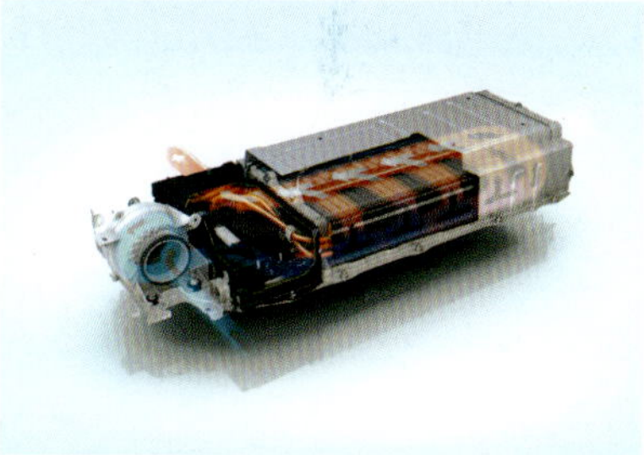

蓄电池由松下提供，电压201.6V，最大功率27kW，容量6.5Ah

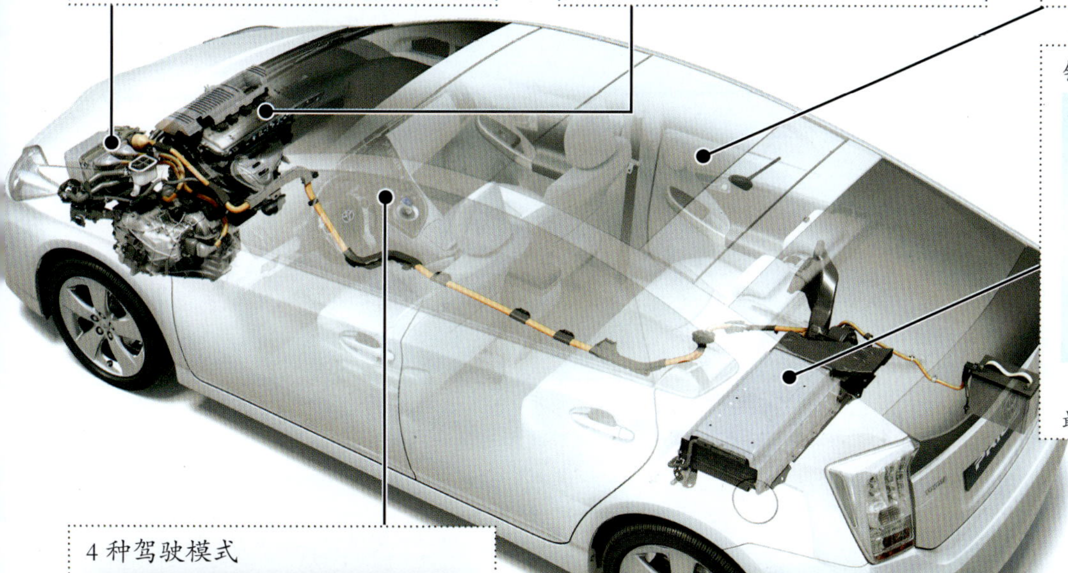

■ 第三代丰田普锐斯透视分解图

4 种驾驶模式

第三代普锐斯一共有4种不同的模式来适应不同的驾驶情形：Normal为正常模式，EV为纯电动模式，Power为加速模式，Eco燃油经济性模式

丰田第三代普锐斯技术参数

动力源	类　型	排量 / 电压 / 容量	最大功率	最大转矩
发动机	直列4缸汽油内燃机	1.8L	73kW	142N·m
电动机	永磁同步交流型	600V	60kW	207N·m
蓄电池	镍氢电池串联	6.5Ah	27kW	—

4. 丰田插电型（Plug-in）普锐斯

以第二代丰田普锐斯为原型的插电型混合动力车早在2005年就以概念车的身份展出 ▲

以普锐斯为原型的插电型混合动力车计划早在第二代普锐斯时期便开始运作，那时以概念车身份出现的插电型混合动力车并未引起太多的关注。随着第三代普锐斯的上市，基于新车型的插电型混合动力车也从实验阶段进入到准商业化运作。普锐斯插电型混合动力汽车以锂离子电池作为驱动蓄电池，可使用家用电源进行外部充电。

锂离子蓄电池组可通过家用电源来进行充电，因此，不受蓄电池剩余量和充电设施完善情况的限制。比起传统的混合动力车将更加能够降低油耗、抑制不可再生资源消耗、减排 CO_2 以及防止大气污染。普锐斯插电型混合动力汽车每升汽油可以行驶55km，在充满电的情况下，纯电动模式续驶里程为20km。充电时间方面，100V电源需要180min，200V电源需要100min。

当蓄电池的电量下降至一定程度时，系统就会自动的切换为混合动力模式行驶。在低温时起动以及用户用力踩下加速踏板等情况下，如果系统判断电池提供的功率较低时，就会起动发动机驱动行驶。

2010年4月，丰田汽车在日本公布插电式普锐斯的全球租借计划，年内拟制造约600辆普锐斯插电型混合动力车，并且率先在日本、美国和欧洲测试，其中日本测试车辆为230辆，美国为150辆，欧洲为200辆，丰田也在积极考虑尽快将插电型普锐斯以进口方式引入中国，未来不排除国产的可能性。

■ 基于第三代普锐斯的插电型混合动力车

■ 普锐斯插电型混合动力车透视图

行李舱地板

行李舱地板高出了5.1cm，地板下的储物空间用来存放蓄电池；其他方面与普通普锐斯没有很大区别

充电情况

相比较于普通的普锐斯，插电型混合动力车增加了一个可外给蓄电池充电的外接电源插口；充电一次的纯电动行驶距离为20km，最大速度为100km/h。充电时间采用100V电源需要180min，200V电源需要100min。

锂离子蓄电池组

普锐斯插电型混合动力车配备的锂离子蓄电池组的外形尺寸为807mm×911mm×378mm，质量为160kg；并联连接3个由96个单元组成的蓄电池组。容量为5.2kWh，电压为345.6V；蓄电池组上部装有一个降压用DC-DC转换器和3个监控单元

蓄电池以32个单元为一组，分上下两层排列；冷却方式采用空冷式，3个风扇分别负责3组蓄电池的冷却工作；共设有3处空气吸入口，后部座椅的下方有两处，旁边有一处。

丰田第三代插电型普锐斯技术参数

动力源	类　型	排量 / 电压 / 容量	最大功率	最大转矩
发动机	直列4缸汽油内燃机	1.8L	73kW	142N·m
电动机	永磁同步交流型	600V	60kW	207N·m
蓄电池	锂离子蓄电池串联	6.5Ah	—	—

5. 丰田 Auris 混合动力车

在2009年的法兰克福车展上，丰田展示了一台基于欧洲车型 Auris 的混合动力概念车，半年后，丰田便迫不急待地将这款车量产并投向欧洲市场。

Auris 混合动力汽车的车门数和二厢设计与丰田普锐斯如出一辙，而混合动力系统方面也和2010款的第三代普锐斯完全相同，同样采用1.8L发动机配合 HSD 混合动力协同驱动系统。由于混合动力系统相同，因此 Auris 混合动力汽车同样有经济模式（Eco）、加速模式（Power）和纯电动模式（EV）三种驱动模式和平常驾驶的普通模式。动力性能部分，Auris 混合动力汽车0~100km/h加速需要11.4s，由于 Auris 车型在空气动力学设计方面比普锐斯稍逊一筹，因此在耗油量方面会比普锐斯稍高一些。

Auris 混合动力汽车在英国投产，是丰田首款欧产，也仅面向欧洲销售的混合动力汽车。

▲ 在 Auris 推出时，丰田还宣称公司计划在未来所有的车型上配置混合动力系统

◀ 现在，所有丰田的混合动力汽车都采用 HSD 混合动力协同驱动系统

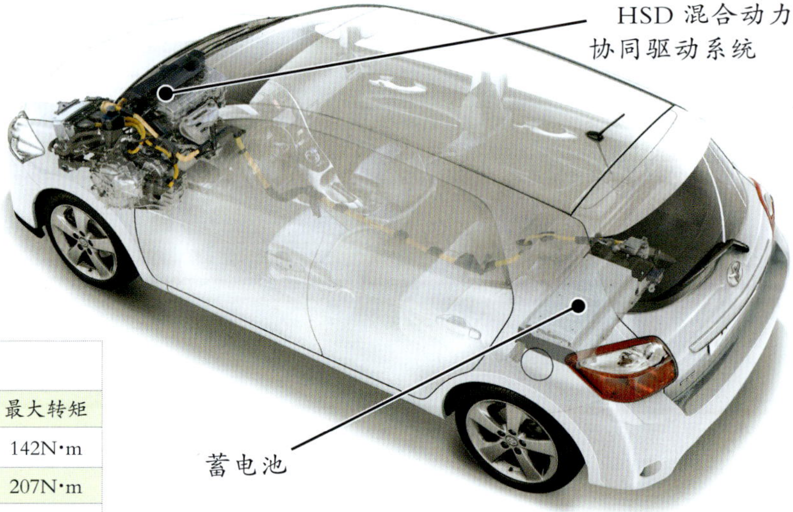

■ 丰田 Auris 混合动力车透视图

丰田 Auris 混合动力汽车技术参数

动力源	类　型	排量 / 电压 / 容量	最大功率	最大转矩
发动机	直列4缸汽油内燃机	1.8L	73kW	142N·m
电动机	永磁同步交流型	600V	60kW	207N·m
蓄电池	镍氢蓄电池串联	6.5Ah	—	—

6. 雷克萨斯 GS 450h 混合动力车

GS 450h 是全球第一款应用了完全油电混合动力技术的前置后驱豪华汽车。它搭载了一台 3.5L V6 发动机，该发动机应用了双 VVT-i 智能正时可变气门控制系统以及“D-4S”缸内直喷技术，通过提高燃油喷射压力和雾化程度，改善汽油燃烧效率，从而大幅提升了汽车的动力性和燃油经济性。这款发动机与电动机相配合，可释放出媲美 V8 汽油发动机的 256kW 的动力，0~100km/h 加速仅需 5.9s。配备 4.3L V8 发动机的 GS 430 在 0~100km/h 加速时间上为 5.7s，由此可见，其加速性能可与 V8 车型相媲美。而燃油消耗却与配备 2.0L 4 缸发动机的汽车旗鼓相当。

变速器混合动力模块总成

■ 雷克萨斯 GS 450h 透视图

雷克萨斯 GS450h 混合动力汽车技术参数

动力源	类　型	排量 / 电压 / 容量	最大功率	最大转矩
发动机	V6 汽油内燃机	3.5L	218kW	368N·m
电动机	永磁同步交流型	650V	147kW	275N·m
蓄电池	镍氢蓄电池串联	6.5Ah (288V)	35kW	—

7. 雷克萨斯 LS 600h 混合动力车

LS 600h 是全球第一辆配置了 V8 混合动力发动机的汽车。它独创的雷克萨斯混合动力系统，将一个全新的 5.0L 直喷 V8 汽油发动机、一组大功率电动机、以及一组大容量蓄电池组合在了一起，最高功率可达 327kW。为了进一步配合如此大的功率，LS 600h 还专门配备了全时的全轮驱动系统。值得一提的是，LS 600h 的功率堪比 6L 发动机，而耗油量却只有 3L 发动机的水平。

当汽车加速时，只有电动机开始工作，发动机尚未起动，此时噪声低，排放为零。在正常驾驶条件下，LS 600h 交换使用发动机和电动机，以达到最优组合。通过控制发动机的转速，保证了低噪声、高燃油效率、低排放的目标。而在全面加速的情况下，LS 600h 则兼用 V8 发动机和电动机，平稳而敏捷。

■ 雷克萨斯 LS 600h 后视图

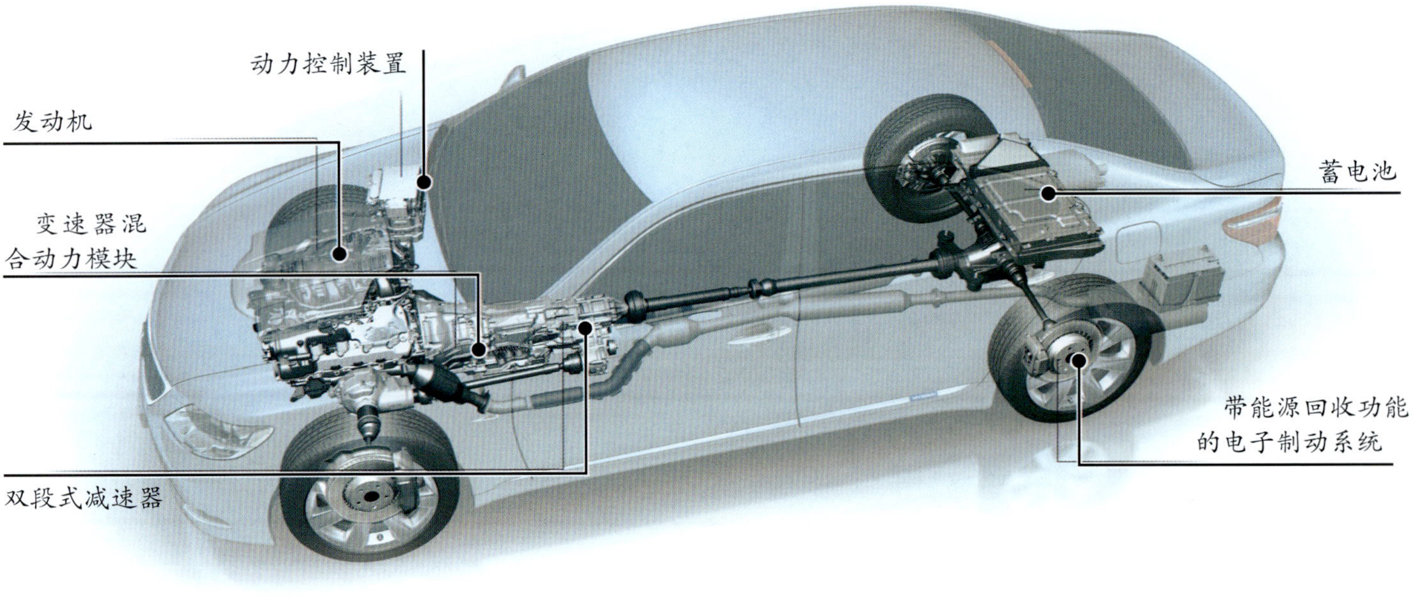

■ 雷克萨斯 LS 600h 透视图

LS 600h 核心部件

高性能 V8 发动机

5.0 L 直喷 V8 双顶置凸轮轴 32 气门发动机，拥有双智能正时可变气门控制系统

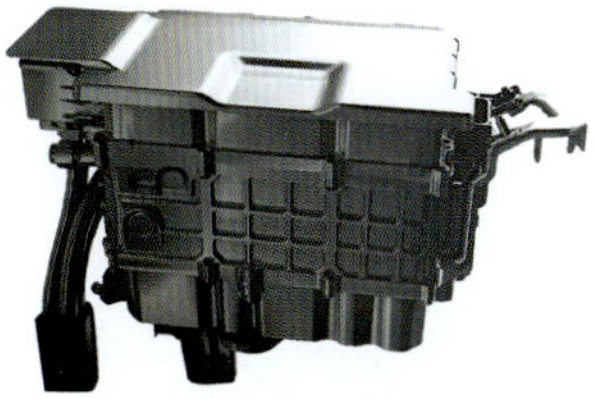

动力控制装置

包含一个升压转换器，将电压从 288V 增加到 650V 以增强蓄电池动力，以及内置的逆变器，用来将发电机当前的直流电转换为交流电

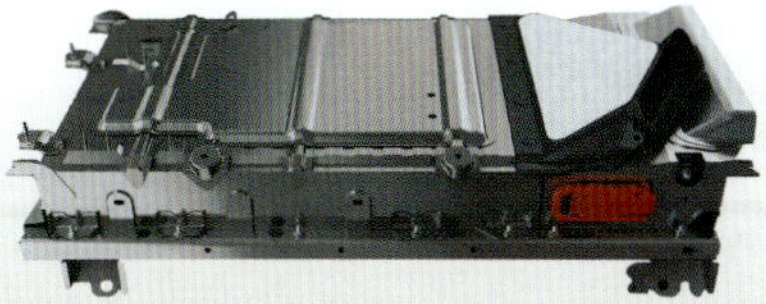

蓄电池

混合动力系统中的电能被存储在 288V 的镍氢蓄电池中。基于最佳质量分布平衡的考虑，这款长效蓄电池被合理地安装在汽车尾部，空调系统可以为它降温，以确其高输出性能

LS 600h 动力运作模式

起动时

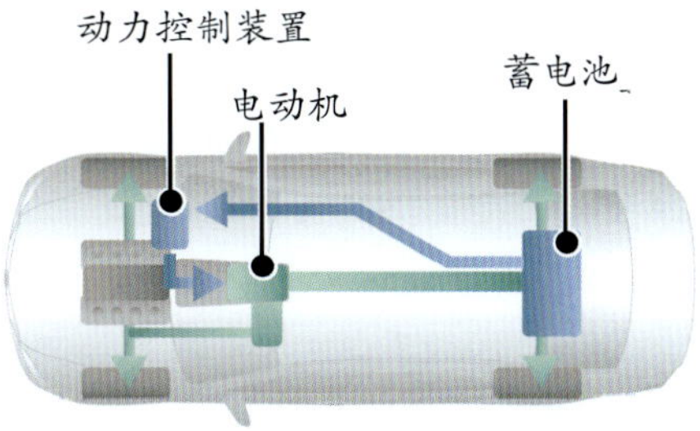

从静止开始加速，电动机使用电池提供的电力成为主要动力，电动机在低转速状态下提供最大转矩，带来出色而宁静的加速表现

正常行驶时

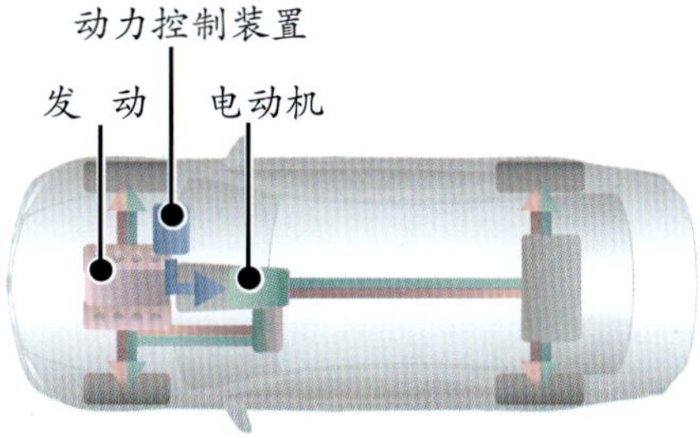

发动机在正常行驶中发挥主导作用。其中大部分的发动机能量为汽车提供驱动力，而另一部分能量则用来发电从而驱动电动机，这使得发动机在低转速下工作，尽可能地降低噪声

充分加速时

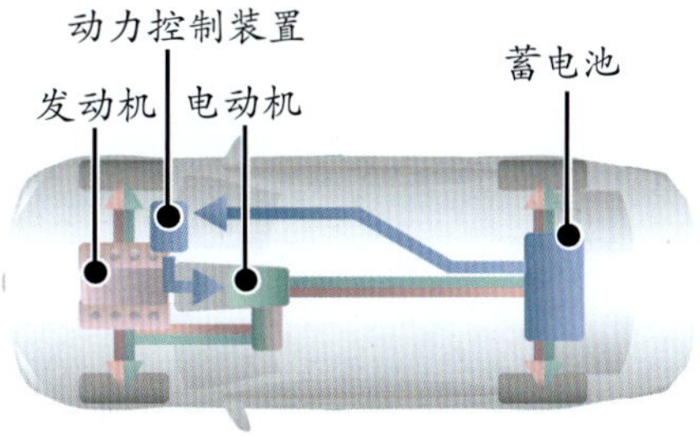

发动机的全部动力输出与电动机同时工作，为汽车提供更充沛的动力。无间隙的平顺加速，与传统汽车截然不同

减速、制动时（能量回收）

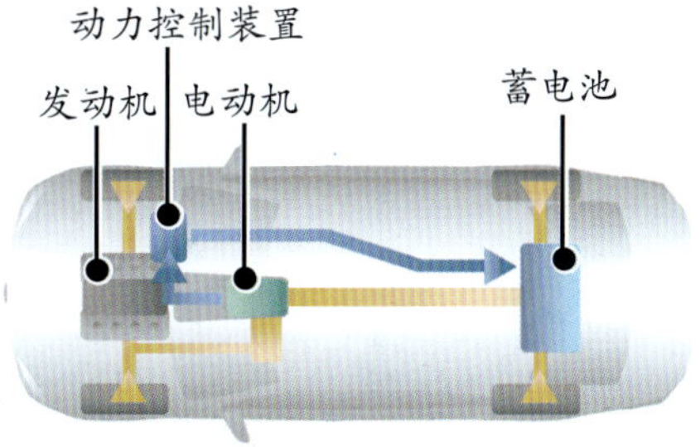

在车辆减速或制动时，汽车通常会损失的能量能够被系统回收、再生，这种再生使电动机转而成为发电机，将回收的动能转化为电能储存在电池中，为未来驾驶提供动力

雷克萨斯 LS 600h 混合动力汽车技术参数

动力源	类　　型	排量 / 电压 / 容量	最大功率	最大转矩
发动机	V8 双顶置凸轮轴 32 气门直喷发动机	5.0L	290kW	520N·m
电动机	永磁同步交流型	650V	165kW	300N·m
蓄电池	240 个镍氢蓄电池单元串联	288V	—	—

8. 雷克萨斯 RX 400h 混合动力车

雷克萨斯 RX 400h 混合动力汽车是该品牌第一台油电混合动力SUV 车型，动力系统包括 3.3L 的 V6 发动机、前电动机和后电动机，能提供电动四驱功能。RX 400h 的最大功率可达 200kW，启动转矩更可达到 825N·m。这款 SUV 的质量仅为 2075kg，每 1kW 的动力仅需驱动 10kg 的质量。

雷克萨斯 RX400h 混合动力汽车技术参数

动力源	类　型	排量 / 电压 / 容量	最大功率	最大转矩
发动机	V6 汽油内燃机	3.3L	156kW	287N·m
前电动机	永磁同步交流型	650V	123kW	335N·m
后电动机	永磁同步交流型	650V	50kW	130N·m
蓄电池	镍氢蓄电池串联	6.5Ah (288V)	45kW	—

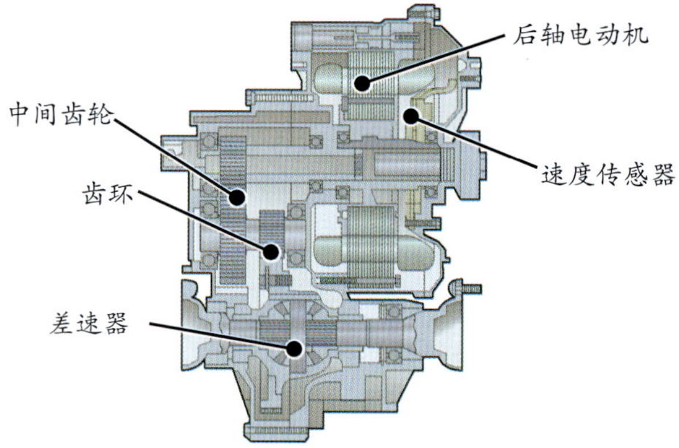

■ RX 400h 后轮电动机剖面图

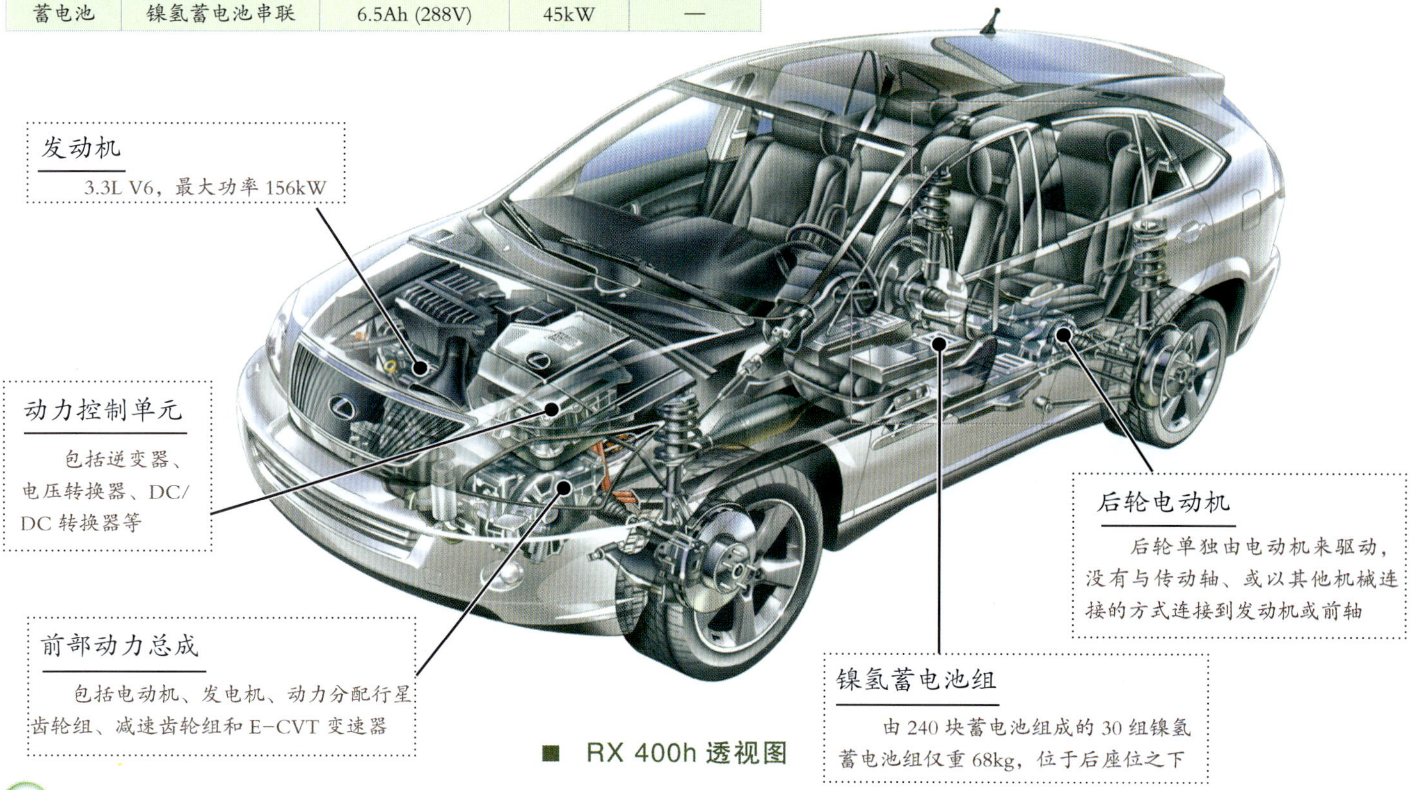

■ RX 400h 透视图

9. 雷克萨斯 RX 450h 混合动力车

RX 450h 是 RX 车型改款后原 RX 400h 的全新升级车型，它采用了雷克萨斯最新改良的混合动力系统，包括 3.5L V6 阿特金森循环发动机、更轻的电动机、体积更小 / 质量更轻的动力控制单元和其他节油创新设计。在动力提升了 10% 的基础上，RX 450h 的燃油消耗比备受称赞的前代车型更为经济，达到 7L/100km，其燃油经济性令人赞叹。V6 发动机能够在 6000rpm 时产生 183kW 的最大功率；油电混合动力系统最大综合输出功率达到 220kW。

雷克萨斯 RX450h 混合动力汽车技术参数

动力源	类　型	排量 / 电压 / 容量	最大功率	最大转矩
发动机	V6 汽油内燃机	3.5L	183kW	317N·m
前电动机	永磁同步交流型	650V	130kW	335N·m
后电动机	永磁同步交流型	650V	50kW	139N·m
蓄电池	镍氢蓄电池串联	6.5Ah (288V)	37kW	—

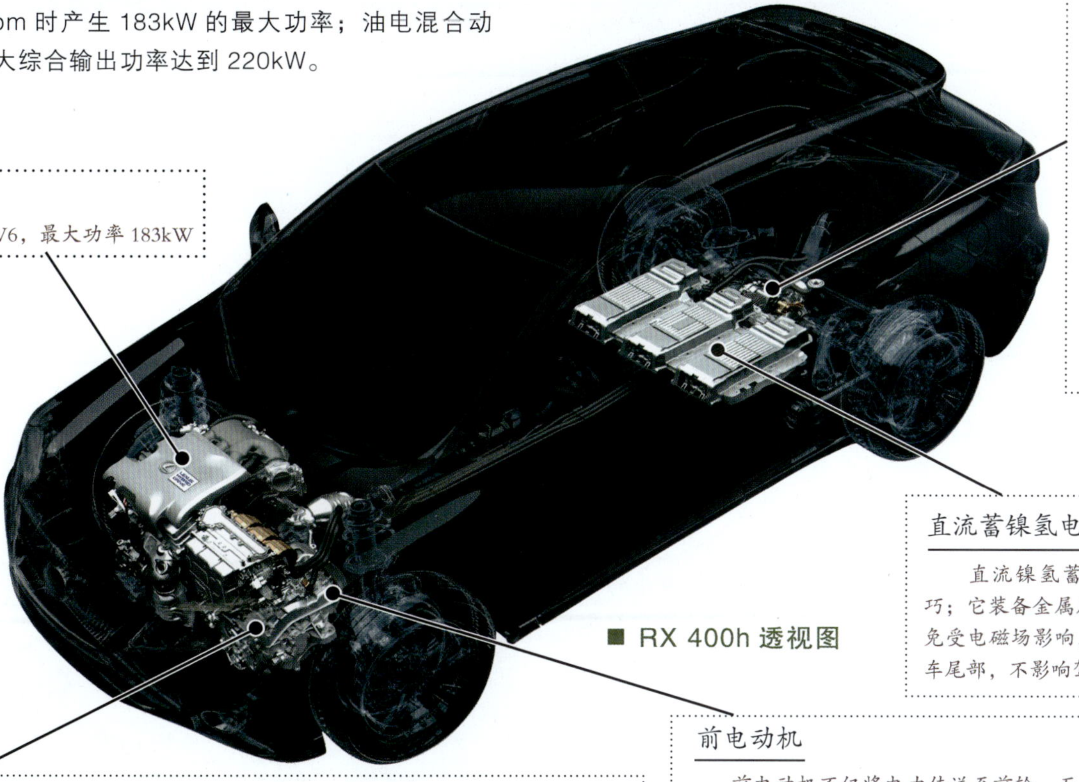

■ RX 400h 透视图

发动机

3.5L V6，最大功率 183kW

后电动机

后电动机会在汽车起动、加速、紧急转弯以及前轮打滑时起动；它将由蓄电池组和发电机输出的电力共同驱动制动或减速时，它产生电力，给蓄电池组充电；若有必要，全轮驱动系统将自动操作；后电动机的峰值转矩可达到 139N · m

直流蓄镍氢电池组

直流镍氢蓄电池组更加紧凑轻巧；它装备金属屏蔽，有效保护乘客免受电磁场影响，并合理的安装在汽车尾部，不影响驾乘舱及行李舱空间

前电动机

前电动机不仅将电力传送至前轮，而且能自行运作或协同发动机工作。它由发电机和蓄电池组所发出的电力驱动；在制动或减速时，它会产生电力，给电池组充电。前电动机峰值转矩可达到 335N·m

发电机

发电机可作为发动机的起动电动机，同时也可以将发动机动力转换为电力，提供给电动机驱动车辆，或者根据需求和具体行驶状况对蓄电池充电

二、本田汽车混合动力车型

■ 1999~2006 年第一代本田 Insight

1. 本田第一代 Insight

1999 年 12 月，本田第一款混合动力汽车 Insight 在美国上市销售。这台车搭载了本田的混合动力系统 IMA（集成电动机辅助），汽油发动机为 1.0L 三缸，电动机功率为 10kW 并配备有镍金属蓄电池，一箱油可以跑 960~1120km。电动机主要是在低转速提供更强的转矩和在必须的时候提供动力辅助。刚上市的时候采用 5 速手动变速器，2001 年开始提供 CVT 变速器供选择。本田 Insight 在几年的生命期内获得了无数的荣誉，也是当时世界上最清洁的汽车，不过由于采用了 2 门 2 座，外观前卫的设计，实用性和接受程度大打折扣，因此销量节节败退，叫好不叫座。不过本田并不认为 Insight 是失败作品，2003 年，本田推出了思域的混合动力版本，这才是本田真正的用意。

■ 第一代本田 Insight 发动机舱

2. 本田第二代 Insight

为更进一步的削减 CO_2 排放，本田以成为“新时代小型车的标杆”为目标，研发出了第二代混合动力车 Insight。全新的 Insight 在紧凑的车身内搭载了小型化、轻量化、高功率的 1.3L i-VTEC+IMA(Integrated Motor Assist) 混合动力系统，还首次搭载“节能驾驶辅助系统”，该系统具有以下三项功能，ECON 模式：通过控制发动机和 CVT 辅助驾驶人进行节能驾驶；提醒功能：车辆行驶中，实时改变仪表盘背景颜色提醒驾驶人注意节能驾驶；评分功能：对驾驶人在实际驾驶过程中的节能状况进行评分，并在仪表盘上显示树叶图形，通过树叶的数量对驾驶人的节能成绩进行评分。

本田 Insight 混合动力汽车技术参数

动力源	类　型	排量 / 电压 / 容量	最大功率	最大转矩
发动机	直列 4 缸汽油内燃机	1.3L	65kW	121N·m
电动机	永磁同步交流型	—	10kW	78N·m
蓄电池	镍氢蓄电池串联	580Wh（100.8V）	—	—

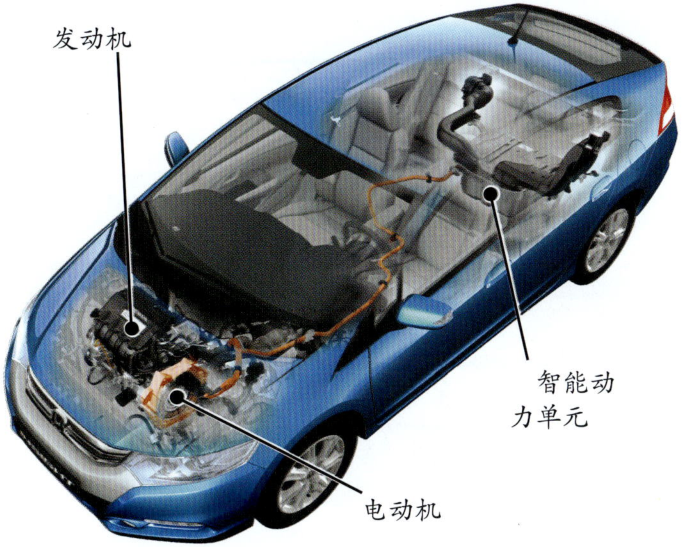

■ 本田第二代 Insight 透视图

■ 节能驾驶辅助系统分解图

IMA 本田混合动力系统

本田认为，混合动力是现阶段最现实、有效的环保技术，本田独创的混合动力系统——IMA 系统以先进的 i-VTEC 发动机作为主动力，以高效电动机作为辅助动力，既具有卓越的环保、节能性能，又具备流畅的行驶性能，将环保与驾驶乐趣融为一体。

主动力：智能型 i-VTEC 发动机

本田独创的智能高效 i-VTEC 发动机具有可变气门正时和升程控制技术，在此基础上应用了 VCM（Variable Cylinder Management）可变汽缸管理技术，根据行驶工况，智能控制工作汽缸数，降低燃油消耗；高效率的燃烧控制，实现最高水平燃油经济性，以及强转矩、低排放的优越性能

高功率薄型 DC 无刷电动机

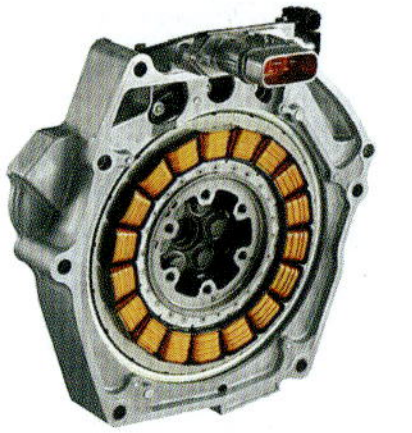

线圈密度大幅提高，采用高性能磁石，这些努力让只有 60mm 厚度的电动机（Insight 车型采用的电动机）具备了极高的输出功率；同时，体积更加小型化，可以完全容纳在发动机和变速器之间

智能动力单元 IPU（PCU+IMA）

新款 Insight 车型采用的智能动力单元由动力控制单元（PCU: Power Control Unit）和辅助电动机（IMA: Integrated Motor Assist）组合而成，电动机定子平角剖面线圈圈数和密度大幅提高，加上高性能磁石部位薄型化，与以往电动机相比，厚度减少约 22%、质量减轻约 15%，实现了轻量小型化；为电动机供电的蓄电池采用高功率镍氢蓄电池

■ 本田 Insight 混合动力系统分解图

■ 本田 Insight 外观图

混合动力系统的工作模式

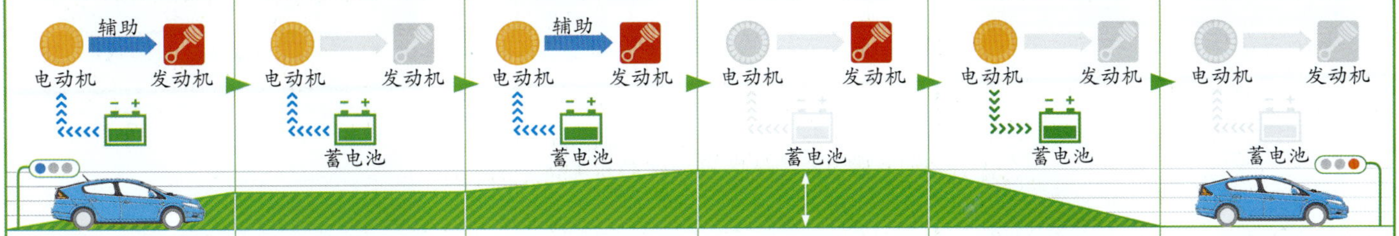

① 起步加速	② 低速巡航行驶	③ 加速	④ 高速巡航行驶	⑤ 减速	⑥ 停车
起步时电动机辅助驱动，提供强有力的加速能力	低速巡航行驶时，发动机汽缸关闭，只靠电动机行驶	发动机驱动并由电动机辅助，提供强有力的加速动力	电动机关闭，只由发动机驱动，以稳定的低油耗行驶	将制动能量转化为电能存储在蓄电池中，此时发动机关闭，减少能耗，提高充电效率	怠速时发动机自动停止，此时能源消耗和排放为零

Eco Assist 节能驾驶辅助系统

本田新开发的节能驾驶辅助系统（Eco Assist）在车辆行驶的过程中配合行驶状态对发动机和 CVT 进行控制，通过向驾驶人提供有助于车辆经济行驶的信息，帮助驾驶人掌握更加省油的驾驶习惯，在轻松体验中实现更加经济实用的低油耗驾驶。

节能驾驶辅助系统是全球首个具备综合型驾驶辅助系统，用于 2009 年上市的新一代混合动力车型 Insight。日本规格的 Insight 中装配了本田 HDD 导航系统的车辆，还具有帮助分析驾驶习惯，辅助经济驾驶的“教学功能 / 建议功能”。

■ 可显示节能驾驶辅助状态的仪表盘

Eco Assist 节能驾驶辅助系统功能介绍

1. 协调控制发动机和 CVT 的“Econ 模式”

■ Econ 模式按钮

驾驶人希望控制油耗时，只要按下“Econ 模式”按钮即可启动系统，通过协调控制发动机和 CVT 来帮助实现经济型驾驶。另外，“Econ 模式”还可对空调系统的工作进行节能控制，同时通过自动延长怠速停止的时间，以及增加减速时能量回收的充电量等方式，对低油耗驾驶进行辅助。

■ Econ 模式按钮位于驾驶席左侧

2. 通过仪表盘颜色的变化来显示车辆行驶油耗情况的“提醒功能”

驾驶人可随时了解到车辆行驶时的油耗，通过保持仪表盘背景的绿色显示，就能确保油耗的经济性。在混合动力系统工作时，电动机在车辆加速时起辅助作用，在车辆减速时则对动力进行回收，驾驶人的行车习惯会影响到燃油经济性。

低油耗行驶状态

相对低油耗行驶状态

油耗较高时的行驶状态

3. 通对驾驶油耗进行评分的“评分功能”

节能驾驶辅助系统配置的多功能信息显示屏“eco 向导”的画面中可看到驾驶油耗的实时分数，成绩以“树叶”的数目显示出来。驾驶结束后，显示屏的上半部会显示出发动机从起动到停止过程中的最新油耗分数，下半部会显示出驾驶人的综合成绩（迄今为止的驾驶成绩的累计）。随着时间的推移，“树叶”会逐渐成形，驾驶人在体验培育乐趣的同时也会逐渐掌握经济省油的驾驶习惯。

伴随着低油耗驾驶的累计成绩，树叶分为三个成长阶段

4. 教学功能可显示更详细的油耗成绩，并对驾驶人提出建议

本田 HDD 车载导航系统的提示画面上可显示出驾驶操作的油耗成绩记录及具体的评分内容，另外还能通过对驾驶人的驾驶方式的分析，提示出“降低油耗的建议”等建议。另外，导航会员还可通过电脑登录“车载导航私人俱乐部”主页，对以上信息进行确认。

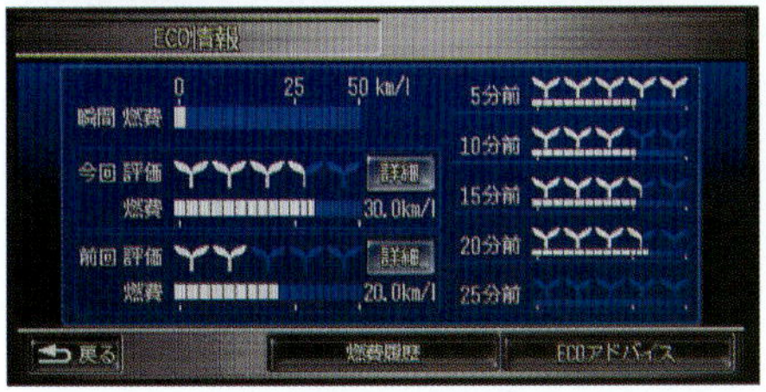

节能驾驶油耗记录

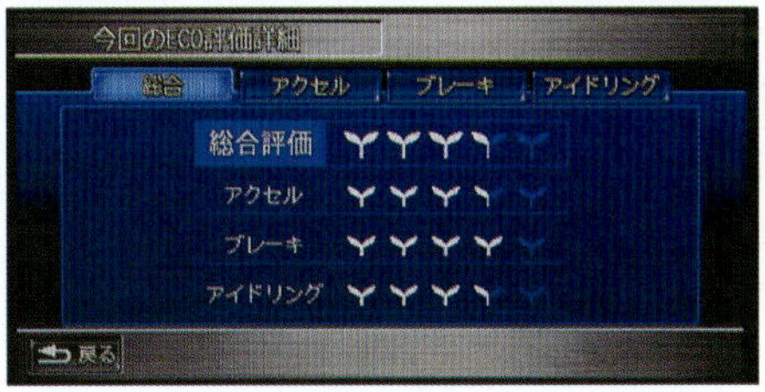

节能驾驶的评分内容

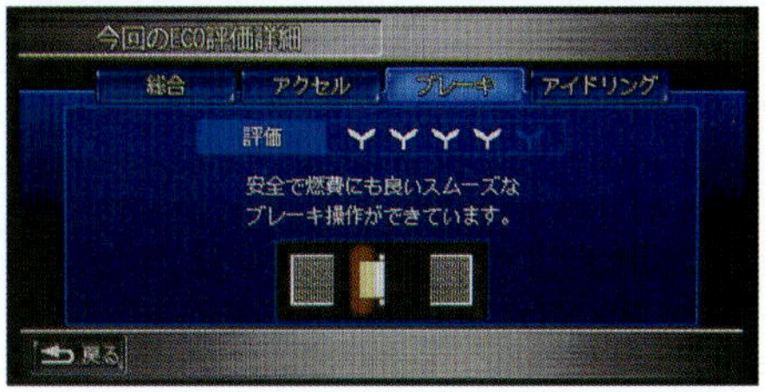

降低油耗的建议

3. 本田 思域混合动力车

2001 年，本田在第七代思域上装备了 IMA 混合动力系统，使其成为一台真正的 5 座混合动力车而受到市场的青睐。2005 年，第八代思域上市，相应的混合动力版本也进入全新一代；2007 年，本田正式将思域混合动力汽车引入到中国。思域混合动力汽车采用了本田先进的 IMA 混合动力系统，主动力为 1.3L 三段式 i-VTEC 发动机，可根据智能化控制的可变气门正时和升程系统（VTEC）机构，在低转速、高转速、汽缸停止的三个阶段对气门进行不同控制，具备卓越的燃油经济性能，辅助动力为轻量小型化的高效率电动机。据清华大学在北京城市路况下对思域混合动力汽车的实际油耗进行综合测试的结果表明，思域混合动力汽车的综合油耗仅为 4.7L/100km，较普通汽油款的思域汽车油耗低了 37.42%。

■ 符合空气动力学的轮毂

本田新混合动力系统

主动力源	副动力源
3 段式 i-VTEC 发动机	IMA 混合动力系统
1.3L i-DSI 发动机 + 3 段式 i-VTEC （低速、高速、汽缸停止时对气门控制）	超薄无刷 DC 电动机 智能动力单元（IPU） 镍氢蓄电池(Ni-MH) 动力控制单元(PCU)

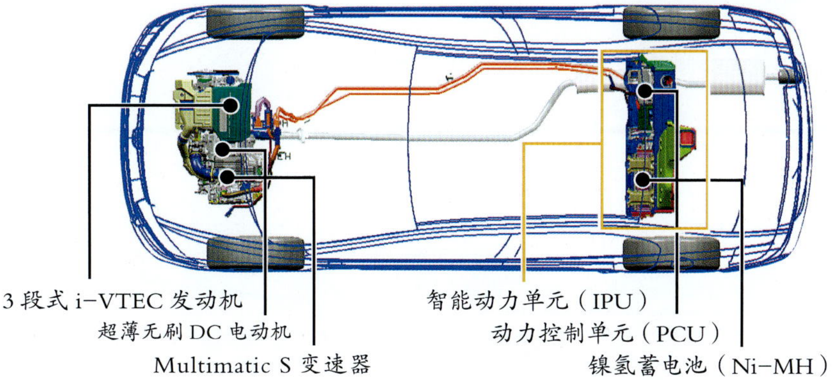

■ 本田 Civic 混合动力汽车部件分解图

3 段式 i-VTEC 发动机

智能双火花塞顺序点火系统 (i-DSL) 在每个汽缸都配置有两个火花塞，通过对各自的点火时间进行最佳控制以实现高效燃烧。以此为基础，融合先进的 3 段式 i-VTEC，通过摇臂用三个阶段来对气门进行控制，以达到良好的行驶性及燃油经济性。减速时四个汽缸停止燃烧，降低由于吸气，排气带来的功率损失，大幅度提高减速能量的再利用。另外，小的热膨胀，铝铸活塞以及平滑的汽缸侧壁，有效降低发动机的摩擦阻力。高效的无级变速 CVT(本田 Multimatic S) 可自动选择最适当的变速比，在提高燃油经济性与转矩的同时，使现畅快的行驶感觉。

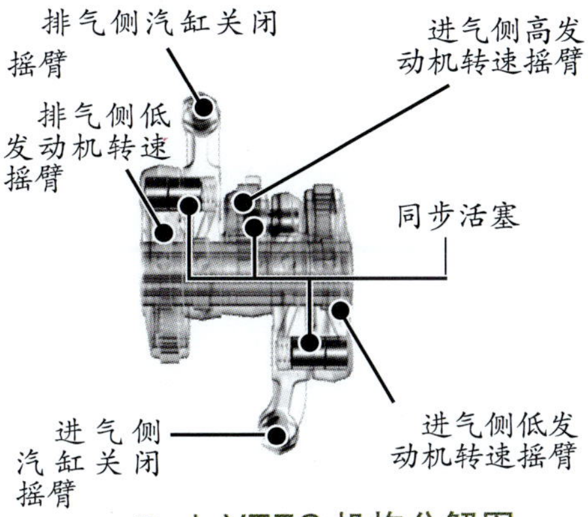

■ i-VTEC 机构分解图

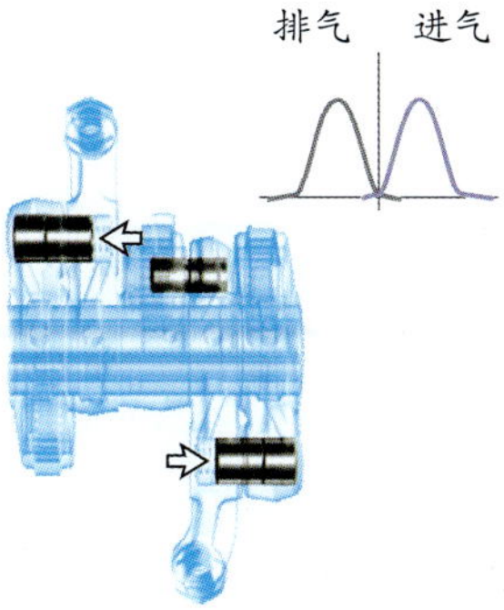

■ 控制低转速

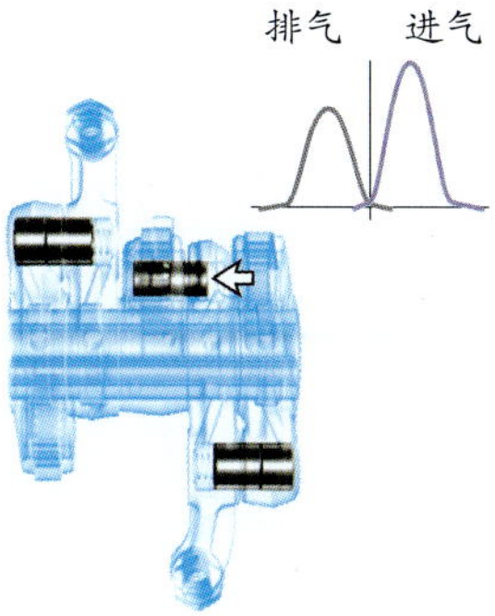

■ 控制高转速

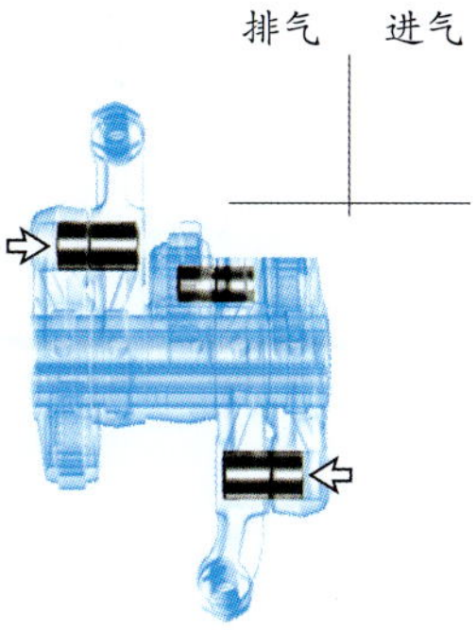

■ 控制汽缸关闭

三段式 i-VTEC，通过液压回路来控制同步活塞，作用于相对应的摇臂，在高速、低速和汽缸关闭等不同阶段时对气门进行控制

■ 本田思域混合动力系统工作示意图

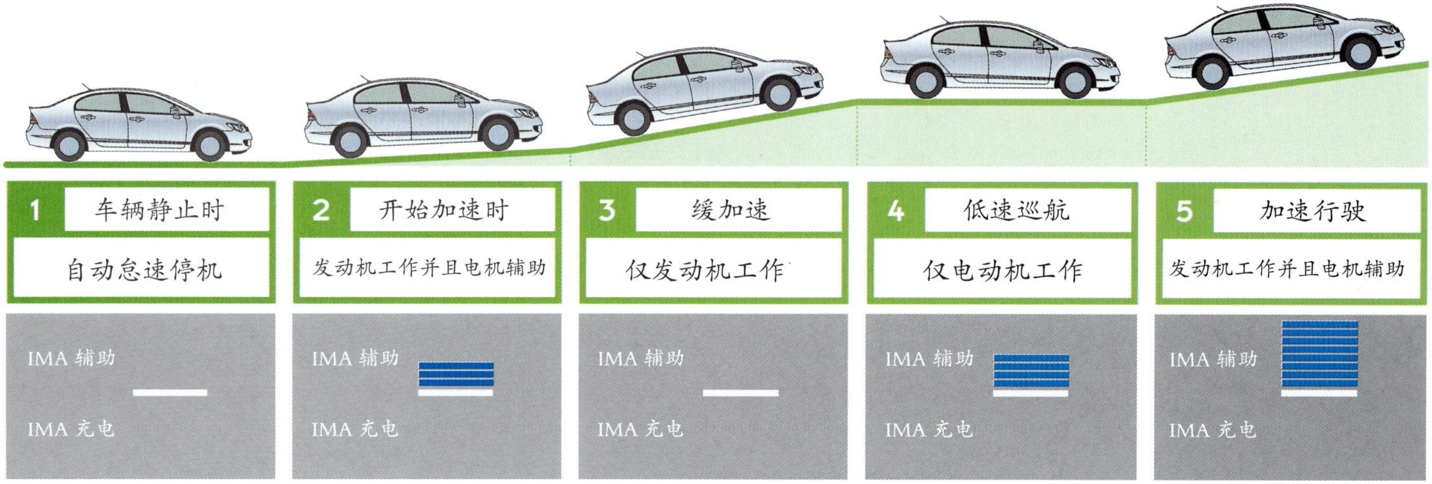

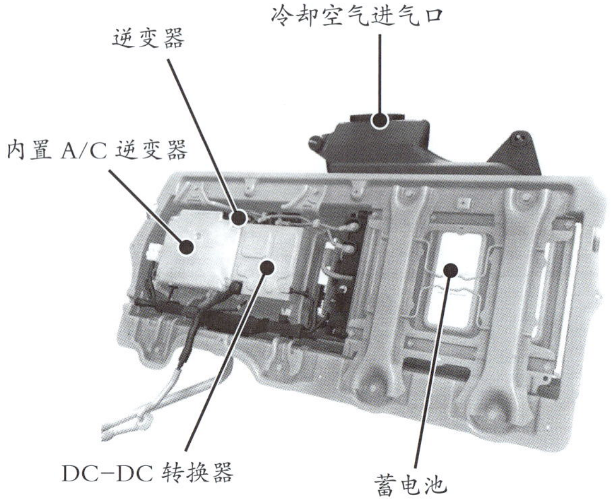

■ IPU 部件的构成

IMA 本田混合动力系统

新开发的薄型直流无刷电动机通过提高线圈密度以及采用高性能的磁铁，在相同尺寸下大幅度提高功率。通过独自开发、生产控制电动机驱动与电力能源再生（充电）的动力控制单元(PCU)，为提高效率以及燃油经济性作出贡献。IMA 蓄电池不仅大幅提高电源功率，且小型化的蓄电池盒提高了冷却性能和抗震性能。另外，结合 IMA 的蓄电池及 PCU 为一体的智能动力单元(IPU) 充分实现了轻量化、小型化，为行李舱保留出足够的空间。

本田思域 Civic 混合动力汽车技术参数

动力源	类　型	排量 / 电压 / 容量	最大功率	最大转矩
发动机	直列 4 缸汽油内燃机	1.3L	70kW	122N·m
电动机	永磁同步交流型	—	15kW	103N·m
蓄电池	镍氢蓄电池串联	5.5Ah（158V）	—	—

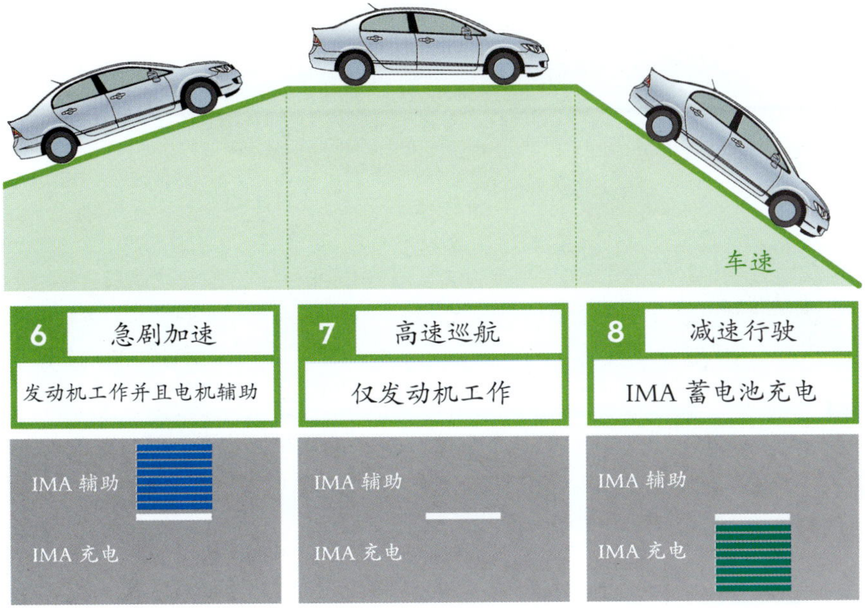

1. 车辆静止时（自动怠速停机）

怠速自动停机，消除油耗与尾气排放。工作时自动怠速停止信号灯点亮。松开制动踏板的同时开始起动发动机。注意：根据条件不同，存在发动机无法停止的情况。

2. 开始加速时（发动机工作并且电动机辅助）

低转速时，依靠可变气门正时及升程电子控制系统，电动机辅助发动机运转，提供强劲的加速动力。

3. 缓加速（仅发动机工作）

缓慢加速时，通过低转速时的可变起门正时及升程电子控制系统，仅靠发动机提供动力。

4. 低速巡航（仅电动机工作）

以约 40km/h 左右的速度行驶时，发动机 4 个汽缸的气门关闭，停止燃烧。仅由电动机驱动行驶。

5. 加速行驶（发动机工作且电动机辅助）

由电动机通过低转速时用的可变气门正时及升程电子控制系统辅助发动机运转，提供强劲的加速动力。

6. 急剧加速（发动机工作且电动机辅助）

发动机的转速提高后，发动机切换到高转速使用的可变气门正时及升程电子控制系统，产生高功率。加上电动机的辅助系统，提供更为强劲的加速动力。

7. 高速巡航（仅发动机工作）

高转速时用可变气门正时及升程电子控制系统辅助发动机运行。

8. 减速行驶 (IMA 蓄电池充电）

发动机的 4 个汽缸全部停止燃烧。电动机最大限度地利用减速能量给 IMA 蓄电池充电。在电动机辅助时进行再利用。

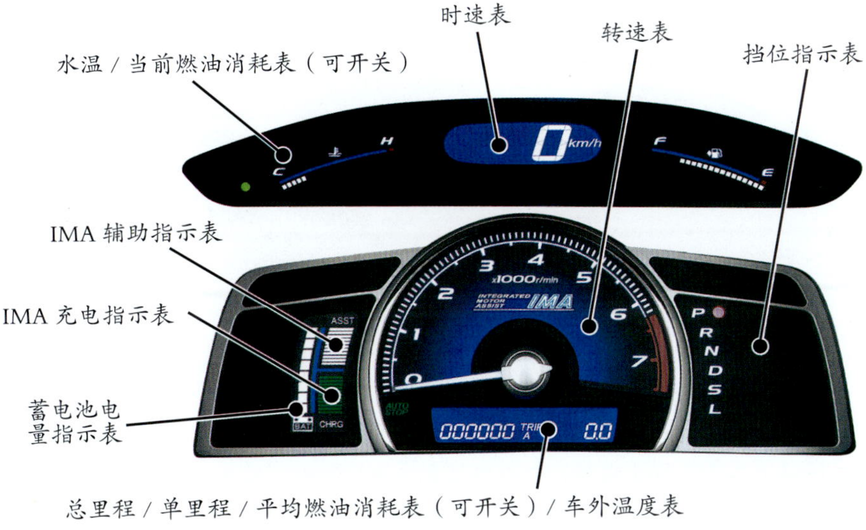

■ 本田 Civic 混合动力汽车仪表构成

■ 本田 CR–Z 外观图

4. 本田 CR–Z 混合动力汽车

■ 本田三款混合动力汽车（从左至右）：思域混合动力、CR–Z、Insight

在 2010 年的北美车展上，本田推出新的混合动力汽车 CR–Z，并随后在日本本土上市。CR–Z 是本田继 Insight、思域混合动力汽车之后推出的第三款混合动力车型。CR–Z 采用了 1.5L i–VTEC 发动机，配合本田的 IMA 混合动力系统，不仅确保了强劲有力的加速，而且实现了 4L/100km 的优秀燃油经济性，成为新时代混合动力运动车型的典范。此外，CR–Z 还搭载了本田首例 3 模式驾驶系统，根据车辆行驶情况及驾驶习惯，可自由选择行驶风格。该系统通过综合控制线控节气门（DBW）、变速器、电动助力转向系统（EPS）、车载空调等，可提供以下三种模式的选择：行驶和油耗平衡稳定的“普通（NORMAL）”模式；自主体验行驶乐趣的“运动（SPORT）”模式；提高实际燃油经济性的“节能（ECON）”模式。

1.5L i-VTEC 发动机

1.5L 4 汽缸 i-VTEC 发动机，最大功率 83kW，最大转矩 144N·m

薄型 DC 无刷电动机

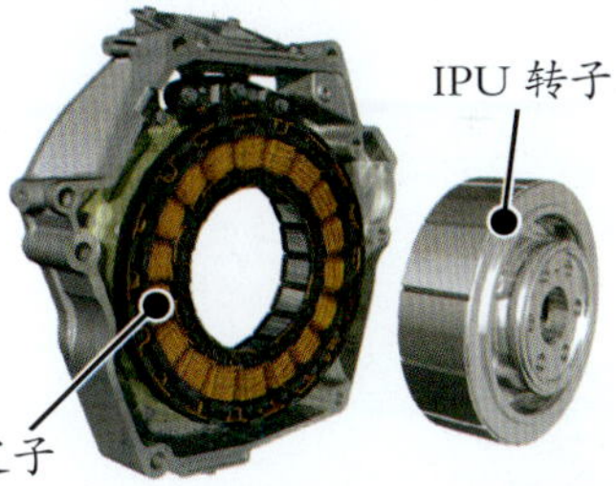

薄型 DC 无刷电动机，最大功率 10kW，最大转矩 78N·m

智能动力单元总成

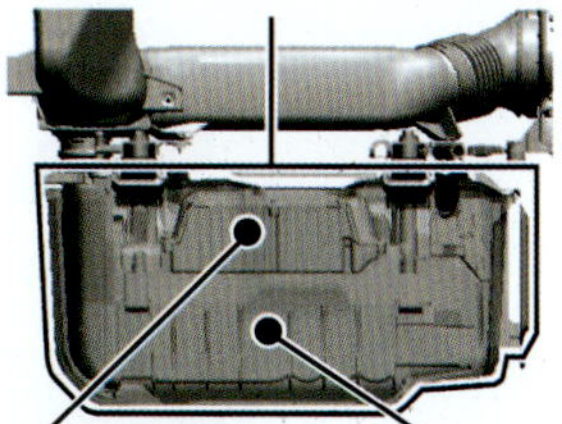

6 速手动变速器

全球首款可选配 6 速手动变速器的混合动力车型

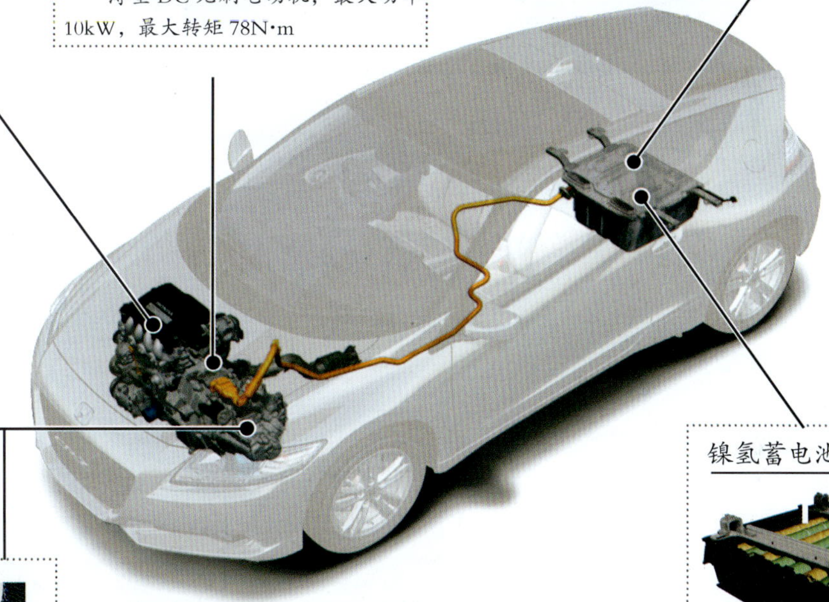

■ 本田 CR-Z 混合动力部件分解图

镍氢蓄电池组

CVT 变速器

CVT 变速器，采用此变速器的车型还增加了换挡拔片

本田 CR-Z 混合动力汽车技术参数				
动力源	类　型	排量 / 电压 / 容量	最大功率	最大转矩
发动机	直列 4 缸汽油内燃机	1.5L	83kW	144N·m
电动机	永磁同步交流型	100V	10kW	78N·m
蓄电池	镍氢蓄电池串联	—	—	—

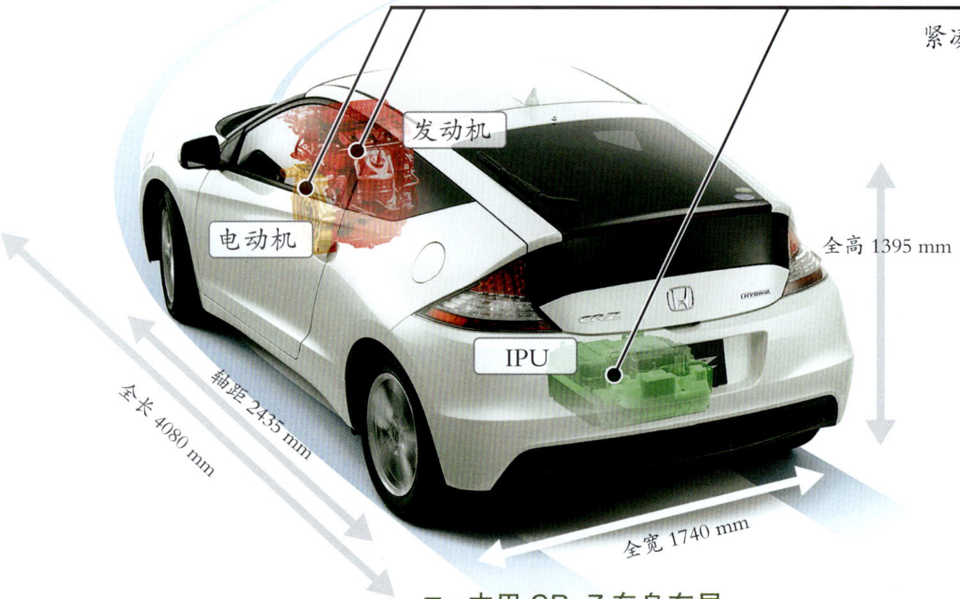

■ 本田 CR-Z 车身布局

紧凑、质量轻

CR-Z 采用三门掀背车身设计，全长仅 4m，由于采用了质量轻，体积小的发动机、电动机和 IPU，因此混合动力系统可以在如此紧凑的车身内合理布局。不过 CR-Z 仅能容纳 2 个成年人就坐，后座非常狭窄，只适合儿童乘座或存放行李。

运动模式　　普通模式　　节能模式

CR-Z 的内饰设计延续了“高科技与动感”的设计风格，最为突出的是采用了一个非常未来派的仪表板。CR-Z 的主表盘背景光依据驾驶模式的不同（节能、普通与运动）可以发出三种不同颜色的光。与 Insight 相同，CR-Z 也同样有节能驾驶辅系统，通过培养叶子的成长来引导驾驶人进行更节能的行驶。

■ 本田 CR-Z 仪表板功能图

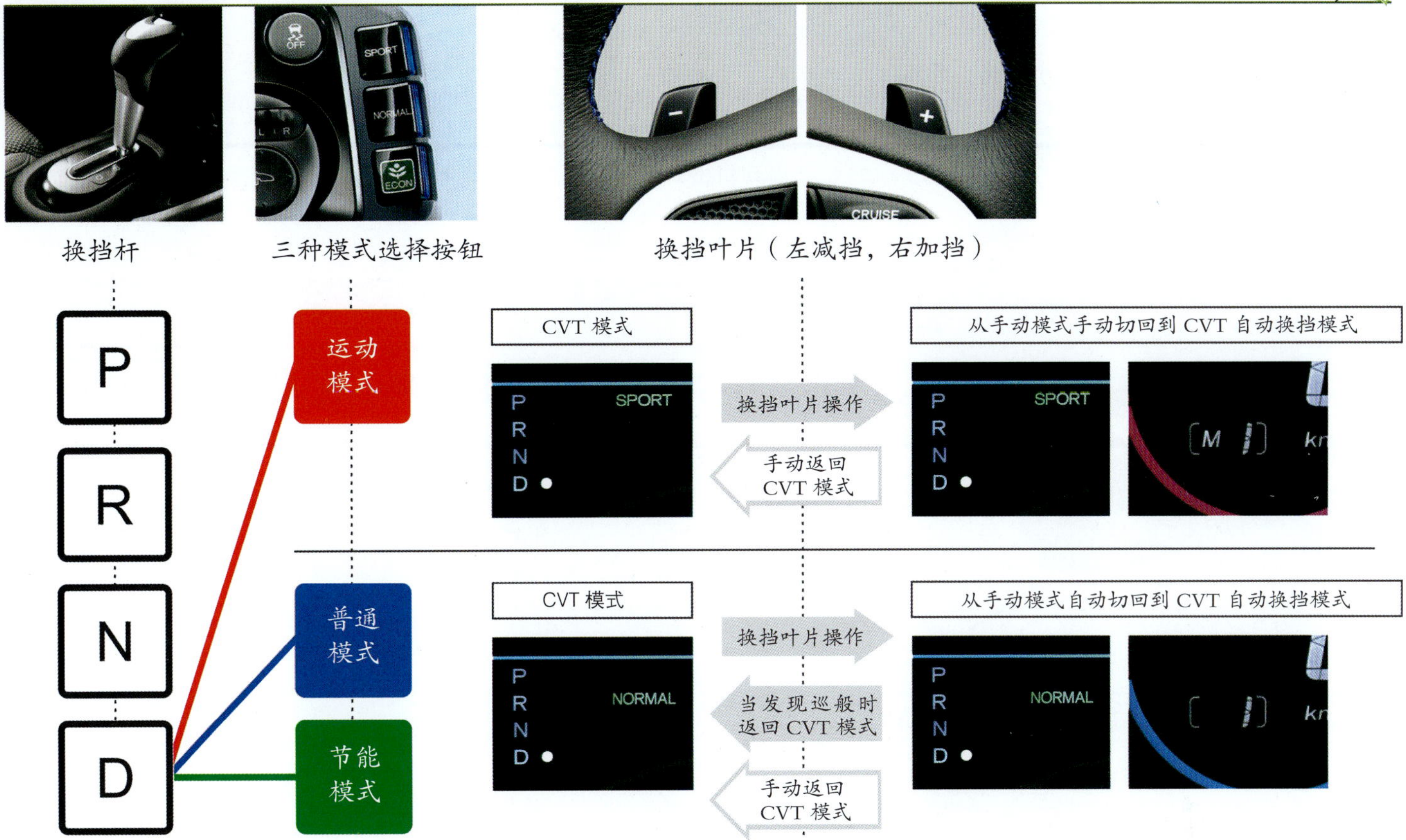

■ 采用 CVT 自动变速器时的叶片换挡模式操作

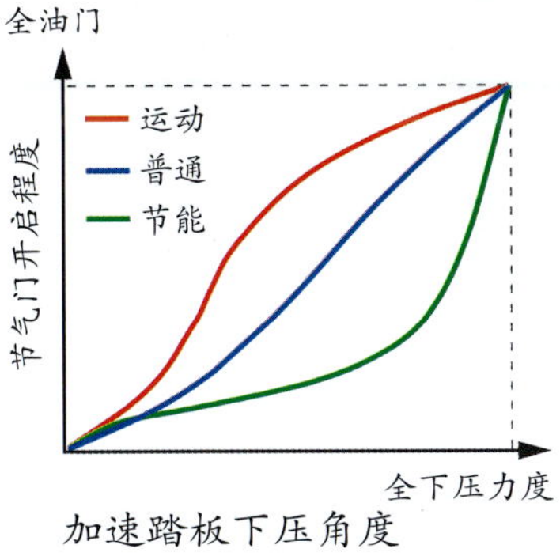

■ 采用 6 速手动时的线控油门特性

采用手动变速器，驾驶人选择运动模式时，节气门的开启程度受加速踏板下压力度影响很大。而省油模式则正好相反，即便大力踏下加速踏板，节气门开启角度很小。

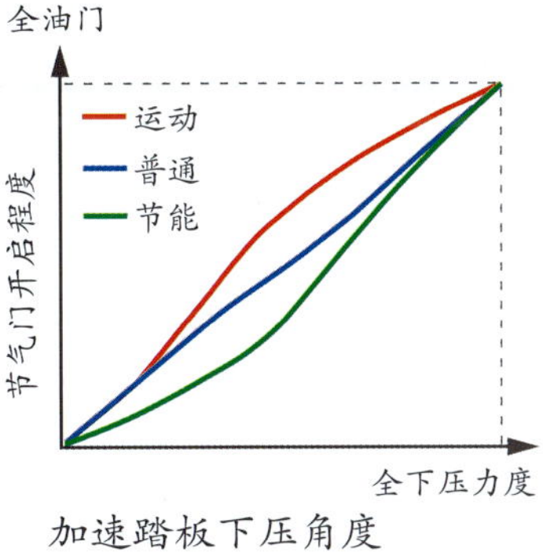

■ 采用 6 速手动时的线控油门特性

采用 CVT 无级变速器，每种模式节气门的开合对于加速踏板的反应都比较线性，没有大起大落，运动模式和节能模式有差别，但差别没有手动明显。

三、奔驰汽车混合动力车型

1. 奔驰 S 400 Hybrid

S 400 Hybrid 的混合驱动装置由内燃机和电动机组成，能够分别提供 205kW 和 15kW 的输出功率。S 400 Hybrid 从静止加速到 100km/h 只需 7.2s，总额定转矩高达 385N·m；最高车速为 250km/h。

电动机由一台锂离子蓄电池供电，这也是锂离子蓄电池首次在量产车辆上应用。当施加制动时，蓄电池通过再生制动系统进行充电。仪表盘中的混合动力显示屏和驾驶室管理及数据系统（COMAND）显示动力流的方向，即动力是来自内燃机还是电动机。

比较于传统的镍氢蓄电池，锂离子蓄电池拥有更高的电能密度及更佳的电能效率，并且在尺寸上和质量方面，也更紧凑、更轻

锂离子蓄电池组

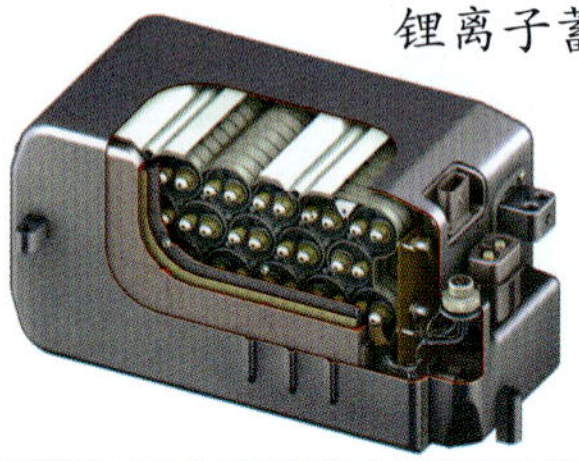

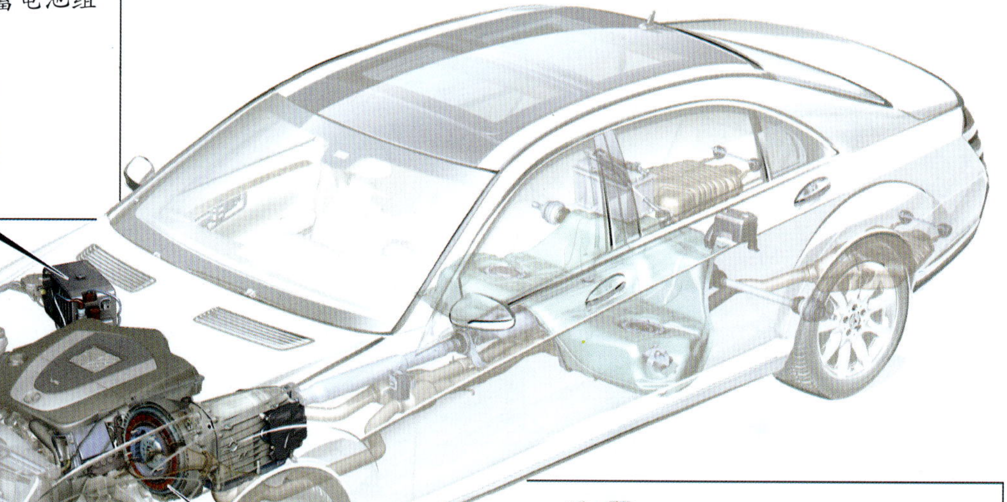

■ 奔驰 S 400 Hybrid 透视图

混合动力模块

奔驰 S 400 Hybrid 紧凑的混合动力模块是一个盘形的电动机，它位于内燃机和 7G-TRONIC 七速自动变速器之间，也拥有起动机和发电机的功能

奔驰 S 400 混合动力汽车技术参数

动力源	类　型	排量 / 电压 / 容量	最大功率	最大转矩
发动机	V6 汽油内燃机	3.5L	205kW	350N·m
电动机	永磁同步交流型	120V	15kW	160N·m
蓄电池	锂离子蓄电池串联	0.9kWh	—	—

2. 奔驰 Vision S 500 Plug-in

在奔驰 S 400 HYBRID 刚刚推出市场不久，公司又立即拿出了更高效的作品：豪华级车中唯一的一台“三升车”，Vision S 500 插电型混合动力车。这是一台技术展示车，展示了奔驰未来混合动系统的模块化设置。Vision S 500 插电型混合动力车能仅用电力行驶超过 30km，在这个期间不会有任何排放。高效的驱动系统加上蓄电池驱动辅助能将 100km 油耗降低到 3.2L。而 CO_2 排放降低至 74g/km。

这台展示车在高效节能的同时，也与其他 S 级无异，拥有同样的顶级舒适，出色的安全特性以及澎湃的动力。S 400 HYBRID 的驾驶系统包括 3 个主要的组成部分：一台强劲的 V6 发动机，拥有下一代的直喷系统；一个 44kW 的混合动力模块以及一个超过 10kWh 储存能力的锂离子蓄电池，可在任何充电站充电。Vision S 500 插电型混合动力车 0~100km/h 加速只需要 5.5s。

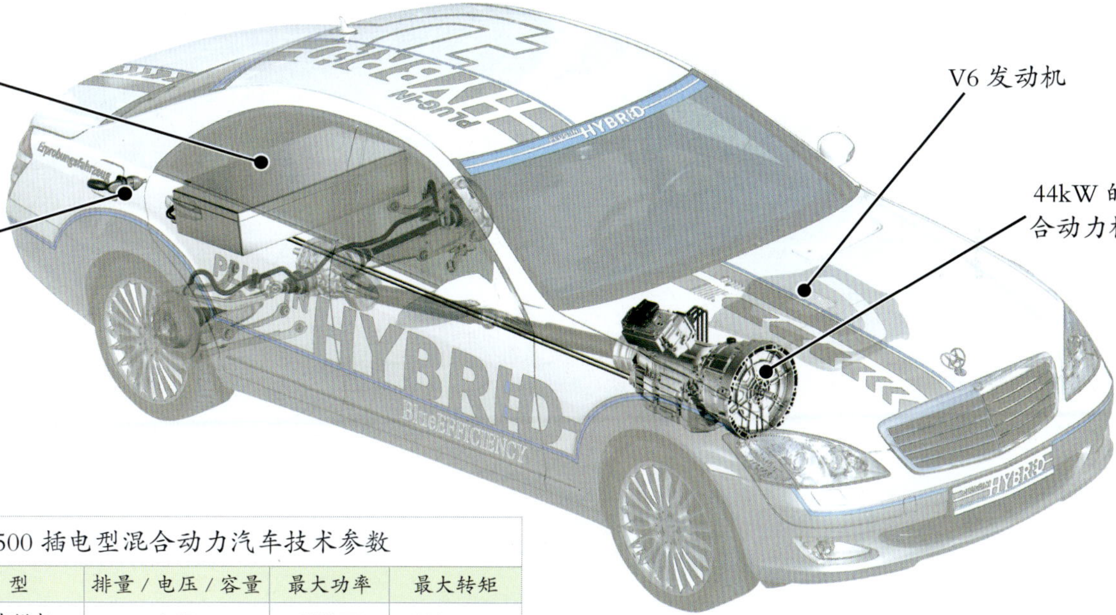

奔驰 S 500 插电型混合动力汽车技术参数

动力源	类　型	排量 / 电压 / 容量	最大功率	最大转矩
发动机	V6 汽油内燃机	3.5L	205kW	350N · m
电动机	永磁同步交流型	—	44kW	250N · m
蓄电池	锂离子蓄电池串联	10kWh	—	—

■ 奔驰 Vision S 500 Plug-in 透视图

四、宝马汽车混合动力车型

1. 宝马 ActiveHybrid 7

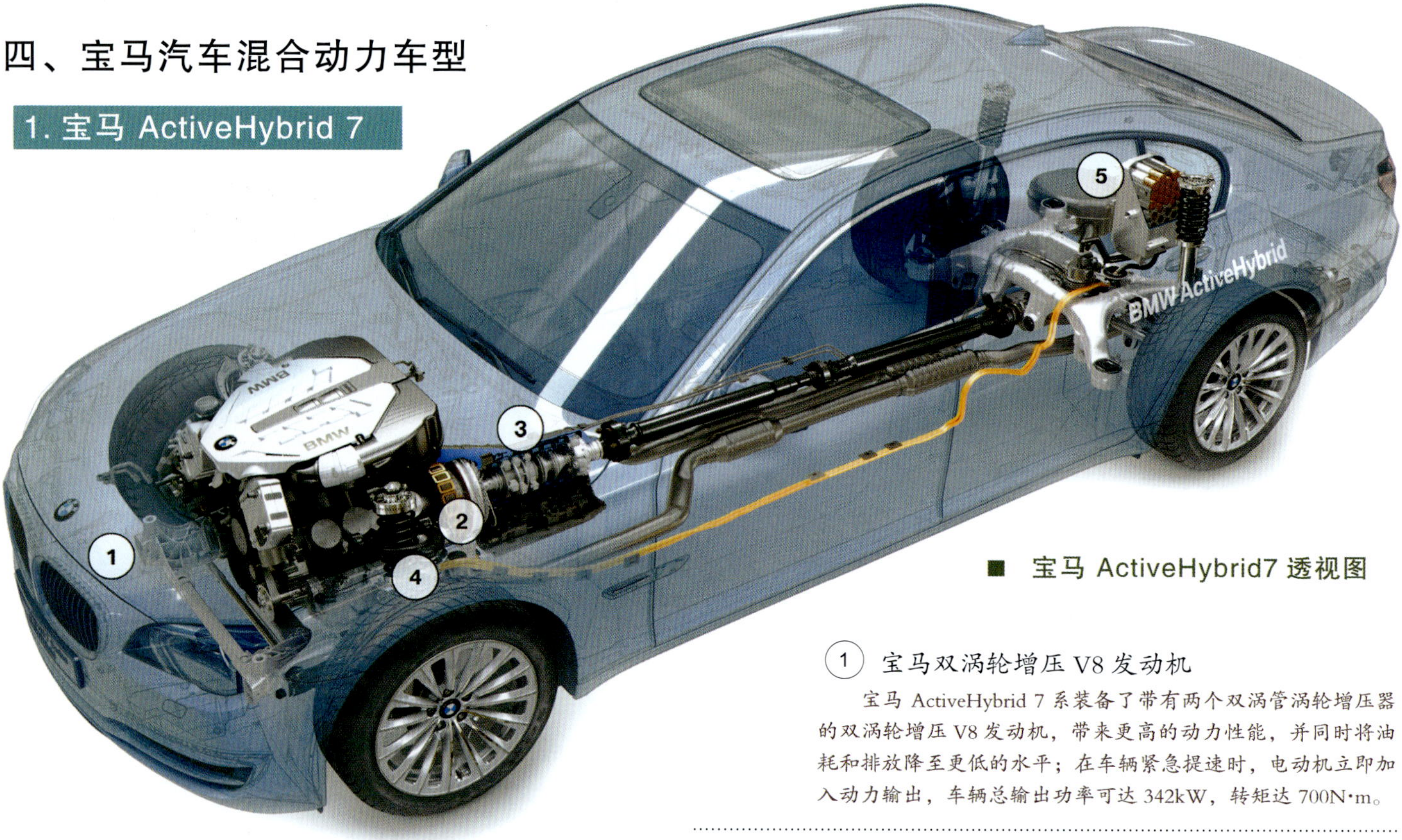

■ 宝马 ActiveHybrid7 透视图

① 宝马双涡轮增压 V8 发动机

宝马 ActiveHybrid 7 系装备了带有两个双涡管涡轮增压器的双涡轮增压 V8 发动机，带来更高的动力性能，并同时将油耗和排放降至更低的水平；在车辆紧急提速时，电动机立即加入动力输出，车辆总输出功率可达 342kW，转矩达 700N·m。

② 电动机

15kW 电动机即使在低转速下也可提供高达 210N·m的转矩；它与双涡轮增压 V8 发动机协力合作时，所能爆发的能量势不可挡。当驾驶人松开加速踏板，电动机立即变为发电机，将多余的车辆动能转化为电能储存在锂离子蓄电池中，以备加速时使用。

③ 8 速手自一体自动变速器

若没有转速表的提示，您几乎完全察觉不到全新 8 速手自一体自动变速器的换挡过程。第 8 个新增挡位让转速区间变得更小，这使得挡位转换快而平滑。第 8 挡还有效降低了高速行驶时的发动机转速，在降低油耗和排放的同时显著提高了舒适性。

④ 120V 高压电力电子装置

⑤ 锂离子蓄电池组

120V 锂离子蓄电池，拥有充电快、放电快等特点，由 35 个单个锂离子电池组成。

宝马 ActiveHybrid7 混合动力汽车技术参数

动力源	类　型	排量 / 电压 / 容量	最大功率	最大转矩
发动机	V8 汽油内燃机	4.4L	330kW	600N·m
电动机	永磁同步交流型	—	15kW	210N·m
蓄电池	锂离子蓄电池串联	120V	—	—

2. 宝马 ActiveHybrid 7

■ 宝马 ActiveHybrid X6 透视图

① 宝马双涡轮增压 V8 发动机

宝马 ActiveHybrid X6 系装备了带有两个双涡管涡轮增压器的双涡轮增压 V8 发动机，带来更高的动力性能，并同时将油耗和排放降至更低的水平；该发动机最大输出功率可达 300kW，转矩达 600N·m，平均耗油量仅为 9.9L/100km。

② 电动机与双模式主动变速器

双模式主动变速器有两种运行模式，一种用于高转矩和低转速下的车辆起动，另一种用于节能高效的高速行驶；为节省空间，两个电动机被隐蔽安装在双模式主动变速器内；电动机在车辆起步时提供高转矩，即使在低转速下也能安静行驶，并且能在紧急加速时提供助力。电动机还能作为发电机将多余的车辆动能转化为电能以提升动力或为高性能蓄电池充电。

③ 最大 425V 高压电力电子装置

宝马 Active Hybrid X6 混合动力汽车技术参数

动力源	类　型	排量 / 电压 / 容量	最大功率	最大转矩
发动机	V8 汽油内燃机	4.4L	300kW	600N·m
电动机	永磁同步交流型	—	67+63kW	267+280N·m
蓄电池	镍氢蓄电池串联	2.4kWh	—	—

④ 高性能蓄电池

宝马 ActiveHybrid X6 的电动核心是一个长寿命的高性能蓄电池，采用镍金属氢化物技术，容量为 2.4kW 时。配备有先进的冷却系统，可根据各种温度和行驶情况选择最佳冷却策略，及时提供动力和能量存储，确保高性能。储藏的电能可随时启用，可用于全电动驱动、紧急提速，或为宝马双涡轮增压 V8 发动机提供助力。

3. 宝马 Vision Efficient Dynamics 概念车

宝马 Vision EfficientDynamics 采用完全混合动力概念。由一台三缸涡沦柴油发动机及二个电动机驱动，整体输出 262kW, 最大转矩达到 800N·m。全轮驱动，前轴及后轴各一个电动机。

这台概念车拥有出色的性能。0~100km/h 加速只需要 4.8s。最高时速限定 250km/h，油耗仅 3.76L/100km。CO_2 排放仅 99g/kg。

作为插电型的混合动力汽车，Vision EfficientDynamics 概念车可以由电动机独自驱动。通过制动能源回收，能源储存在 98 个锂聚合物离子蓄电池里。可以由电力独自驱动 50km。

设计方面，技术导向的车身设计以轻质量和空气动力学特效为主。典型的宝马设计风格，是性能及效率的最佳体现。2+2 座椅布局融合了动态的性能及出色的效率，为 4 个座位的乘客提供具有宝马风格的驾乘体验。采用鸥翼车门设计，不仅前后座进出都方便，且质量极轻。另外，概念车的车门及车顶采用了聚碳酸酯玻璃，能在接受到阳光时变暗。

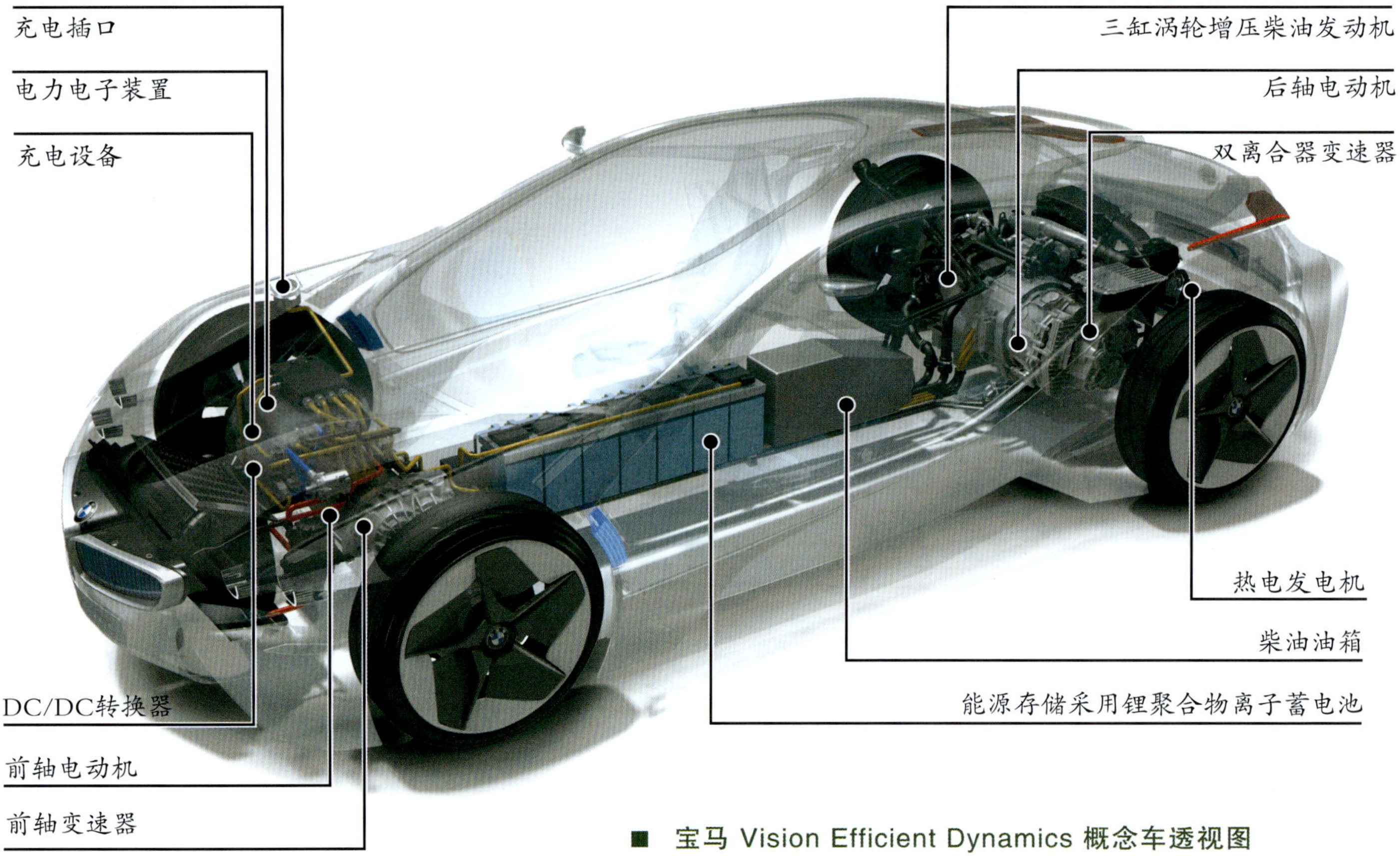

■ 宝马 Vision Efficient Dynamics 概念车透视图

五、奥迪汽车混合动力车型

奥迪 A8 Hybrid 概念车

奥迪 A8 Hybrid概念车装配有两个动力装置，即 2.0 TFSI 发动机和电动机，组合输出功率为180kW，转矩为 480N · m，出色的性能可以与装配大排量传统六缸发动机的车型相媲美。

奥迪 A8 混合动力概念车技术参数

动力源	类　型	排量 / 电压 / 容量	最大功率	最大转矩
发动机	直列四缸 TSFI	2.0L	155kW	350N·m
电动机	永磁同步交流型	—	33kW	211N·m
蓄电池	锂离子蓄电池	—	45kW	—

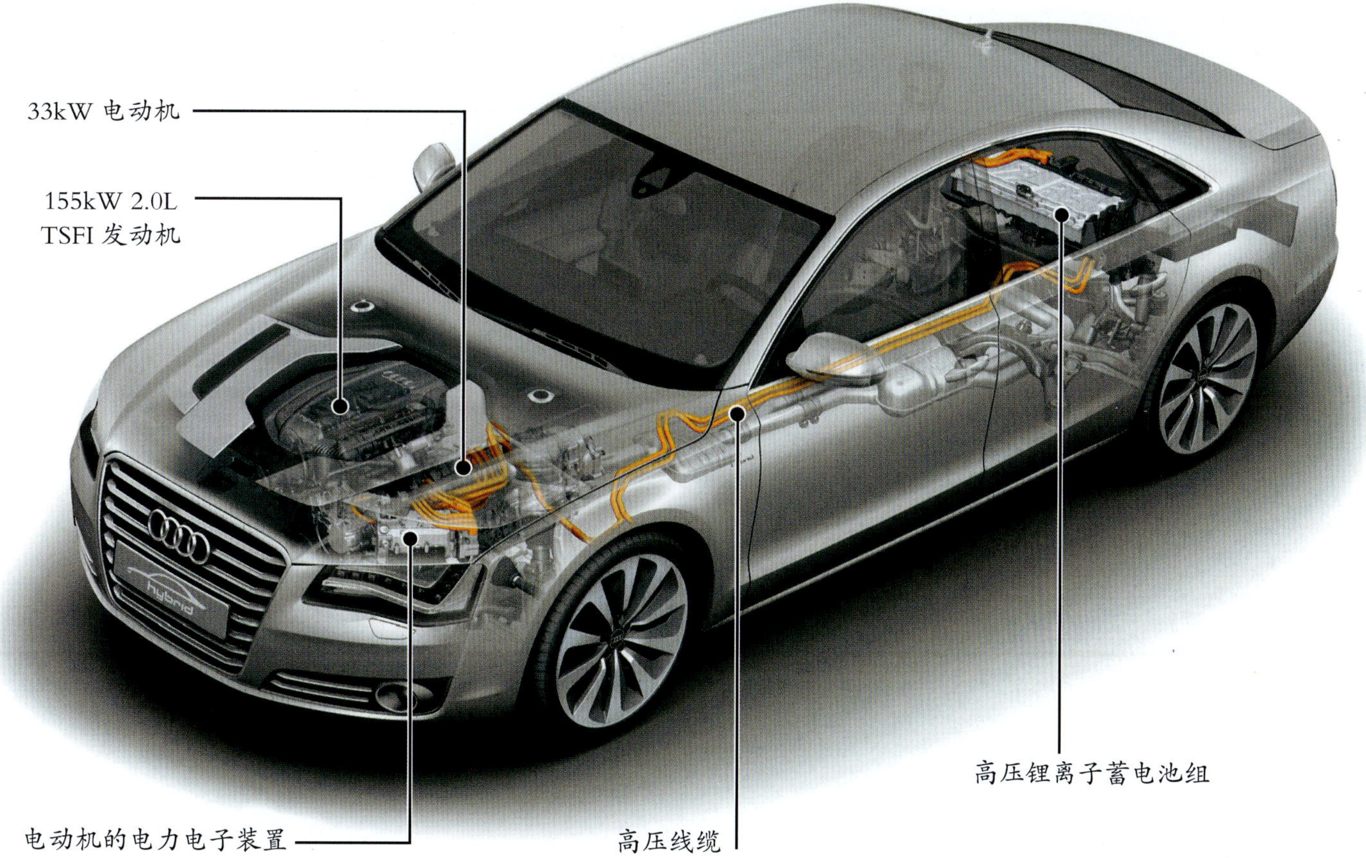

■ 奥迪 A8 Hybrid 透视图

六、法拉利汽车混合动力车型

法拉利 HY-KERS 概念车

基于法拉利 599 GTB 的 HY-KERS 概念车在混合动力传动系统上拥有许多创新的元素。首先是其布局，蓄电池置于跑车的地板下。这样的布局不仅不会影响车辆的动态性能，座舱空间和行李空舱也不会受到影响。

质量约 40kg 的 HY-KERS 小型三相高压电动机连接到 7 速双离合器 F1 传动系统的后方。它通过传动系统的其中一个离合器来运作，与两根变速器主轴之一相相接。这样，电动机和 V12 发动机之间的动力实现了瞬间无缝连接。该电机可产生超过 74kW 的功率，而法拉利的目标是：车身质量每增加 1kg，则至少增加 0.74kW 来进行推动。制动系统下方的电力驱动装置可利用负转矩所产生的动能充当发电机的角色，为蓄电池充电。这一部分由融合了 F1 赛车经验以及可调度动力供给和蓄电池充电的专用电子模块控制。该模块还在 100% 处于电力驱动的情况下通过一个安装在 V12 发动机上的发电机为发动机的辅助设施（动力转向、助力制动系统、空调和车载系统）提供动力，并融合了混合动力系统的冷却泵技术。

■ 小型三相高压电动机

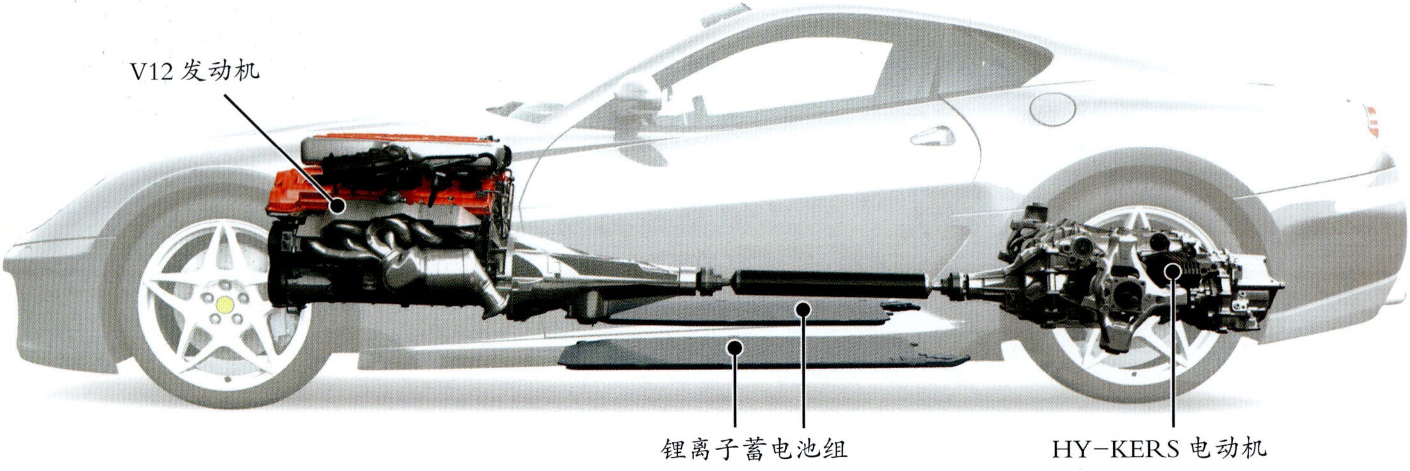

■ 法拉利 HY-KERS 概念车透视图

■ 莲花 Evora 414E 混合动力概念车外观图

七、莲花汽车混合动力车型

莲花 Evora 414E 混合动力 概念车

莲花 Evora 414E 混合动力概念车是一款全混合动力车，它搭载的两台电动机每台可以产生 152kW 的功率和 400N·m的转矩，后轴每个车轮分别由一个电动机驱动，这使得 Evora 414E 混合动力概念车 0~100km/h 加速时间仅需要 4s。

车辆上的能量储存系统由锂聚合物离子蓄电池组成，能提供 17kWh 的能量存储容量。蓄电组在能量密度、效率以及高功率需求上着重优化，因此拥有超过 300kW 的释放能力。

除了电动机外，该车还搭载了一台 1.2L 三缸增程型发动机，该发动机主要用来带动发电机来给蓄电池充电，质量仅 85kg，最大功率有 35kW。锂聚合物蓄电池组在电力驱动模式下可持续行驶 56km，而在增程型发动机的帮助下，加满燃油更可连续行驶 483km。Evora 414E 混合动力概念车配备七速变速器，有两种行驶模式——经济模式和运动模式。

■ 莲花 Evora 414E 后窗下的电动机

八、马自达汽车混合动力车型

马自达 Premacy Hydrogen Hybrid

马自达 Premacy Hydrogen Hybrid 是世界上第一台具备氢气、汽油双燃料以及电动机系统的混合动力车型，它能同时运用氢气、汽油以及电动机作为推进动力，可较单纯氢燃料设计提升 40% 的输出效率。

■ 马自达 Premacy 氢混合动力透视图

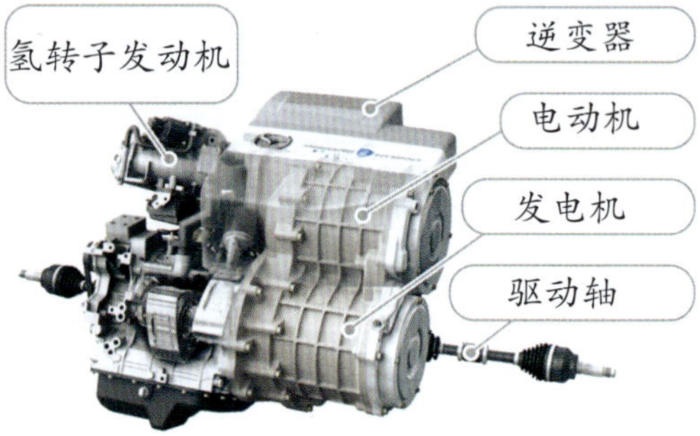

■ 马自达 Premacy 混合动力系统

马自达 Premacy 氢混合动力汽车技术参数

动力源	类　型	最大功率	最大转矩
发动机	氢转子内燃机（可使用汽油和氢气）	80kW	—
电动机	永磁同步交流型	110kW	350N·m
蓄电池	锂离子蓄电池	40kW	—

九、铃木汽车混合动力车型

铃木雨燕插电型混合动力车

以产小车盛名的铃木推出了一款雨燕插电型混型合动力车。这是一款靠电力可持续行驶 20km 的混合动力车，当行驶更远距离时，发动机便会介入工作，利用发电机产生的电力来驱动电动机。

在 20km 以内时，雨燕插电混合动力车会利用置于中控台部分的容量为 2.66kWh 的锂离子蓄电池的电力，驱动最大输出功率为 55kW 的电动机进行行驶。当蓄电池容量不足时，就会起动与电动机一同安装在发动机室内的微型 0.66L 发动机，通过与发动机直接连接的发电机进行发电，利用所产生的电力来驱动电动机。发电用发动机的最大输出功率为 40kW，在高速公路上也可进行约 100km/h 的行驶。减小电池容量的好处在于可降低车辆价格。

在发动机室内，发动机采用横置设计，在通常配备变速器的位置设置发电机。在发电机背面（乘客室一侧）配备电动机

■ 铃木雨燕插电型混合动力车

2.66kWh 的锂离子蓄电池位于中控台位置，可提供行驶 20km 的电力

■ 现代 Elantra 液化石油气混合动力车外观图

十、现代汽车混合动力车型

1. 现代 Elantra LPI Hybrid

现代 Elantra LPI Hybrid 是世界上第一台使用液化石油气（LPG）作为燃料的混合动力汽车，它由 1.6L 排量直列 4 缸 LPG 发动机、无级变速器（CVT）、电动机以及锂聚合物离子充电蓄电池组成。发动机的最高输出功率为 84kW，最大转矩为 148N·m。电动机的最高输出功率为 15kW，最大转矩为 105N·m。燃效为 5.6L/100km。在韩国，每升汽油的价格为 1654 韩元，而每升 LPG 的价格还不到汽油的一半，以这个为基础来计算，Elantra LPI 液化石油气混合动力汽车的燃油效率可达到 2.6L/100km 汽油车的同等水平，其 CO_2 排放量为 99g/km。

除了配备集成起动电动机（ISG）之外，还采用了可自动控制发动机和电动机在燃效最好状态下驱动的“经济驾驶（Eco-Drive）”模式。整个车身采用空气动力学套件、轻量铝制轮毂以及车辆底部防护罩减轻了空气阻力，风阻系数值降至 0.26，从而提高了燃效。位于仪表板上的显示器，能实时确认节能驾驶情况的“节能指南”信息，以及用花朵开放的过程表示低燃耗驾驶情况的“节能驾驶评分功能”信息。

2. 现代 Sonata Hybrid

现代除了推出 LPG 燃料的混合动力汽车以外，也将在 2010 年底上市一款汽油混合动力的车型，该车型以索纳塔为基础，主攻北美市场。

索纳塔混合动力汽车的混合动力系统采用最高输出功率为 126kW、最大转矩为 212N·m的 2.4L 排量直列 4 缸汽油发动机，搭配使用的是 6 速自动变速器。电动机的最高输出功率为 30kW，最大转矩为 205N·m。通过在发动机和电动机之间设置离合器，实现了纯电动模式行驶。纯电动模式的最高速度为该级别车型中最高的 99km/h。

充电蓄电池单元由韩国 LG 化学生产，采用基本构造与通用的“雪佛兰 Volt”相同的锂聚合物离子蓄电池。蓄电池组（5.3Ah/270V）的安装位置位于后座后部和行李舱之间，重约 43kg。冷却方式采用空冷式，从车内后座上部到蓄电池组之间设有树脂管。

另外，为了提高燃油经济性，索纳塔混合动力汽车的外观还经过重新设计，风阻系数值降低到了同级别车型中最小的 0.25。

现代索纳塔混合动力车技术参数

动力源	类　型	最大功率	最大转矩
发动机	2.4L 直列 4 缸	126kW	212N·m
电动机	永磁同步交流型	30kW	205N·m
蓄电池	锂聚合物蓄电池（5.3Ah/270V）		

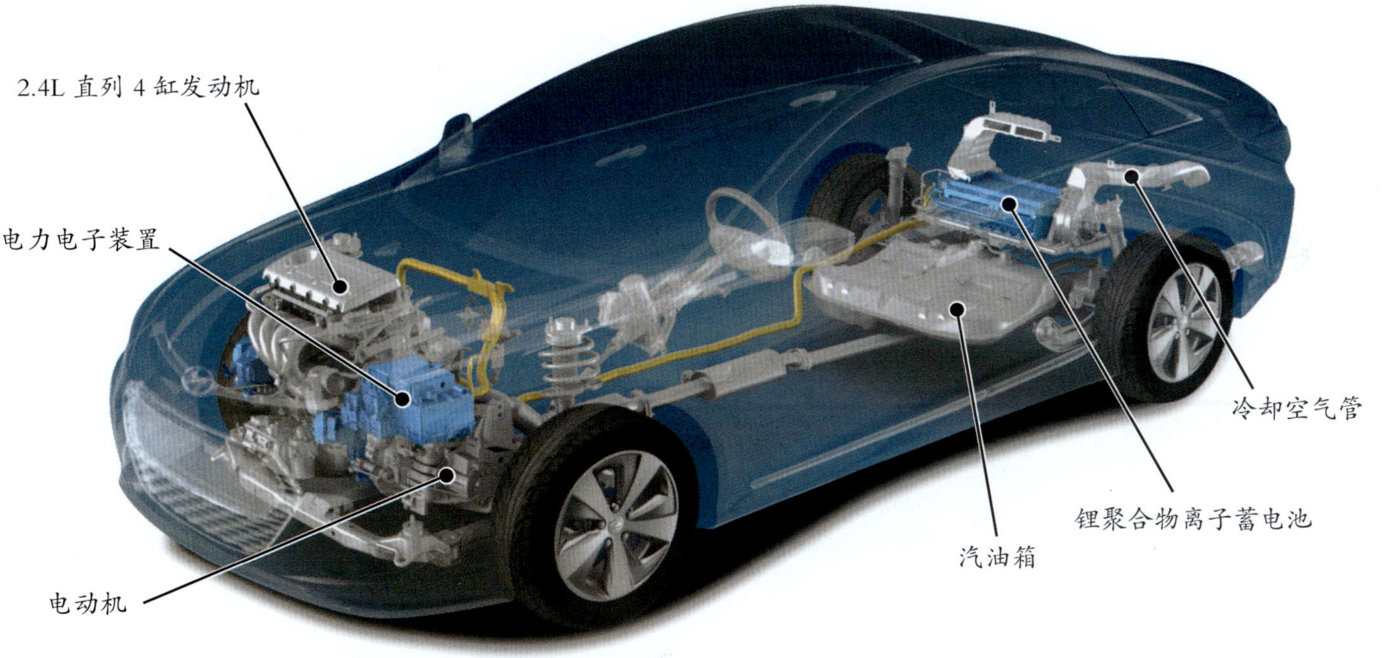

■ 现代索纳塔混合动力车透视图

十一、凯迪拉克汽车混合动力车型

凯迪拉克 凯雷德混合动力车

凯雷德 Hybrid 所搭载的双模油电混合动力系统主要由 6.0L V8 VORTEC 全铝发动机、300V 镍氢大容量蓄电池和 EVT 电子无级变速器构成。其中 6.0L V8 VORTEC 全铝发动机配备 ETC 电子节气门控制、VVT 可变气门正时系统以及可智能选择发动机 4 缸或 8 缸工作的 AFM 智能燃油管理系统，最大输出功率可达 248kW，峰值转矩达到 498N·m，0~100km/h 加速仅需 8.9s。两台各 83kW 的驱动电动机置于 EVT 电子无级变速器，能精确控制发动机和电动机的输出，保证了双模油电混合动力系统始终处于最高效的动力输出状态，为驾驶人带来力量非凡的驾驶快感。同时，凯雷德 Hybrid 在保有全尺寸豪华 SUV 优异动力性能表现的同时，大幅提升各种路况下的燃油性能。在城市道路行驶中更可节省多达 40% 的燃油消耗，综合路况条件下油耗仅 11.2L/100km，仅相当于一般普通家用汽车油耗。

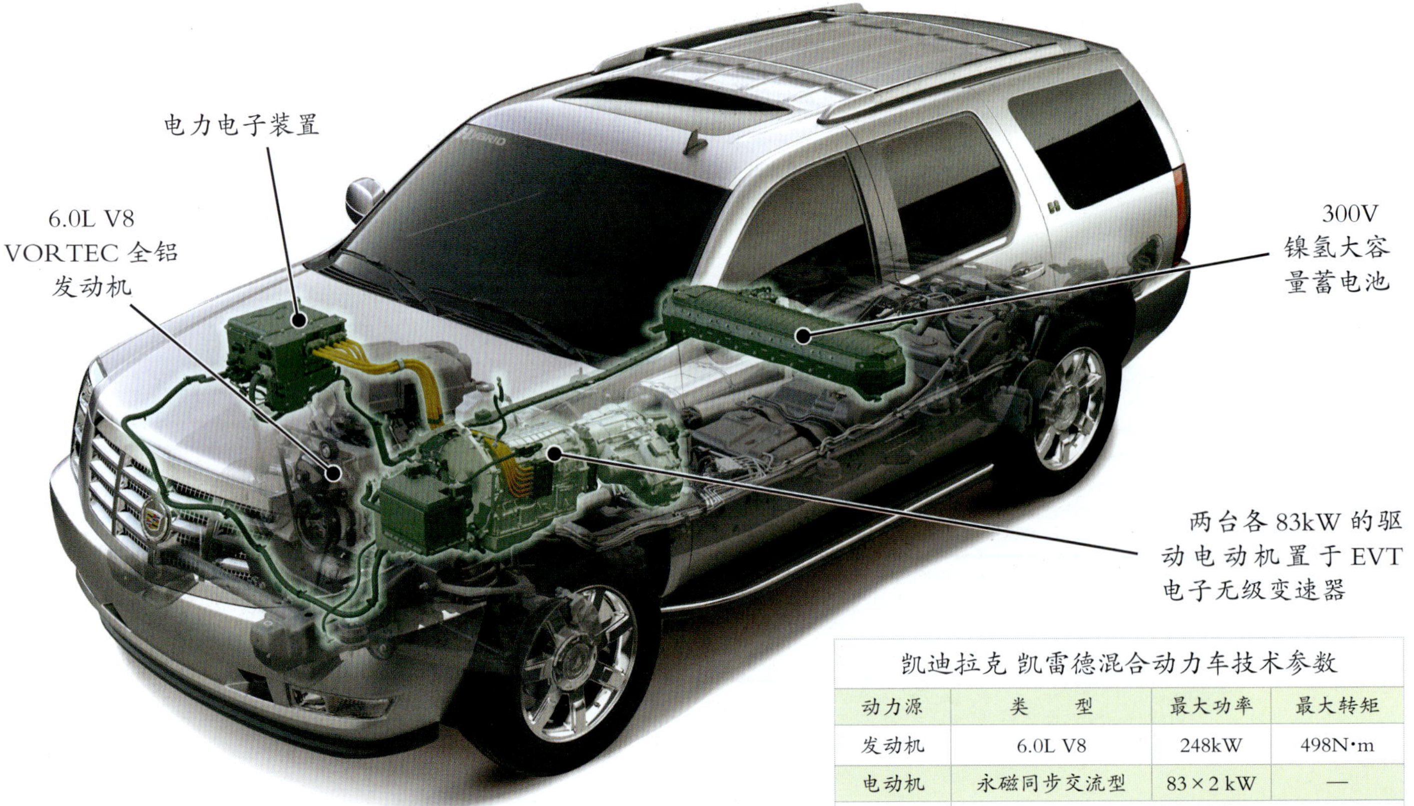

■ 凯迪拉克 凯雷德混合动力车透视图

凯迪拉克 凯雷德混合动力车技术参数

动力源	类　型	最大功率	最大转矩
发动机	6.0L V8	248kW	498N·m
电动机	永磁同步交流型	83×2 kW	—
蓄电池	300V 镍氢蓄电池		

十二、保时捷汽车混合动力车型

保时捷 Cayenne Hybrid

经过上一代的研发，新一代的保时捷 Cayenne 隆重地推出了混合动力版本，让高性能与环保走向了交集。全新 Cayenne 的并联式重度混合动力驱动系统包含一个 3.0L V6 发动机和一个按需求提供额外动力的电动机。该混合动力装置提供的加速性能可与 V8 动力装置相媲美，而油耗及 CO_2 排放却低了 22%。

发动机最大的功率为 245kW，最大转矩 580N·m；电动机的最大功率为 34kW，协同工作时最高可提供 279kW 的输出功率，最高时速为 242km/h，从静止加速到 100km/h 仅需要 6.5s。

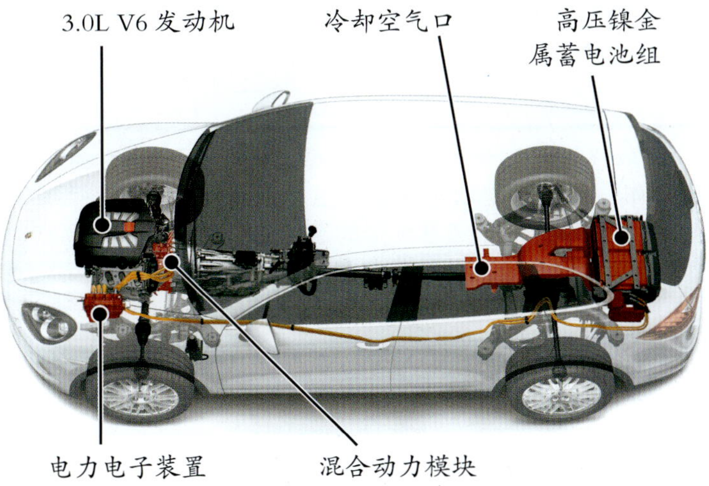

■ 保时捷 Cayenne 混合动力车透视图

第四章 电动汽车

简单来讲，电动车就是仅依靠电力作为驱动力的汽车。电动车拥有悠久的历史，甚至早在汽油车发明之前的1881年，第一辆电动车便已诞生。虽然在之后的一百多年中未能经历如内燃机车的迅猛发展，但比起传统燃油驱动，电能驱动始终蕴藏着无限的潜在优势：摆脱了对原材料石油储量的依赖；能量运用更为高效，降低了使用成本；对环境完全无污染。此外，电动车还拥有更多的驾驶动感和乐趣：无论何时驾驶人踩动加速踏板，电驱系统都能够瞬间提供最大值的转矩，带来令人兴奋的加速感。

第一节 常用电动汽车蓄电池分类

一、镍氢蓄电池

镍氢蓄电池的正极活性物质主要由镍制成，负极活性物质主要由储氢合金制成，它是一种碱性蓄电池。镍氢蓄电池电量储备比镍镉蓄电池多30%，比镍镉蓄电池更轻，使用寿命也更长，并且对环境无污染。镍氢蓄电池的缺点是价格比镍镉蓄电池要贵很多，性能比锂蓄电池要差。而我们最常见的可充电的柱状蓄电池(比如可充电5号蓄电池)，即是镍氢蓄电池。

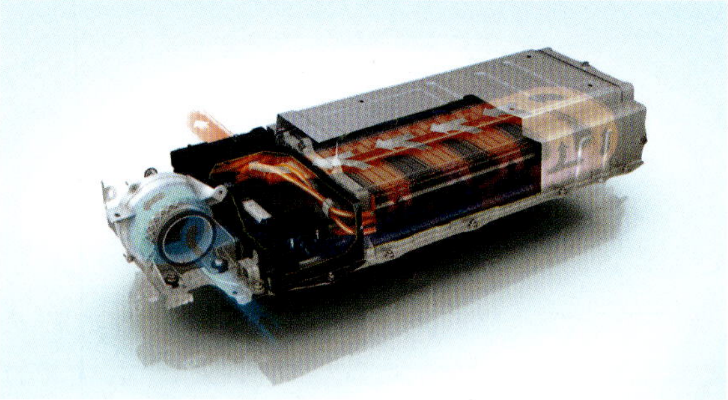

■ 丰田普锐斯的镍氢蓄电池

二、锂离子蓄电池

锂系蓄电池分为锂蓄电池和锂离子蓄电池。而汽车上都是采用的锂离子蓄电池，他们之间有本质的区别。锂离子蓄电池是指以锂离子嵌入化合物为正极材料的蓄电池总称。锂离子蓄电池的充放电过程，就是锂离子的嵌入和脱嵌过程。锂离子蓄电池能量密度大，平均输出电压高、工作温度范围宽（-20℃～60℃）、循环性能优越，可快速充放电，充电效率高达100%；而且输出功率大、使用寿命也很长。根据锂离子蓄电池所用电解质材料不同，锂离子蓄电池可以分为液态锂离子蓄电池（lithium ion battery，简称为LIB）和聚合物锂离子蓄电池（polymer lithium ion battery，简称为LIP）两大类。聚合物锂离子蓄电池所用的正负极材料与液态锂离子都是相同的，蓄电池的工作原理也基本一致。它们的主要区别在于电解质的不同，锂离子蓄电池使用的是液体电解质，而聚合物锂离子蓄电池则以固体聚合物电解质来代替，这种聚合物可以是“干态”的，也可以是“胶态”的，目前大部分采用聚合物胶体电解质。

第二节　各品牌电动汽车车型

一、雷诺电动汽车车型

1. 雷诺 Kangoo Z.E. 概念车

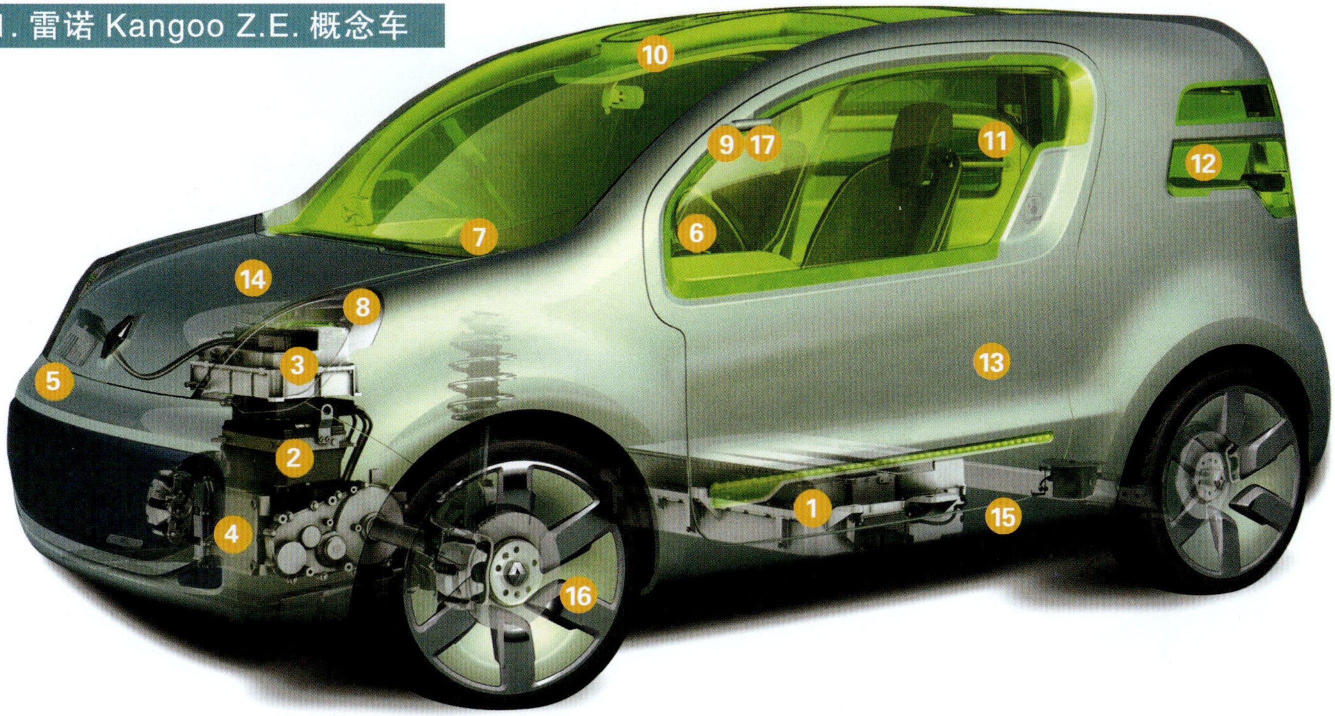

■ 雷诺 Kangoo Z.E. 电动概念车透视图

组成部件

1 锂离子蓄电池
2 电源转换器和变压器
3 接头箱和蓄电池充电器
4 电动机和减速器
5 普通 / 快速蓄电池充电插口
6 车载信息显示

电子装备能源消耗的改善

7 加热和空调系统优化
8 低能源消耗的前照灯灯泡
9 低能源消耗的流线型摄像机后视镜
10 太阳能嵌板

热源隔绝措施

11 红外线反射车窗
12 特殊设计的玻璃表面
13 隔热的车身部件
14 不透热性喷漆

空气动力和车身结构

15 材料的质量经过严格的控制
16 全铝的轮毂
17 低能源消耗的流线型摄像机后视镜

Kangoo Z.E. 概念车

Kangoo Z.E. 概念车是在雷诺 Kangoo 基础上推出的，将零排放驱动引入轻型商用车。它的电动机功率为 70kW，转矩为 226N·m，采用锂离子蓄电池。由于特别关注其整体设计以及能源优化方案，该车的能源消耗被降至最低水平，同时不会对必要的舒适性产生影响。同时，该车具有多种信息功能，从而使其便于用户使用、高效而且能与用户进行互动。

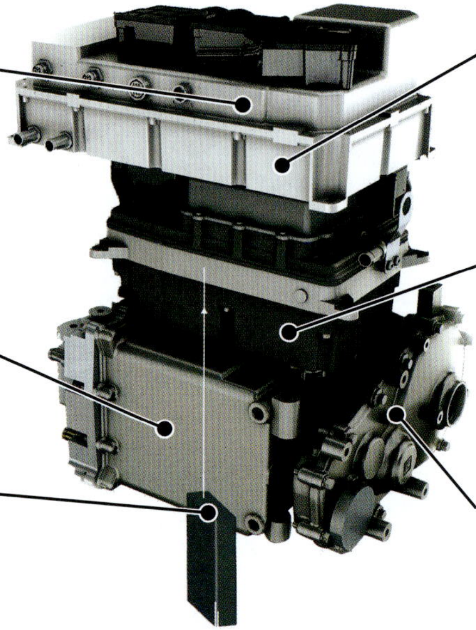

■ 雷诺 Kangoo Z.E. 电动概念车电动机和电力电子设备分解图

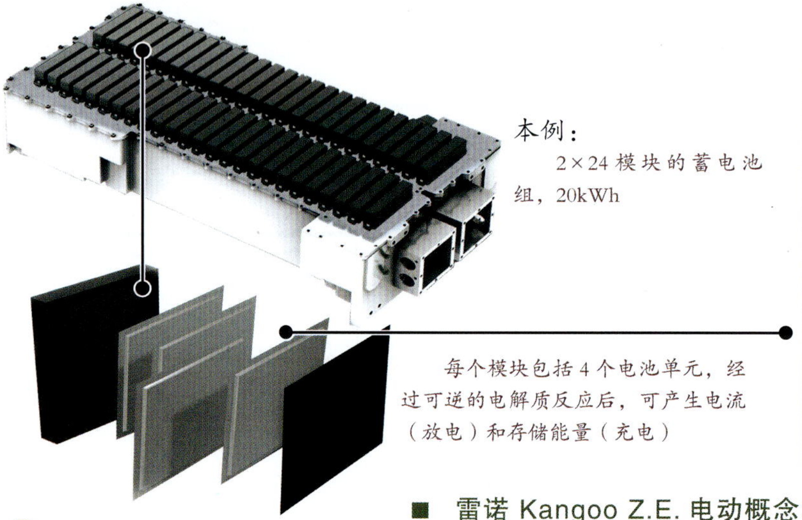

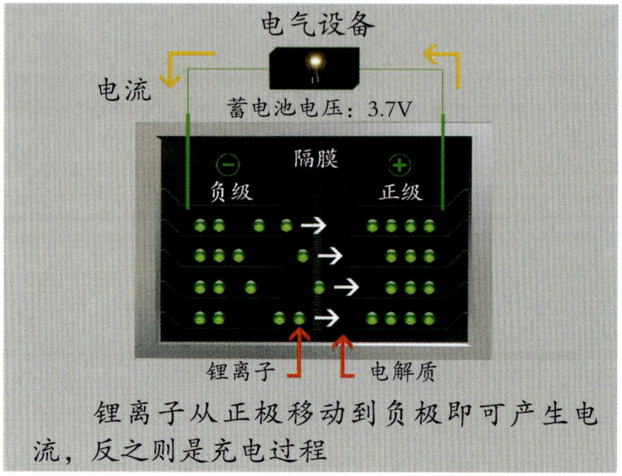

■ 雷诺 Kangoo Z.E. 电动概念车锂离子蓄电池分解图

■ 雷诺 Fluence 电动车外观图

2. 雷诺 Fluence 电动车

在 2009 年法兰克福车展上推出 Fluence 电动车之后的半年，雷诺便公开了其量产 Fluence 电动车的最终设计，与汽油版本在外表上相差不大，只是在细节上有所改进。

Fluence 电动车的锂离子充电蓄电池安置在后座后方，可以采用 3 种充电方式。普通充电采用 220V/10A 或 16A 电源，充满电需要 6~8h。利用快速充电站（32A/400V）时，充电时间需要 30min。利用电池更换站时，3min 内即可更换为充满电的蓄电池。

Fluence 电动车的蓄电池容量为 22kWh，质量为 250kg。电动机的最高输出功率为 70kW，最大转矩为 226N · m。车身尺寸全长 4748mm、宽 1813mm、高 1458mm，轴距为 2701mm。Fluence 电动车将于 2011 年正式上市销售。

雷诺 Fluence 电动车技术参数

电动机	最大功率：70kW 最大转矩：226N·m
蓄电池	22kWh 锂离子蓄电池
续航里程	纯电动模式最大 160km
性能	最高时速 140km/h
充电时间	标准模式，6~8h；快速模式，30min；交换蓄电池，3min。

■ 雷诺 Zoe Z.E. 电动概念车外观图

3. 雷诺 Zoe Z.E. 概念车

雷诺 Zoe Z.E. 概念车全长 4100mm、宽 1840mm、高 1516mm，轴距为 2605mm。动力系统为锂离子蓄电池配电动机，峰值功率和转矩输出可达 70kW 和 225N·m，最高时速可以达到 140km/h。LED 尾灯安置在后扰流板上，当车速超过 90km/h 能自动升起，提高车尾下压力。

车顶的太阳能电池板能在空调系统的控制下用于调整车内温度。蓄电池组通过车头两侧的进气口导入气流进行冷却。

Zoe Z.E. 的空调系统融入了一种特制的氢氧化合物以保持皮肤合适的水分和舒适度，能释放一些香氛调整驾乘者的心情，并具有消毒的功能，可吸收车厢内的有害物质，这套系统由雷诺汽车与巴黎欧莱雅合作研发。

雷诺 Zoe Z.E. 电动概念车技术参数

电动机	最大功率：70kW 最大转矩：225N·m
蓄电池	锂离子蓄电池
续航里程	纯电动模式最大 160km
性能	最高时速 140km/h
充电时间	标准模式，4~8h 快速模式，25min

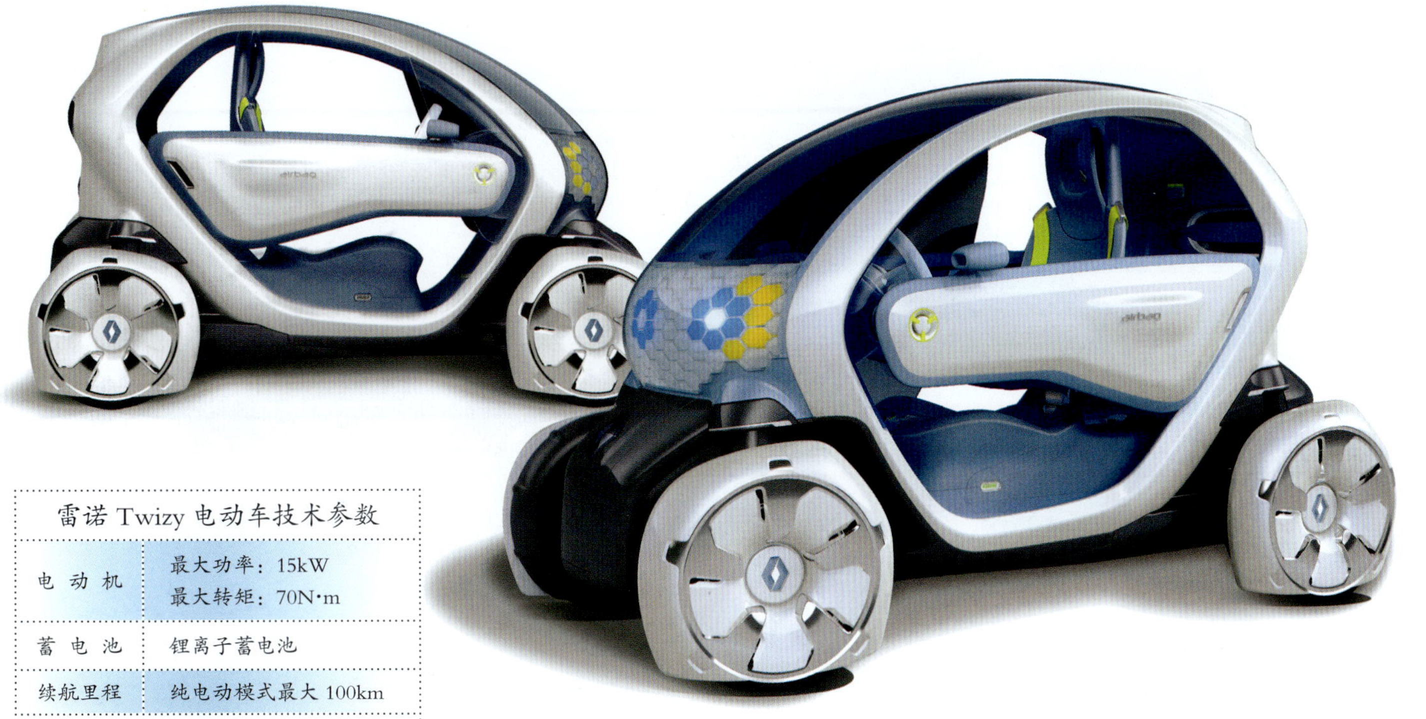

雷诺 Twizy 电动车技术参数	
电动机	最大功率：15kW 最大转矩：70N·m
蓄电池	锂离子蓄电池
续航里程	纯电动模式最大 100km
性能	最高时速 75km/h

■ 雷诺 Twizy Z.E. 电动概念车外观图

4. 雷诺 Twizy Z.E. 概念车

Twizy Z.E. 电动车是一款为了应对城市交通挑战而推出的创新小型汽车。该车具有四轮驱动系统，为驾乘人员提供了一种完全电动化的交通工具且不会排放 CO_2；包裹式的车体设计创建了一个安全而可靠的内部空间，为驾乘人员提供最好的保护；灵巧而实用的车型设计，能够满足城市交通的所有需求，在城区及郊区交通中的加速表现堪与 125cc 的摩托车相比。

Twizy Z.E. 电动车配备有最大输出功率 15kW、最大转矩 70N·m的电动机，设想主要用于市区行驶。计划 2011 年下半年投放全球市场。车身全长 2303mm、宽 1132mm、高 1476mm，轴距为 1695mm。采用锂离子充电蓄电池，最高速度为 75km/h，车辆仅重 420kg。

■ 丰田 FT-EV Ⅱ电动概念车外观图

二、丰田电动汽车车型

丰田 FT-EV Ⅱ电动概念车

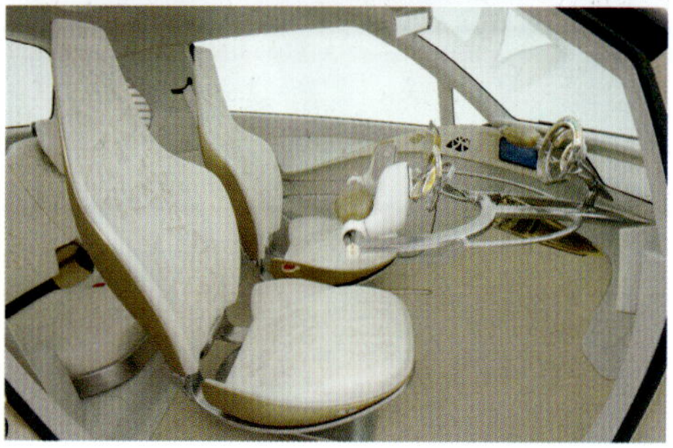

丰田 FT-EV Ⅱ电动车采用线控技术，加速、制动、转向等全部功能通过控制杆来操作，因此而省下来的脚下空间可用来放置行李等。由于内燃机被电动机取代，因此有额外的空间采用降低车头高度的车头设计，并在前风窗玻璃下面设置了特别玻璃风窗，从而确保了极佳的前方视野。尾部采用了透明车尾组合灯保证了车身周围的安全性。两侧的滑动拉门取代了传统的铰接式车门提高了在狭小停车位上下车的方便性。FT-EV Ⅱ电动车的最高速度能达到 100km/h 以上，锂离子蓄电池在充满电的状态下可以确保满足日常使用的 90km 续航距离。FT-EV Ⅱ全长仅 2730mm，比丰田最小的 IQ 车型还要短，是丰田为城市短途交通提出的解决方案。

■ 本田 EV-N 电动概念车外观图

三、本田电动汽车车型

本田 EV-N 电动概念车

与丰田 FT-EV Ⅱ电动概念车不约而同，本田 EV-N 电动概念车的定位也同样为城市生活用短距离交通工具。这款概念车具有亲切、简洁的外型；灵巧、紧凑的车身尺寸，人性化座椅布局等特点，引领全新的电动车潮流。本田自上世纪 80 年代开始进行电动车基础研究，1997 年在美国和日本租赁销售电动车“EV Plus”，积累了丰富的电动车技术。考虑到现阶段蓄电池的性能，本田将电动车定位为短距离城市交通工具，EV-N 充分展示了这一研发方向。

■ 日产 聆风（Leaf）

四、日产电动汽车车型

日产 聆风（Leaf）

日产聆风（Leaf）是一款5座掀背两厢纯电动汽车，也是世界上首款投入量产的电动汽车，它配备了由锂离子蓄电池驱动的车辆底盘，巡航里程可以达到160km，能够满足消费者在实际生活中的驾驶需求。聆风由层叠式紧凑型锂离子蓄电池驱动，蓄电池组的最大输出功率可以达到90kW，电动机的输出功率则有80kW，转矩峰值可以达到280N·m。其独有的制动系统和创新型锂离子蓄电池的结合，使日产聆风在完全充电的情况下，可以实现160km以上的巡航里程。聆风只需30min即可充至80%的电量。在家充电时使用200V交流电压，大约需要8h就可以将电充满。

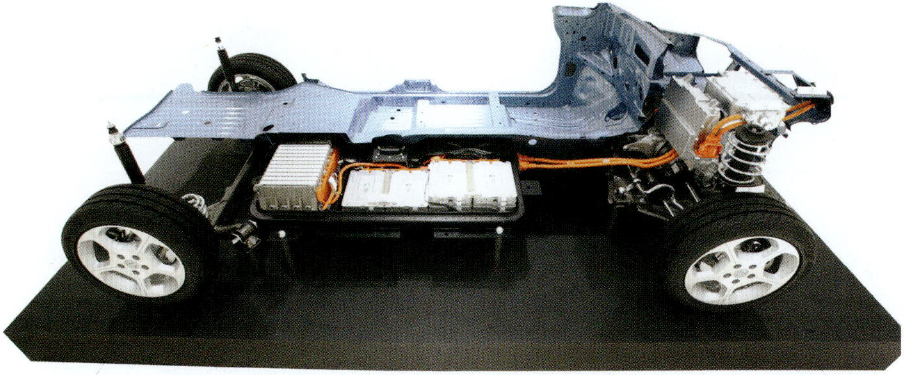

■ 日产 聆风（Leaf）纯电动平台结构剖解图

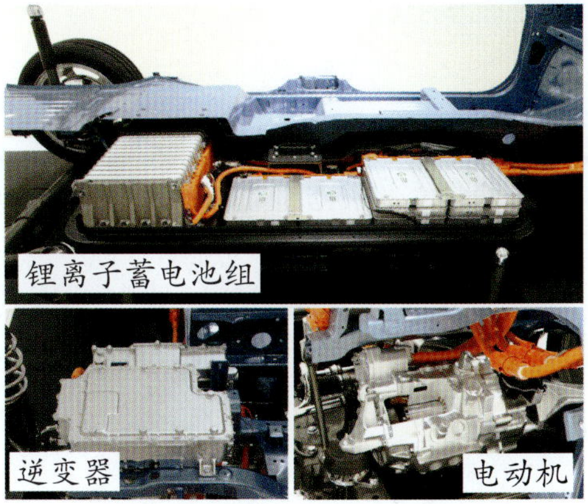

■ 日产 聆风（Leaf）电动平台组成

聆风采用的蓄电池是目前全球最先进的，具体表现在能量密度、安全性能和耐久性能方面。首先，聆风电池采用层叠式结构，在能量存储密度提高 2 倍的情况下也可以有效控制电池温度的上升，同时防止异常耗电。其次，蓄电池在负极上使用了结晶结构稳定的锰元素；最后，聆风在蓄电池单元管理上，通过分别管理电池组内单元的充电情况，可以确保蓄电池的持续稳定性，在发生异常情况时切断单元电路以确保安全。

其他技术方面，聆风还标配一套“行人靠近警示”系统。由于电动车无发动机噪声，车辆行进间行人难以察觉，而这套系统能主动发出行人容易识别的声音以提醒车辆的靠近，而驾驶人和车内乘客却不会受到干扰。

■ 日产 聆风（Leaf）的蓄电池组

■ 日产 聆风（Leaf）的快充平台及充电插座入口

日产 聆风（Leaf）电动车技术参数

电动机	最大功率：80kW 最大转矩：280N·m
蓄电池	锂离子蓄电池
续航里程	纯电动模式最大 160km
性能	最高时速 140km/h
充电时间	标准模式，8h 快速模式，30min 充电 80%

■ 三菱 i-MiEV

五、三菱电动汽车车型

三菱 i-MiEV 电动车

三菱 i-MiEV 采用电力驱动，动力完全来自电动机，排放物为零。没有发动机的振动和噪声，舒适性相比汽油型更高。该车于 2009 年作准商业投放，而 2010 年正式面向大众销售。i-MiEV 采用三菱与汤浅合作研发的高效能锂离子蓄电池组。该蓄电池组输出电压为 330V，额定容量为 16kWh，由 88 个锂离子蓄电池单元组成，使用 200V 家用电源充电约需 8h、使用 100V 家用电源充电需要 14h、若使用充电站的三相 200V 动力电则能在 30min 内使电量达到 80%。i-MiEV 搭载一台体积小、质量轻的永磁电动机，最大功率 47kW，最大转矩 180N·m。

综合仪表盘

可显示电量消耗以及能源回收状况；可显示剩余电量及由当时的平均电力消耗状况计算出的剩余可行驶里程数

电子控制单元（ECU）

电动车的大脑中枢，根据驾驶人的操作和当前的行驶情况来总控各个部件的功能

逆变器

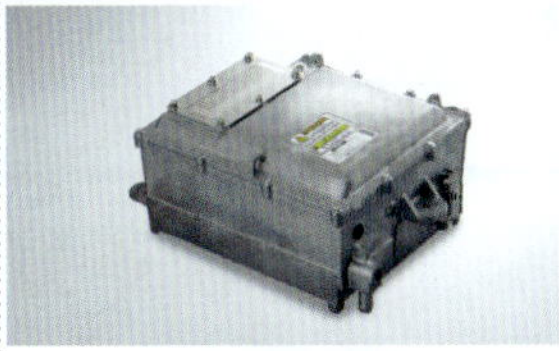

把蓄电池的直流高电压转化为行驶时所需要的电流并提供给电动机

车载充电器

采用可对应家庭AC200V/ AC100V电源的小型轻量型车载充电器

换挡杆

3种换挡模式可选：

1. D挡：正常行驶，可发挥最佳性能；
2. Eco挡：经济性模式，降低动力输出；
3. B挡：具有与D挡相同的功能，不过该挡位可以保证制动能量回收的最大化

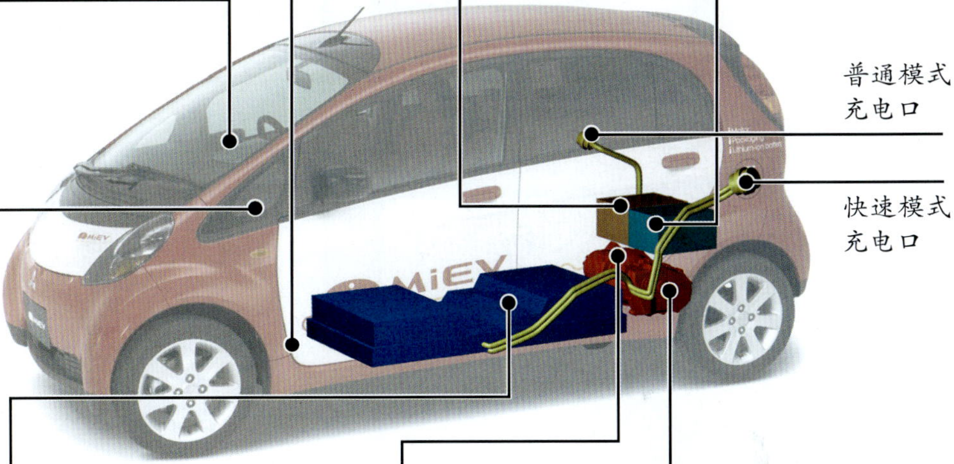

蓄电池单元

蓄电池模块

蓄电池组

88个蓄电池单元串联连接的大容量蓄电池组被设计在车辆地板下方的中央部，低重心使车辆操控更稳定

电动机

小型且轻量化的高效永磁同步电动机，可在制动时作为发电机，将动能转化为电能存储在蓄电池里

变速器

没有复杂的变速机构，采用的是充分发挥电动机特性的、固定1段变速的小型轻量变速器

■ 三菱 i-MiEV 电动车部件分解图

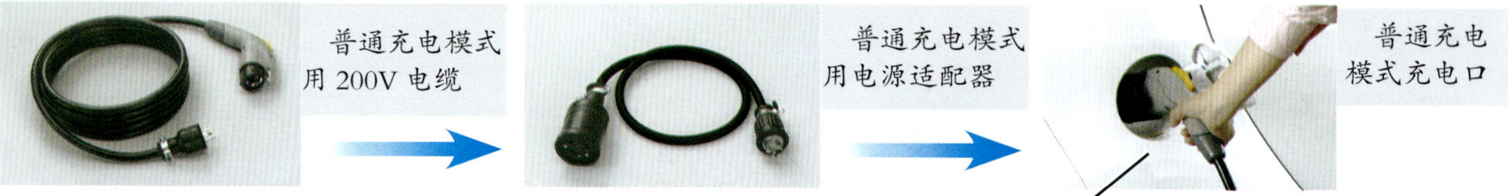

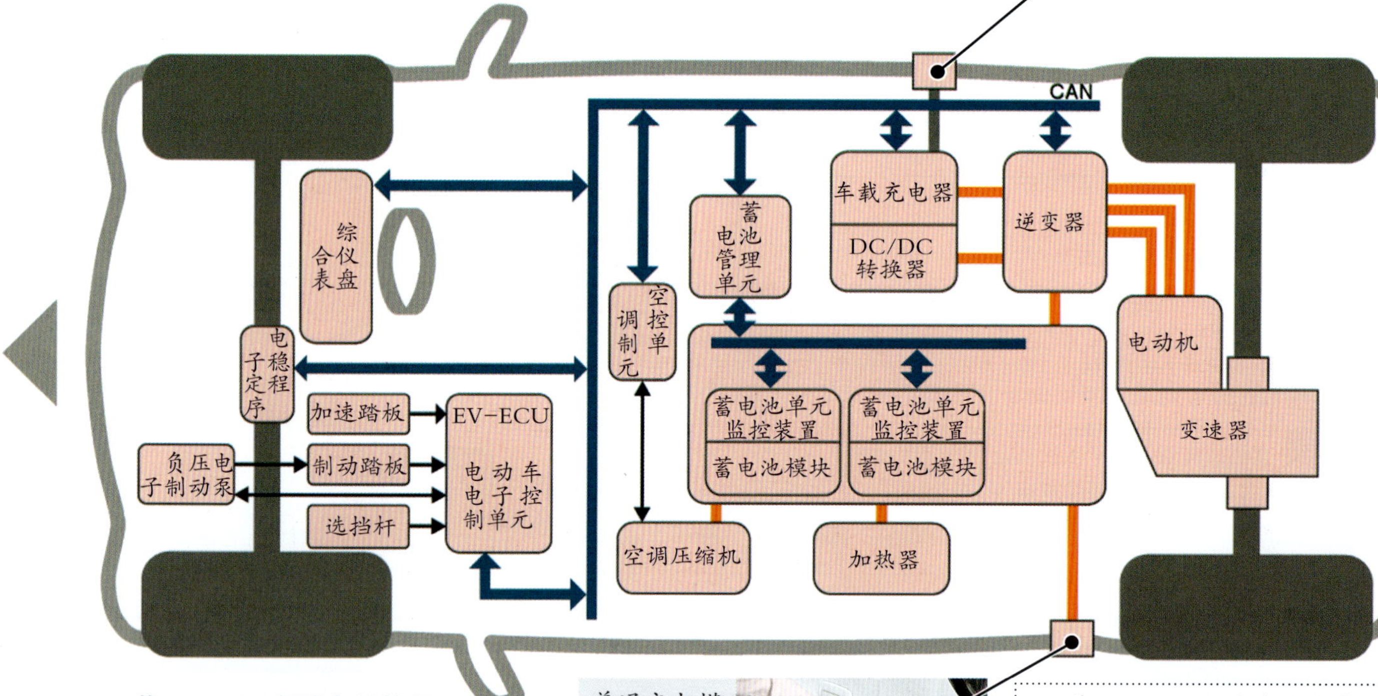

▲ 三菱 i-MiEV 电动车结构图

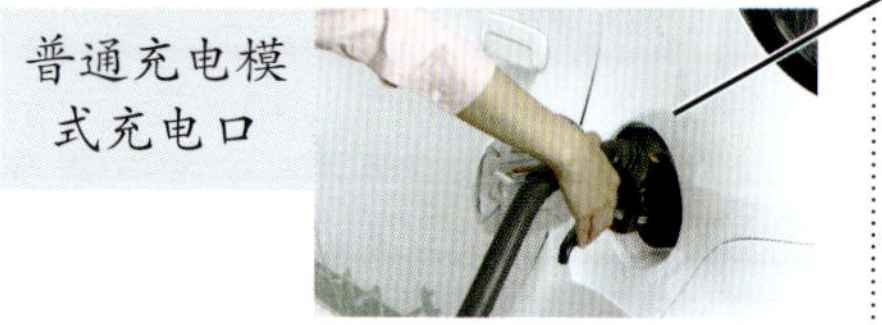

▼ 三菱 i-MiEV 电流驱动流程图

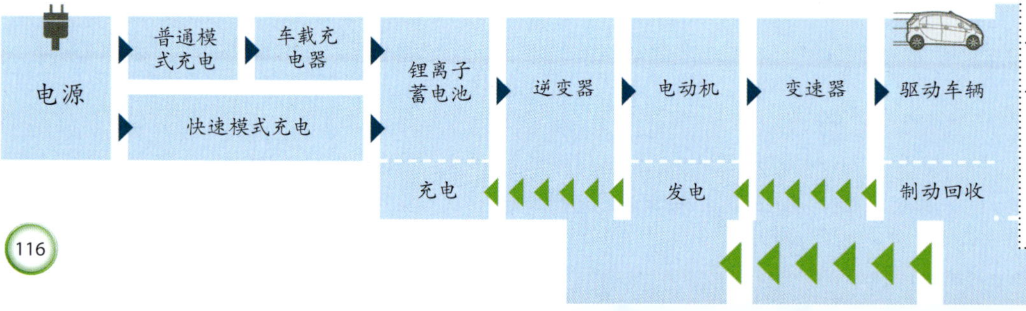

三菱 i-MiEV 电动车技术参数	
电动机（永磁同步型）	最大功率：47kW 最大转矩：180N·m
蓄电池	16kWh 锂离子蓄电池
续航里程	纯电动模式最大 160km
性能	最高时速 100km/h
充电时间	普通模式，AC200V，8h 普通模式，AC100V，14h 快速模式，三相 200V 50kW， 30min 充电 80%

六、现代电动汽车车型

现代 i10 电动车

现代 i10 电动车 LG 研发的 49kW 电动机和一个 16kW 锂离子聚合物蓄电池。锂离子聚合物蓄电池比传统的镍氢蓄电池更加轻，质量减少 30%，体积减少 40%，综合性能提高了 12%。蓄电池和电动机通过电动水泵来进行冷却。i10 电动车其中的一个重要卖点就是它的快速充电系统，通过一个 413V 的电源在 15min 内能够把电池充满 85%。要让电池 100% 充满电要 5h。i10 电动车一次充满电能够行驶约 160km。最高时速能够达到 130km/h，0~100km 加速时间是 15s。

锂离子聚合物电池比其他类型的电池更加耐用而且充电能力更好，因此更换时间也相对延长。而且细小的体积和更轻的质量也使得它在回收处理时也更加方便。

现代 i10 电动车技术参数	
电动机	最大功率：49kW 最大转矩：210N·m
蓄电池	16kW 锂离子聚合物蓄电池
性能	最高时速 130km/h； 0~100km/h 加速 15s
充电时间	普通模式，220V，5h 快速模式，413V，15min 充电 80%

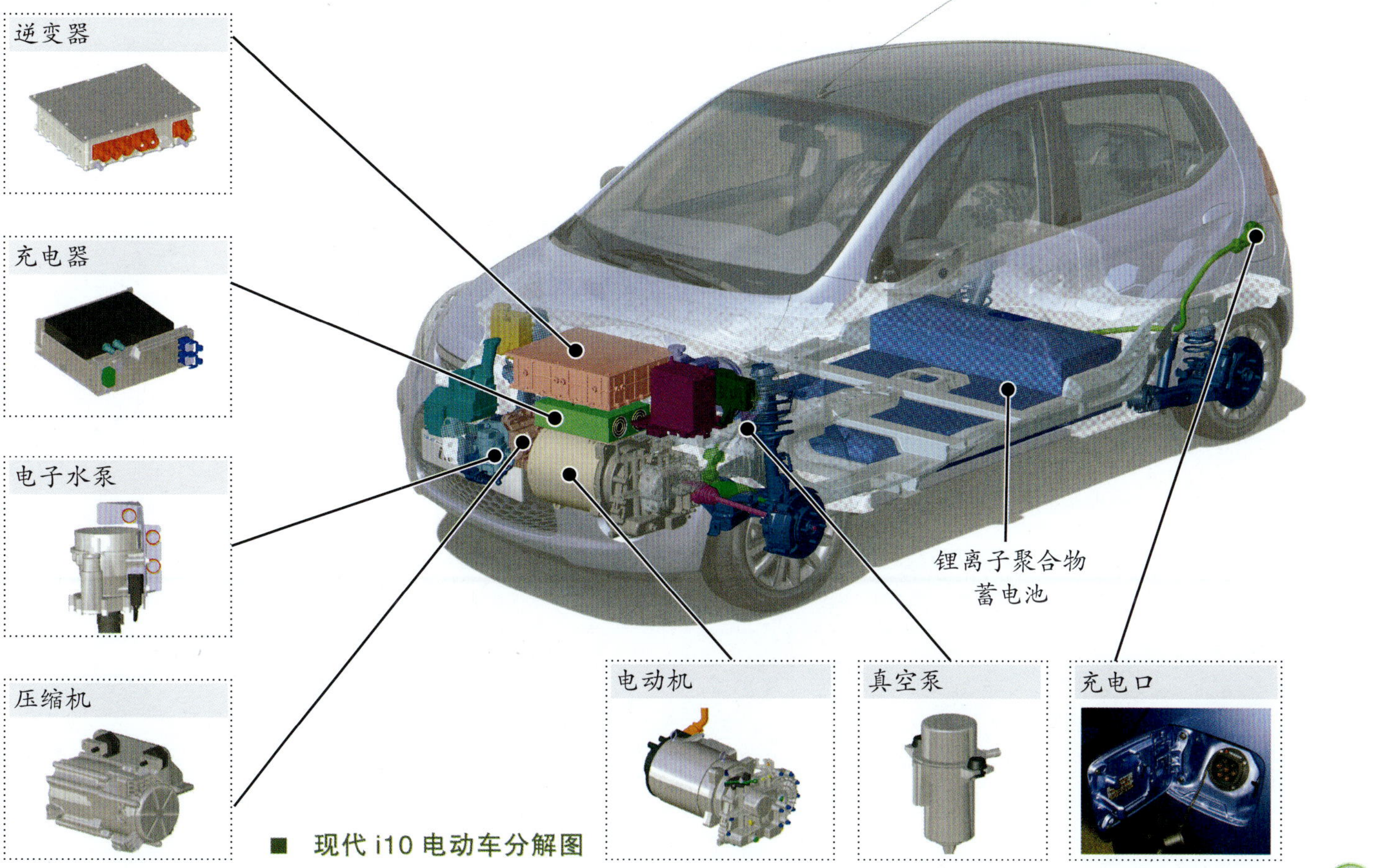

■ 现代 i10 电动车分解图

七、奥迪电动汽车车型

1. 奥迪 e-tron 概念车

基于对电能驱动前景的看好，奥迪公司一直对电动车投入了相当大的研发力度，而每一款“e-tron”车型的诞生都意味着技术进步的可喜收获。“e-tron”已不仅仅是一款车的名称，而将同已经成为全时四驱技术代名词的 quattro 一样，成为奥迪品牌纯电动技术的标志性符号。

在 2009 年法兰克福车展上，纯电能驱动车辆奥迪 e-tron 最先出现在公众的视野，这款概念车前后轴分别采用两台电动机进行驱动，是一款名副其实的四驱车。在 230kW 功率和 4500N·m转矩的推动下，0~100km/h 加速仅需 4.8s，最高时速被限定在 200km/h。锂离子蓄电池所存储的 42.4kWh 的能量足够车辆行驶 248km。

奥迪 e-tron 电动概念车技术参数	
电动机	四个电动机，前后轴各 2 个 最大功率：230kW 最大转矩：4500N·m
蓄电池	42.4kWh 锂离子蓄电池
续航里程	纯电动模式最大 248km
性能	0~100km/h 加速 4.8s 60~120km/h 加速 4.1s 最高时速限速 200km/h
充电时间	230V，16A 需要 6~8h 400V，60A 需要 2.5h

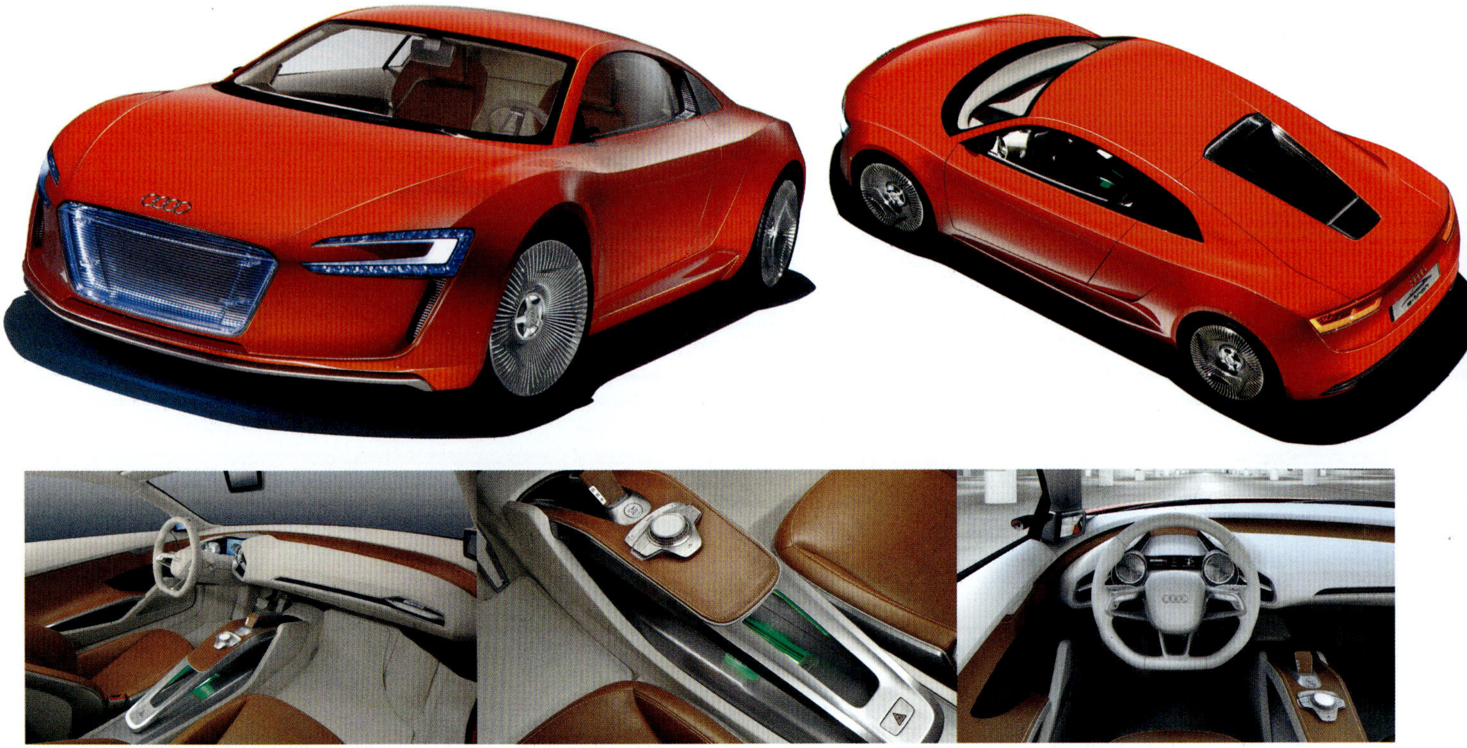

■ 奥迪 e-tron 概念车

2. 奥迪 e–tron Detroit 概念车

2010 年的北美底特律车展，基于全轮驱动 e–tron 概念车的后轮驱动 e–tron Detroit 概念车精彩亮相。虽然减少为两个电动机，但是后轮驱动的奥迪 e–tron Detroit 具备毫不逊色的优异表现：0~100km/h 加速仅 5.1s，续航里程 250km。

奥迪 e–tron Detroit 电动车技术参数	
电 动 机	两个电动机，置于后轴 最大功率：150kW 最大转矩：2650N·m
蓄 电 池	45kWh 锂离子蓄电池
续航里程	纯电动模式最大 248km
性 能	0~100km/h 加速 5.9s 60~120km/h 加速 5.1s 最高时速限速 200km/h
充电时间	230V，16A 需要 11h 400V，60A 需要 2h

■ 奥迪 e–tron Detroit 概念车

3. 奥迪 A1 e-tron 概念车

奥迪 A1 e-tron 概念车仅依靠电力驱动，输出功率达 75kW，在市区的行驶里程可超过 50km。行驶过程中当蓄电池的电能耗尽时，A1 e-tron 将通过一个非常紧凑的增程装置对蓄电池重新充电，该增程装置由一个单活塞转子内燃机和一个充电功率高达 15kW 的发电机组成，可使 A1 e-tron 的行驶里程再增加 200km。A1 e-tron 平均耗油量仅为 1.9L/100km，CO_2 排量低至 45g/km。

奥迪 A1 e-tron 电动概念车技术参数	
增程设备	内燃机：0.254L 单活塞转子发动机 发电机：14kW 永磁同步型
电动机	最大功率：75kW；最大转矩 240N·m 持续功率：45kW；持续转矩 150N·m
蓄电池	12kWh 锂离子蓄电池
续航里程	纯电动模式最大 50km；里程延伸器增加 200km
性能	0~100km/h 加速 10.2s；最高时速 130km/h

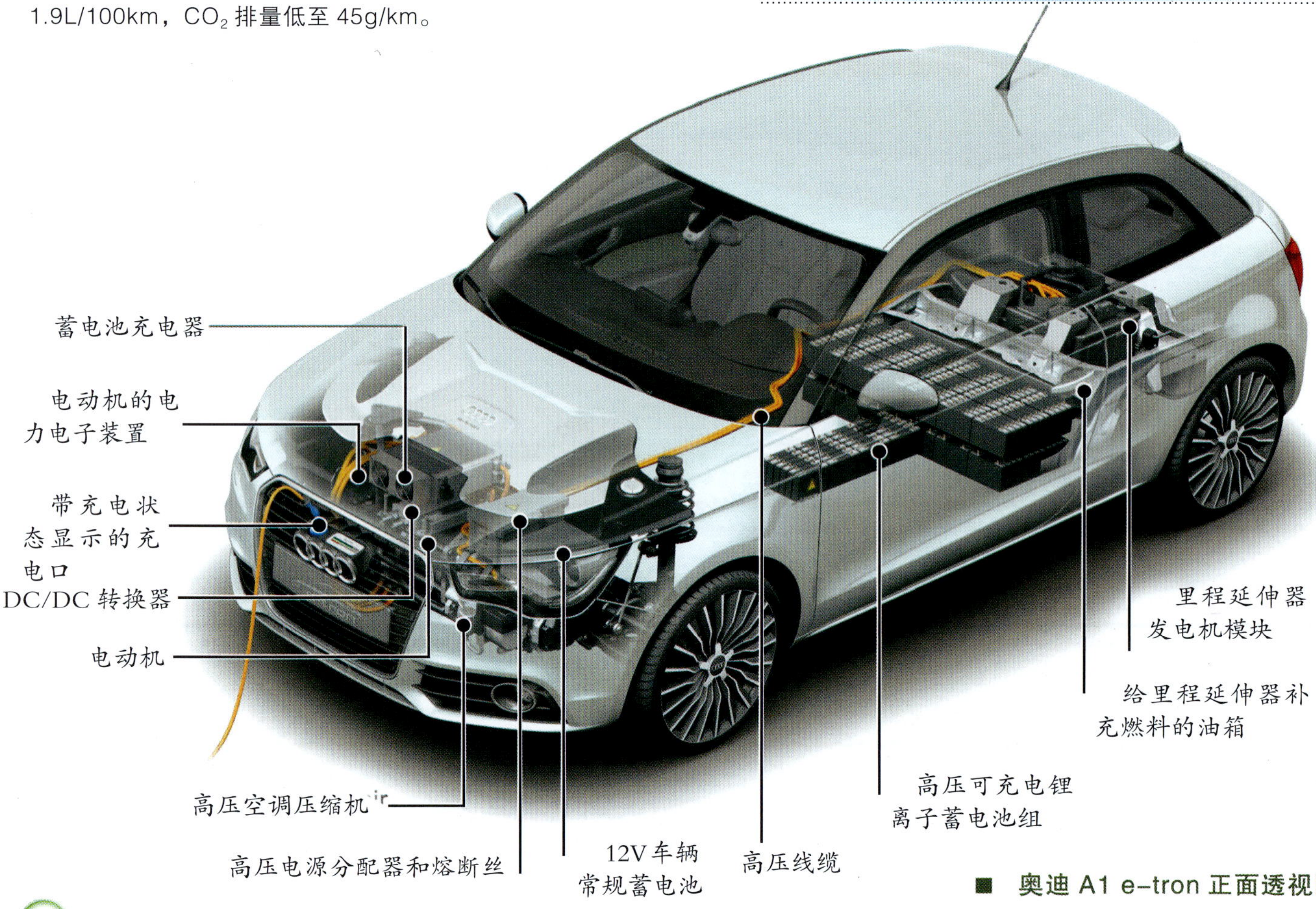

■ 奥迪 A1 e-tron 正面透视图

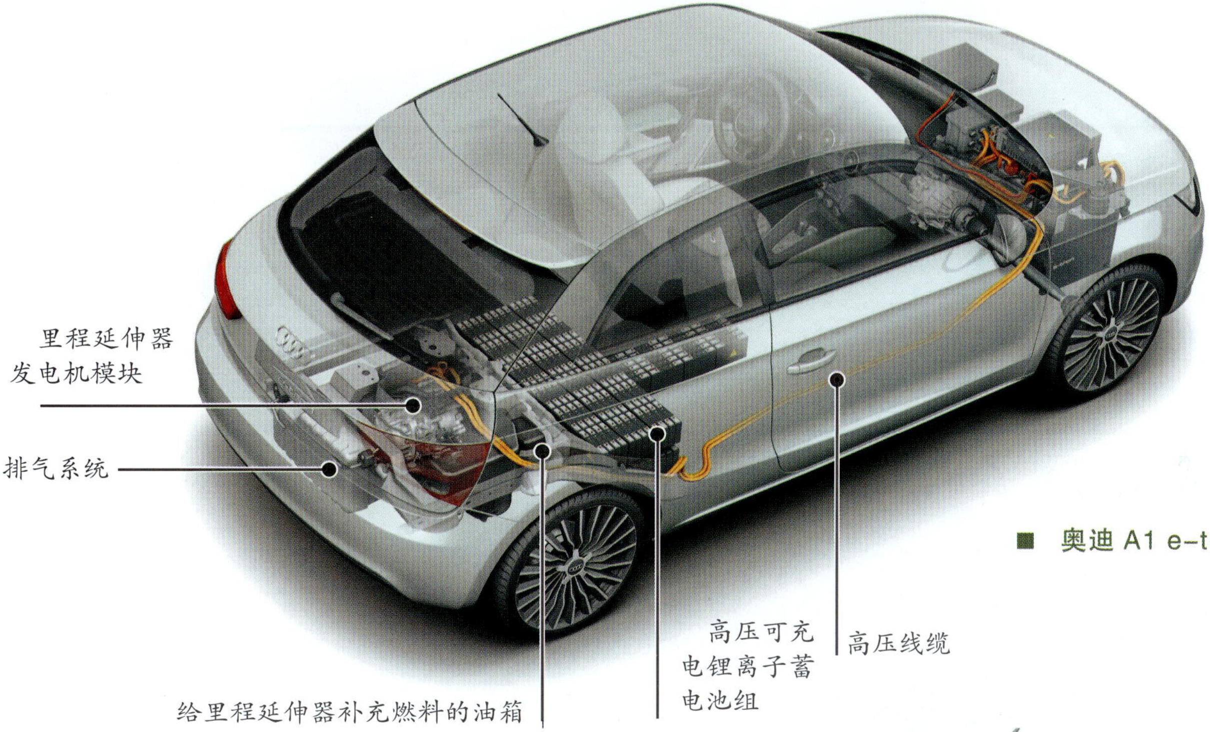

■ 奥迪 A1 e-tron 背面透视图

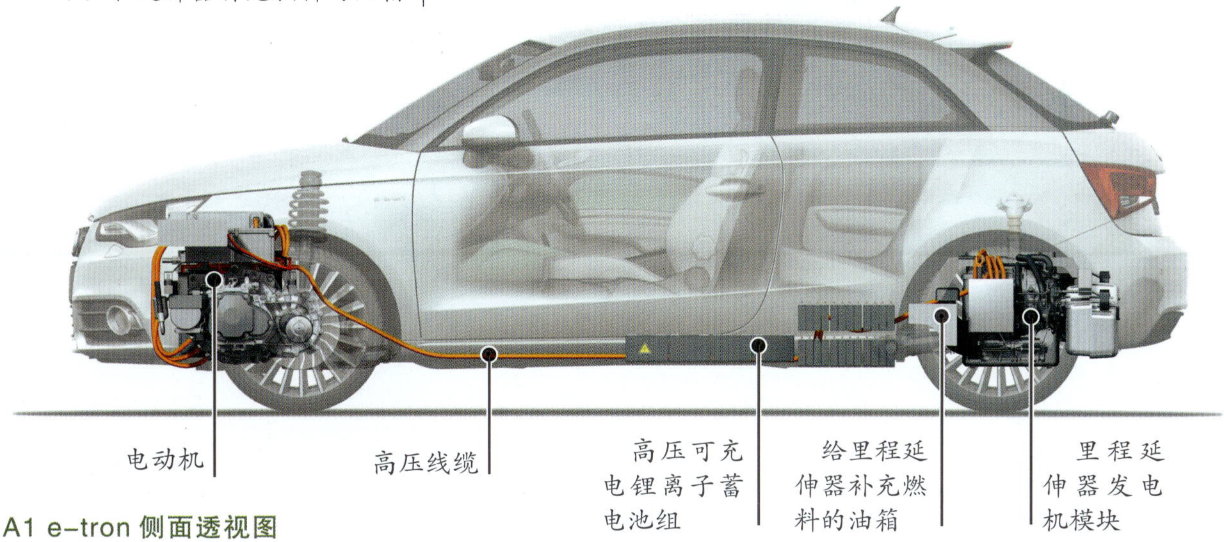

■ 奥迪 A1 e-tron 侧面透视图

八、宝马电动汽车车型

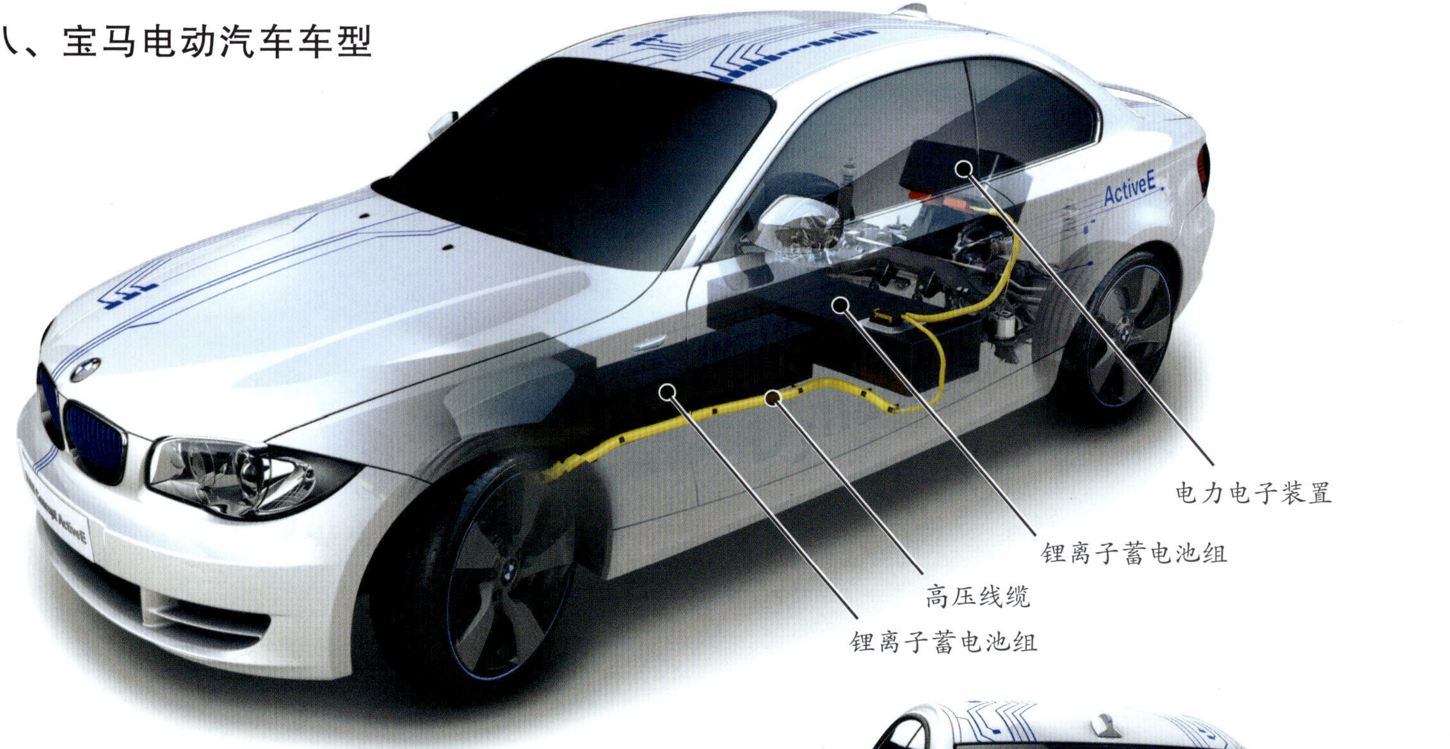

■ 宝马 Active E 正面透视图

宝马 ActiveE 概念车

Active E 概念车为宝马提供了探索新的车辆布置方案及零部件的可能，这些将对未来超大城市汽车的开发起着关键性的作用。通过把驱动部件精巧地布置在宝马 1 系列轿 / 跑车现有的车辆结构中，这款概念车可以提供四个全尺寸座椅和一个大约 200L 的行李舱。专门为这款车所设计的电动机安装在后轴，可提供 125kW 的功率，最大转矩达 250N·m，0~100km/h

■ 宝马 Active E 背面透视图

加速不到 9s。

电驱动系统由 SB LiMotive 公司专门为 ActiveE 概念车开发的锂离子蓄电池组中获得能量。在日常使用环境中，蓄电池组可以实现约 160km 的续驶里程。智能的蓄电池管理系统有助于在不受外界气候条件影响下实现这一续驶里程。此外，该锂离子蓄电池组所需的充电时间很短。在欧洲的电网中，蓄电池组可以通过壁挂充电器，以 50A 电流和 230/240V 的电压仅用 3h 的时间充满电。在北美，使用一个高电流（32A）家用壁挂充电器，充电时间大约需要 4.5h。

宝马 ActiveE 电动概念车技术参数

电动机	最大功率：125kW；最大转矩 250N·m
蓄电池	锂离子蓄电池
续航里程	纯电动模式最大 160km
性能	0~100km/h 加速 9s；最高时速 145km/h
充电时间	50A：3h 32A：4.5h

特殊远程控制功能

ActiveE 概念车还提供了一套先进的远程控制功能，通过与移动电话相连接，将关于汽车状况的准确信息进行方便、实用的传输。无论距离车辆有多远，驾驶人都可以获得锂离子电池的充电状态和相应的可行驶里程的详细信息。此外，远程控制功能还可以帮助驾驶人寻找附近的公共充电站。

远程控制功能通过模拟日常使用的功能来为驾驶人提供最直观的导向。例如驾驶人可以当汽车在充电站充电时去购物或者到餐厅进餐。只需要很短的时间，驾驶人就可以通过移动电话获知有关电池当前充电状态的信息。驾驶人也可以确定要达到回家所需要的足够电量和相应的充电时间，以便安排其他的活动。在充足的充电状态下，如果汽车与电网连接，驾驶人也可以在短暂离开期间启动暖风或空调。这样，只需很少的几分钟，就可在出发前将车内调节到舒适的温度。

通过与移动电话相连获得必要信息和基本功能的控制

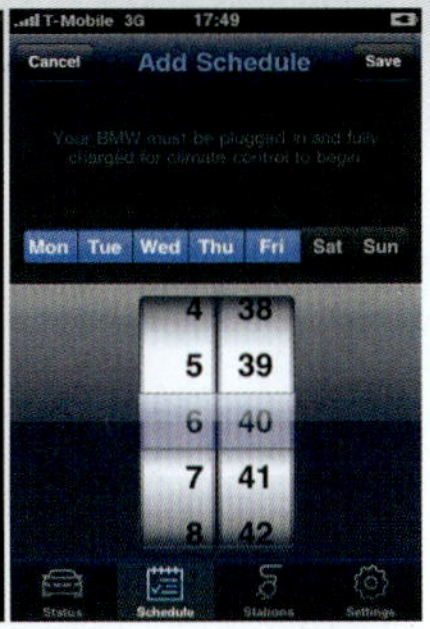

添加备忘录

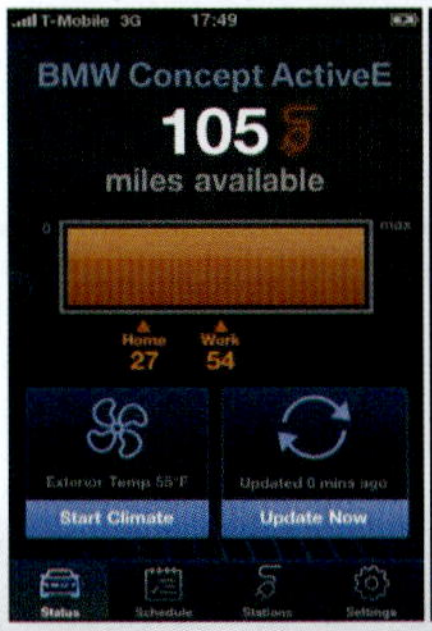

剩余里程数显示

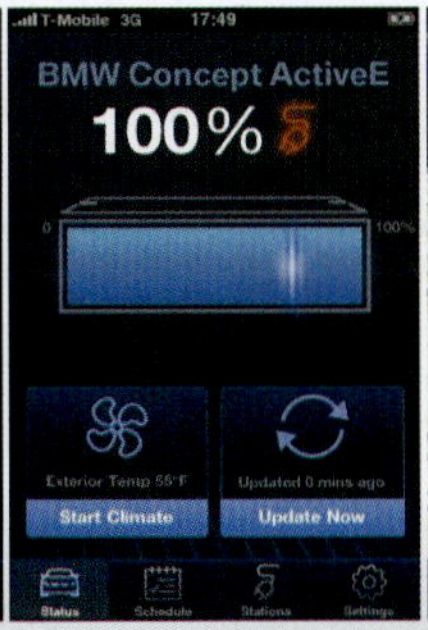

剩余电量显示

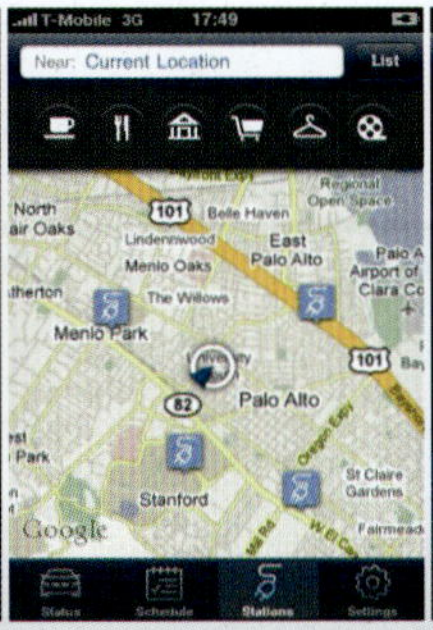

充电站地图显示

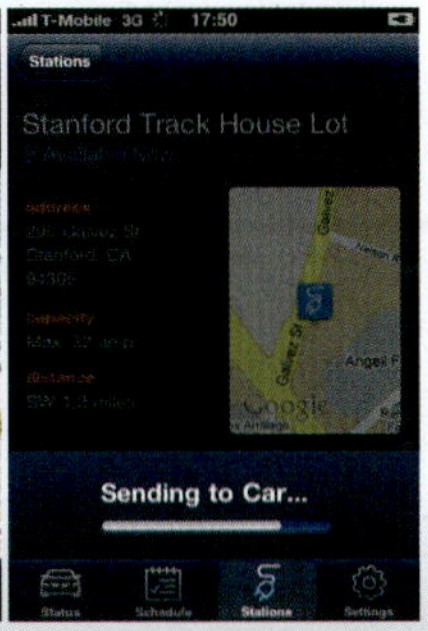

远程发送控制信息

九、迷你电动汽车车型

迷你 E

迷你 E 是宝马高效动力（EfficientDynamics）中期规划的重要组成部分，它承载着宝马集团超大城市交通解决方案的验证任务。零排放、强劲的电力驱动体验，展示出一个未来可持续发展的全新交通体系。迷你 E 正在美国以及欧洲不同地区进行实地示范运营，其纯电动以及 CO_2 零排放的潜质特征已经在日常道路交通中得以生动体现。迷你 E 锂离子蓄电池供电的电动机最大输出功率为 150kW，从 0~100km/h 加速仅需 8.5s，最长行驶里程可达 250km。

■ 迷你 E 正面透视图

基于迷你品牌的第一款纯电动汽车仅生产了600辆，这是宝马“project i”项目的一部分。同时借助宝马在纯电力驱动系统领域的理论和实践，特别是迷你E项目已经累积的经验，宝马集团正在为人口密集的超大城市研发创新的车型概念。

宝马集团在电动驱动技术领域的研究开始于上世纪70年代。小规模生产的橙色宝马1602铅酸蓄电池汽车成为1972年慕尼黑奥运会的亮点。在接下来的30多年里，宝马相继推出多款电能驱动车型，始终站在电动汽车研发的前沿，如1991年法兰克福车展上亮相的宝马E1钠硫电池驱动概念车等。2008年推出迷你E，宝马再次强调其致力于在道路交通中降低能耗及排放的决心。而全电能驱动汽车，也是宝马高效动力战略的中期发展目标。

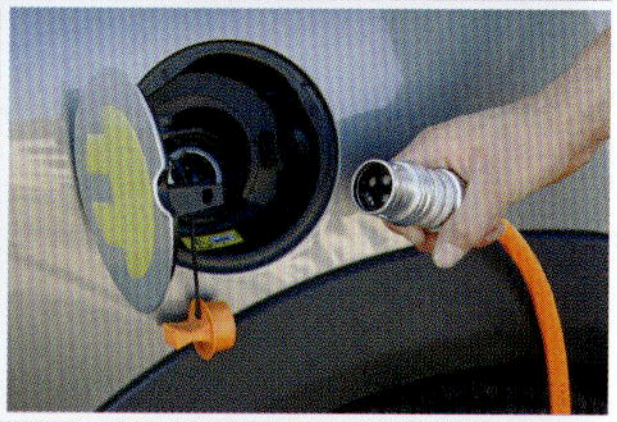

■ 迷你E背面透视图

迷你E电动车技术参数	
电动机	最大功率：150kW；最大转矩220N·m
蓄电池	锂离子蓄电池，最大容量35kWh，可用28kWh
续航里程	纯电动模式最大209km
性能	0~100km/h加速8.5s；最高时速152km/h
充电时间	110V/20A（2.2kW） 21.2 h 240V/40A（9.6kW） 3.2h 240V/60A（14.4kW） 2.3h

十、奔驰电动汽车车型

1. 奔驰 SLS AMG E-Ce Ⅱ电动车

奔驰 SLS AMG E-Ce Ⅱ电动车技术参数

电动机	最大功率：392kW（4 个电动机总和） 最大转矩：880N·m（4 个电动机总和）
蓄电池	400V3 组锂离子聚合物蓄电池 每组 16kWh，共 48kWh
性能	0~100km/h 加速 <4s

奔驰基于 SLS AMG 的电动车并非展示之用，而是有投入量产的计划。SLS AMG E-Ce Ⅱ电动版的动力来源于 4 个电动机，每个车轮各一个。这 4 个电动机加起来的最大功率达到了 392kW，峰值转矩为 880N·m，0~100km/h 加速仅需要 4s，这样的成绩丝毫不逊于汽油版 SLS AMG。另一个重要的组成部分是使用了一套高压的蓄电池组，分别位于其前轴后、车身中部以及后轴之上，对 SLS AMG E-Ce Ⅱ的车身质量比进行了合理的分配。而这套蓄电池组还具备 480kW 的最大功率输出。同时，奔驰还特别设计了双回路的水冷冷却系统。这套系统的作用就是保证在高温时，有效地帮助蓄电池组和电动机降温，并在超低温的情况下，为蓄电池组加热，保证其正常工作。

■ 奔驰 SLS AMG 电动车透视图

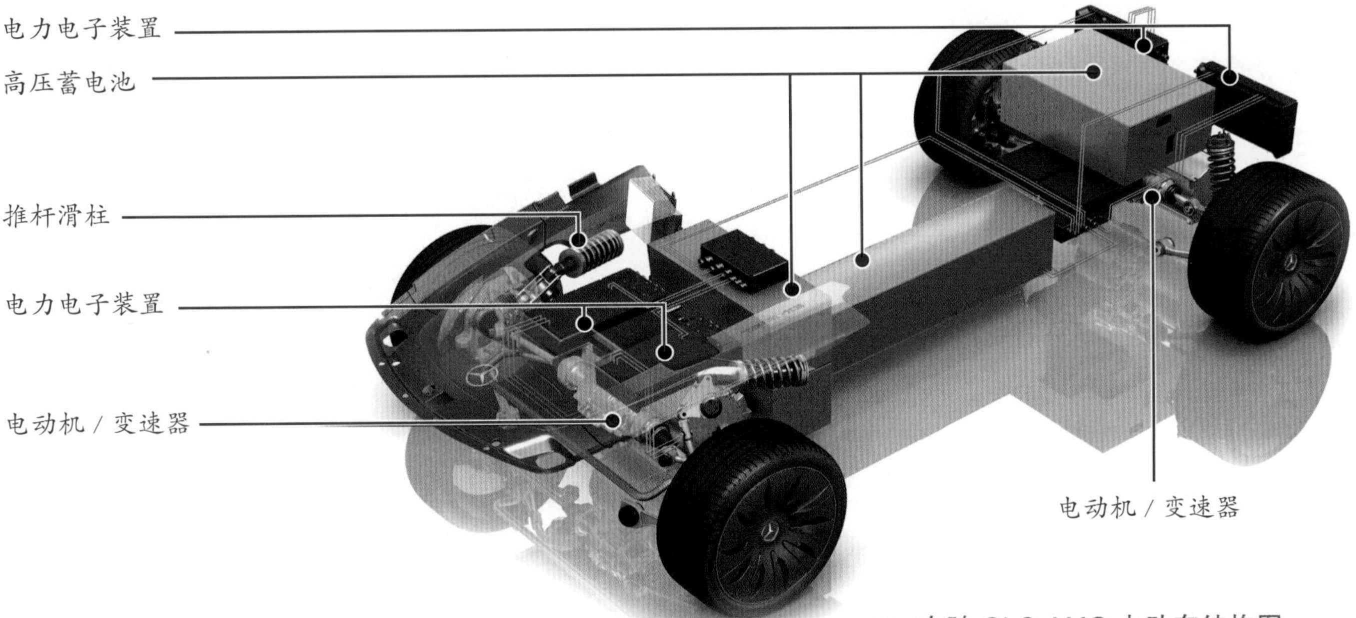

■ 奔驰 SLS AMG 电动车结构图

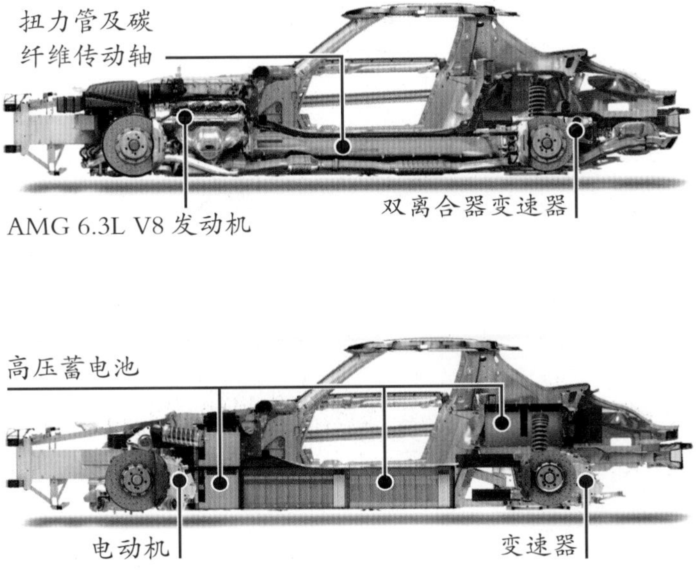

■ 奔驰 SLS AMG 民用车与电动车结构对比

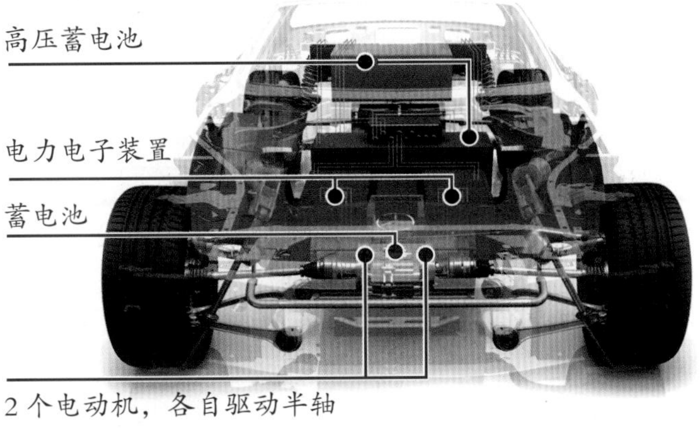

■ 奔驰 SLS AMG 电动车后部结构

2. Smart fortwo 电动车

2009 年 12 月 17 日，第一辆电动版 smart（smart ed）在柏林进行了正式商业交付。运用了当前最先进的锂离子蓄电池技术，并装载了智能能源管理系统的这辆电动版都市双人座驾 smart 成为了世界上第一辆商用的零排放汽车。作为 smart 电动车项目多个活动之一，首批量产的电动版 smart 还将与意大利、西班牙、英国、法国、瑞士、美国以及加拿大的消费者见面，并将交付给从上述国家挑选出的车队、商业机构和部分消费者。

■ Smart fortwo 电动车透视图

电动版 smart 在安全性、舒适性以及空间设计等方面与普通汽油版本完全相同，甚至更好。30kW 电动机加上 120N·m的转矩确保了电动版 smart 良好的加速性能。当充满电时，容量为 16.5kWh 的锂离子蓄电池能保证 smart 电动车续航 135km。这一数字让 smart 电动车应付城市交通问题绰绰有余。如果需要充电，smart 电动车可以在公共充电站，车库里的暗线箱或者任何一个标准家用插座轻松充电。

smart 电动车还装载了智能能源管理系统。车上的电子装置使得 smart 能够与公共电网实现信息交换，并方便、简单和安全地提供电费单。不管 smart 电动车在哪里通过哪家电站充电，车主都会从其能源供应商那里收到一张电费单。同时，车主可以通过智能电话或其他互联网络随时随地查询充电状态和电力存储量。由于加热及空调系统同样由电子装置控制，只要 smart 电动车与电网连接，驾驶人就可以提前开启车内空调。也就是说，smart 可以在冬天提前加热，在夏天提前降温，如此方便的设置是其他车辆无法提供的。

电子装置还为 smart 电动车的定制程序，如充电环节的自主管理等使用奠定了基础。当汽车连接电源时，电子装置能够检索出最大的可充电容量以及所需的相应电费，以计算出在什么时间再次充电最为经济。如果被长时间停放在某处，smart ed 还会自动选择节能方式自行充电。

smart fortwo 电动车技术参数

第一代 smart fortwo 电动车	第二代 smart fortwo 电动车
从而 2007 年开始在伦敦开始日常使用测试	2009 年底开始小规模批量生产
蓄电池：钠氯化镍（NaNiCl）蓄电池，工作温度在 280~320°C 之间，因此需要加热才能工作。所以需要一个绝热壳体，像保温瓶一样	蓄电池：锂离子蓄电池，能在常温下工作，并能在零下 25°C 起动。在相同尺寸下能量更大，与第一代同样尺寸，但行驶里程从 100km 增加到 135km。
功率输出：20kW	功率输出：20kW，峰值功率 30kW，能持续 2min。峰值功率可通过 kickdown 功能实现

smart 的电子装置与 iPhone 移动电话连接

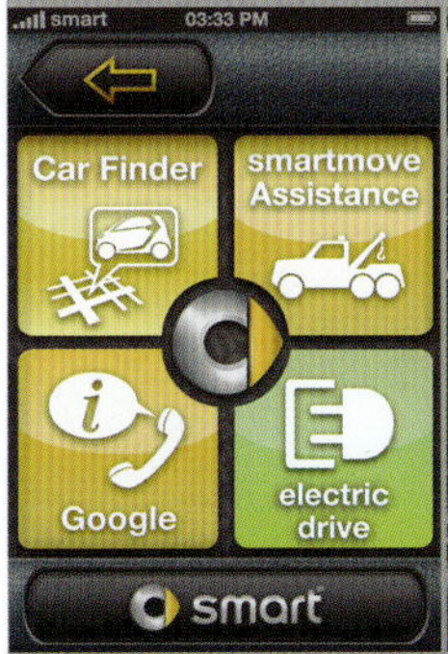

功能选项

smart 电动车的 iPhone 套件

电量显示

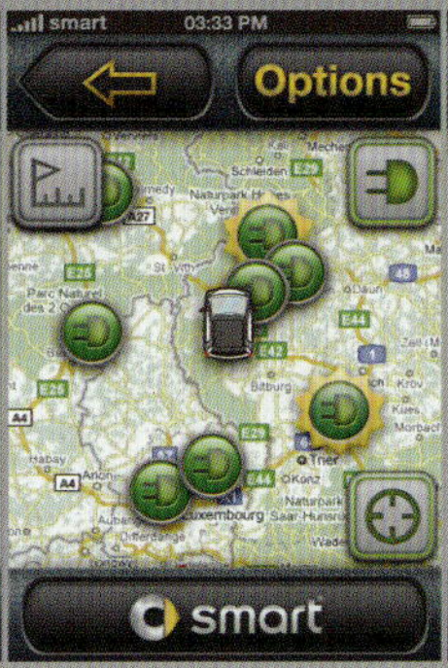

充电站导航

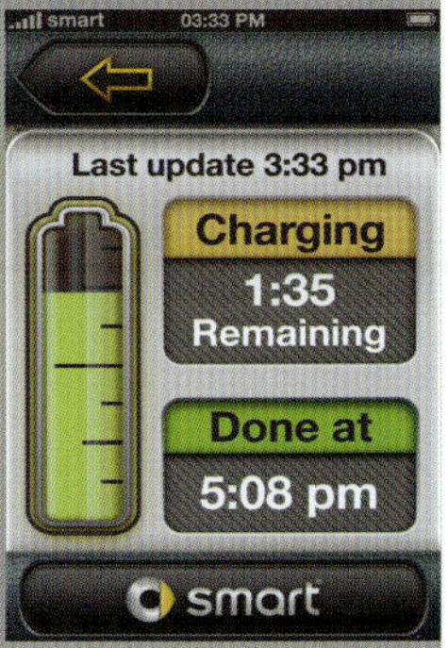

充电状态

■ 专为 Smart 电动车开发的 iPhone 功能套件

十一、大众电动汽车车型

1. 大众 高尔夫电动车

在 2010 年上海世博会亮相的大众高尔夫电动概念车由安装于发动机舱内的电动机驱动，其最高功率为 85kW，连续输出功率为 50kW，运行起来安静无声。与其他电动机一样，高尔夫电动车所装备的电动机能够提供强劲的动力输出，最大转矩为 270N·m。高尔夫电动车采用前轮驱动方式，行驶里程可达 150km，最高时速可以达到 135km/h，0~100km/h 加速仅需要 11.8s。

高尔夫电动车的蓄电池系统是由 180 个锂离子蓄电池单元组成的 30 个蓄电池模块，容量为 26.5kWh。蓄电池系统安装于后背箱下面底部（后背箱总容积 237L），后排座椅下面以及前后排座椅之间下面的底部。独立的空气冷却系统确保蓄电池保持恒定的工作温度。整个蓄电池组件的质量为 315kg。

大众高尔夫电动概念车技术参数	
电动机	最大功率：85kW 最大转矩：270N·m 连续功率：50kW
蓄电池	26.5kWh 锂离子蓄电池
续航里程	纯电动模式最大 150km
性能	0~100km/h 加速 11.8s 最高时速：135km/h

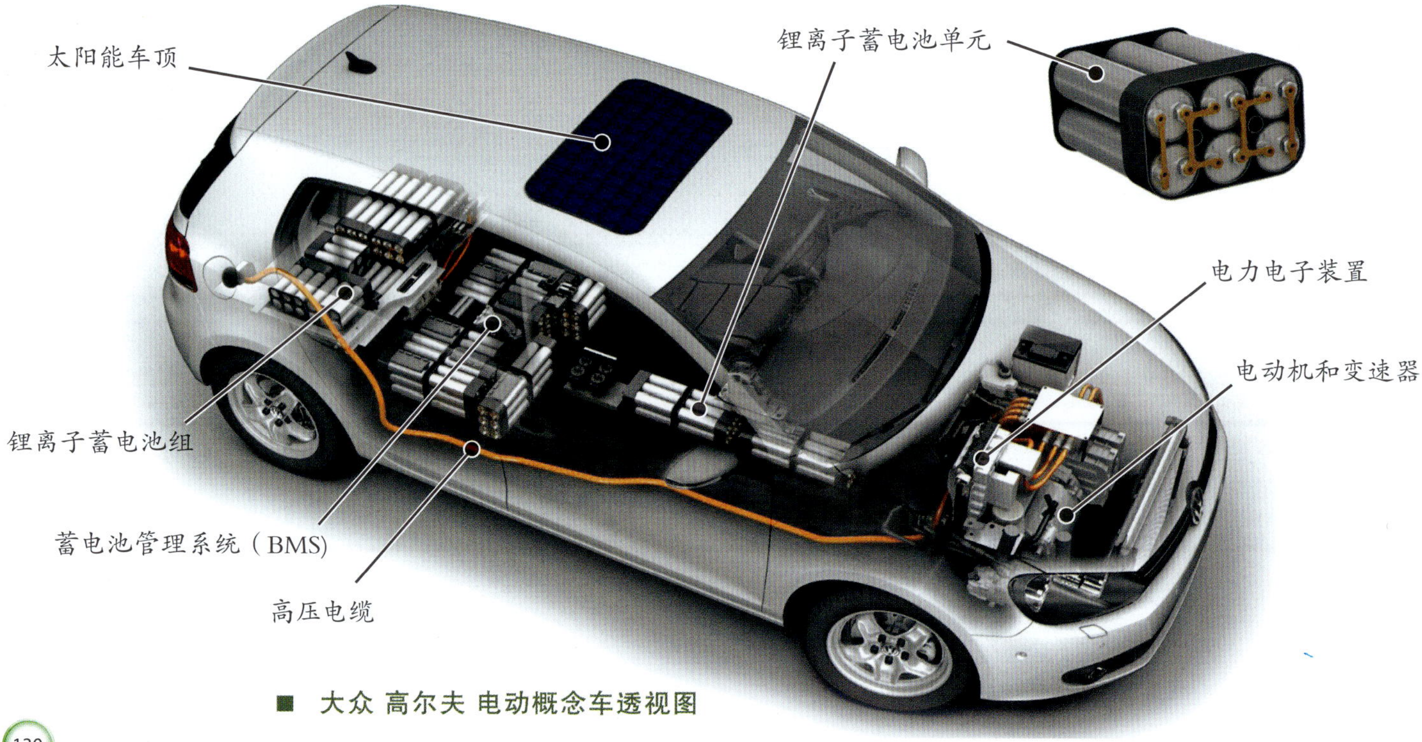

■ 大众 高尔夫 电动概念车透视图

■ 大众 E-Up！电动概念车外观图

2. 大众 E-Up！电动车

E-Up! 是大众未来小车阵容里最环保的一员，采用蓄电池驱动没有任何排放。这台最高时速达 135km/h 的小车电动机最高功率为 60kW（连续输出功率为 40kW），最大转矩为 210N·m。驾驶人只需要简单的通过中控台上的前进挡和倒退挡即可操控这台小车。E-Up! 从静止加速到 100km/h 需要 11.3s，而城市里最常用的 0~50km/h 加速仅仅需要 3.5s。

这台小车的采用轻质量设计，总重仅 1085kg，而且有 240kg 都是锂离子蓄电池占用的。18kWh 的锂离子蓄电池最大行驶里程有 130km，这足以应付一天的城市用车要求。不过充电也是非常方便的，E-Up! 可以在家里、车库以及公共充电站进行能源补充，而用快速充电套件，充满 80% 电量仅需要 1h。如果用家用的 230V 电源，也只需要 5h 而已。按欧洲现有的电费来计算（14 欧元 /kWh），E-Up! 每行驶 100km 仅需要 2 欧元。

大众 E-Up! 电动概念车技术参数

电 动 机	连续功率：40kW（最大 60kW） 最大转矩：210N·m
蓄 电 池	18kWh 锂离子蓄电池
续航里程	纯电动模式最大 130km
性 能	0~50km/h 加速 3.5s 0~100km/h 加速 11.3s
充电时间	230V 电源需要 5h 快充充满 80% 只需 1h

十二、雪佛兰电动汽车车型

雪佛兰 Volt 电动车

雪佛兰 Volt 是一款增程型电动车，它完全消除了纯蓄电池电动车行驶里程有限的束缚。通过车载发动机带动发电机的持续供电，Volt 最大行驶里程超过 500km。在这期间，当行驶里程小于 60km 时，Volt 电动车能够完全依靠一个车载的 16kWh 锂离子蓄电池所储备的电力来驱动，并可以实现"零油耗、零排放"。当 Volt 车载电池电量消耗至最低限值时，车载发动机将自动驱动发电机，为 Volt 继续提供电能，从而实现高达 450km 以上的续驶能力。

雪佛兰 Volt 电动车技术参数	
增程系统	内燃机：三缸涡轮增压发动机 发电机：53kW 永磁同步型
总驱动能力	最大功率：111kW；最大转矩 370N·m
蓄 电 池	16kWh 锂离子蓄电池
续航里程	纯电动模式最大 60km；增程系统最大 450km
性　　能	0~100km/h 加速 9s；最高时速 161km/h
充电时间	120V：8h 240V：3h

■ 雪佛兰 Volt 电动车透视图

■ 雪佛兰 Volt 电动车内饰图

雪佛兰Volt的增程系统是一台3缸涡轮增压汽油发动机，与之协同工作的是最大输出功率为53kW的发电机。电动机的功率为45kW，峰值输出可以达到120kW，驱动前轮使车辆前进。虽然是电力驱动，雪佛兰Volt增程型电动车的电动系统可以产生大约110kW的功率，370N·m的转矩，最高车速能达到161km/h，0~100kmh加速时间约为9s，性能突出。

雪佛兰Volt已经开始投产并将在2011年上市销售，这款车也会第一时间进口到中国，因此它是离我们最近的一款电动车。在美国，雪佛兰Volt车主可享受最高7500美元美国联邦政府个人所得税的抵免额度。在某些州，雪佛兰Volt的车主还可享受一项便利，即可以在乘客车辆专用车道上行驶，而以往只有坐有2人以上的车辆才能够在这一快速车道上行驶。雪佛兰Volt车主可直接用标准家用120V电源为Volt充电。另外，前4400名购买雪佛兰Volt的顾客还将免费获得一个240V的充电站，并享受免费安装到家的服务。

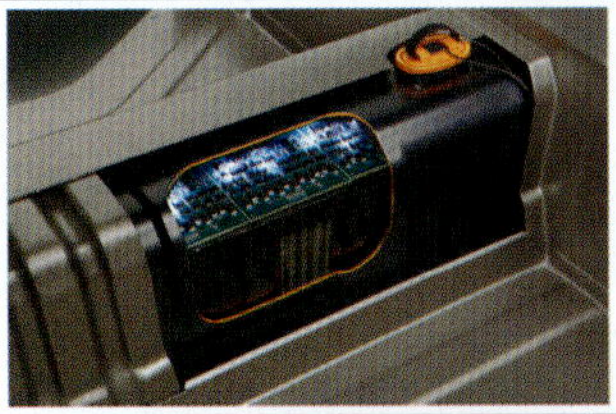

锂离子蓄电池

16kWh的锂离子蓄电池可以推动Volt无排放的行驶60km

充电插口

Volt的充电插口可以使用120V和240V电源充电，时间也仅分别需要8h和4h

电力驱动系统

Volt的电力驱动系统负责驱动前轮使车辆前进

发动机/发电机

Volt的增程系统是一台3缸涡轮增压汽油发动机，与之协同工作的是最大输出功率为53kW的发电机

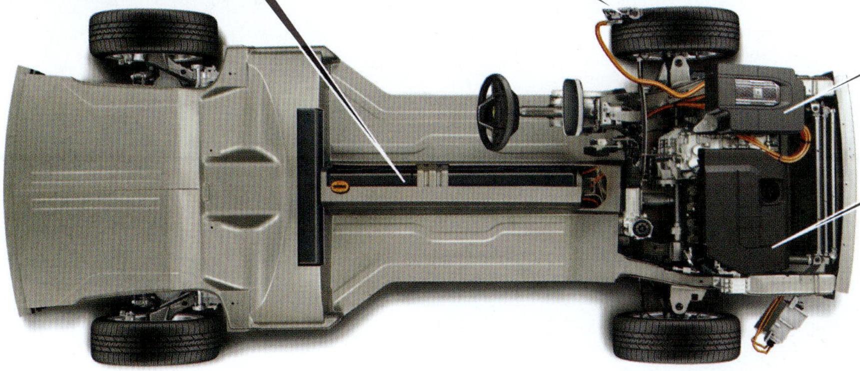

■ 雪佛兰 Volt 电动车部件分解图

十三、福特电动汽车车型

福特 福克斯电动车

2009 年初，福特公布了电动车计划，在随后的法兰克福车展上，福特展出了以福克斯原型的电动车。该电动车的电力驱动系统由麦格纳提供，而全新一代的福克斯，将会用上同一套系统。

福克斯电动车配备了 23kWh 的锂离子蓄电池组，永磁电动机的功率为 100kW，充满电后可以续航超过 100km，最高时速可以达到 137km/h。充电时间方面，使用普通民用电 230V 充电时间约 6~8h，而快速充电时间将减少一半左右。这套电动系统还沿用了北美福特混合动力系统的关键部分，包括来自 Fusion 混合动力车的电子空调控制系统。

福特将会在 2012 年以全新福克斯为平台推出量产型的电动车。

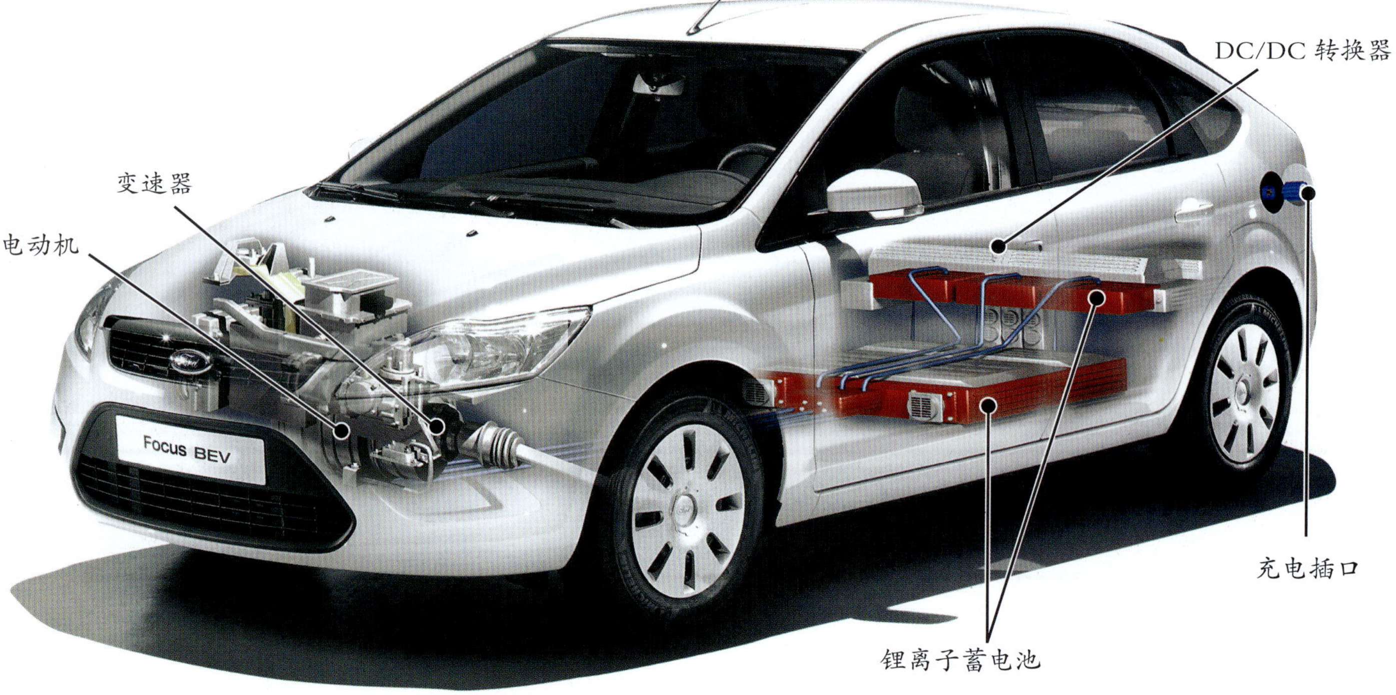

■ 福特 福克斯电动车透视图

十四、克莱斯勒集团电动汽车车型

1. 道奇 电动概念车

道奇纯电动车仅有三个动力传动部件，包括一个用于驱动车轮的电动机，一个为电动机提供动力的先进锂离子蓄电池系统，以及一个管理能量循环的控制器。电动机最大输出功率为 200kW，最大转矩为 650N·m。从静止状态加速至 95km/h 所需时间不到 5s，最高时速为 193km/h。

道奇电动车采用最先进的锂离子蓄电池技术，电力容量为 26kWh，两次充电之间的续驶里程达到 241~321km，这个距离是大多数人平均每日通勤路程的三倍以上。车辆充电非常简单，只需插入标准的 110V 家用插座即可一步到位，8h 能充满电。使用标准的 220V 家用电器电源插座可使充电时间减半，仅需 4h。

道奇 电动概念车技术参数

电动机	最大功率：200kW　最大转矩：650N·m
蓄电池	26kWh 锂离子蓄电池组
性能	0~100km/h 加速 5s，最高时速 193km/h
行驶里程	241~321km
充电时间	110V 电源：8h　220V 电源：4h

■ 道奇电动概念车外观图

道奇电动车的所有驱动部件：电动机，锂离子蓄电池，能量循环控制器均置于车尾

2. 吉普 Patriot 电动概念车

吉普 Patriot 电动车采用增程型电动车动力传动系统，配备一台电动机、锂离子蓄电池，以及带集成发电机的小型汽油发动机，可在蓄电池电量耗尽时产生额外电力为电动机提供动力。增程型电动车帮助顾客既显著减少了汽油用量和碳排放量，又不会影响其驾驶性能。吉普 Patriot 电动车总续驶里程达到 644km，其中 63km 可完全依靠电力驱动，不耗油，无排放。

吉普 Patriot 电动概念车技术参数	
电动机	最大功率：150kW
增程汽油发动机	最大功率：45kW
蓄电池	锂离子蓄电池组
性能	0~100km/h 加速 8.1s，最高时速 161km/h
行驶里程	纯电动：63km；使用增程系统：644km

3. 吉普 Wrangler Unlimited 电动概念车

吉普 Wrangler Unlimited 电动车采用增程型电动车动力传动系统，其中包含一个电动机、一个锂离子蓄电池系统，以及一个带集成发电机的小型汽油发动机，用于在必要时通过发动机带动发电机产生额外电量为电动机提供电力。电动机功率为 200kW，转矩为 400N·m。吉普 Wrangler Unlimited 电动力总续航里程达 644km，其中 63km 可完全依靠电力驱动，不耗油，无排放。

吉普 Wrangler Unlimited 电动概念车技术参数	
电动机	最大功率：200kW 最大转矩：400N·m
增程汽油发动机	最大功率：70kW
蓄电池	锂离子蓄电池组
性能	0~100km/h 加速 9.1s，最高时速 145km/h
行驶里程	纯电动：63km；使用增程系统：644km

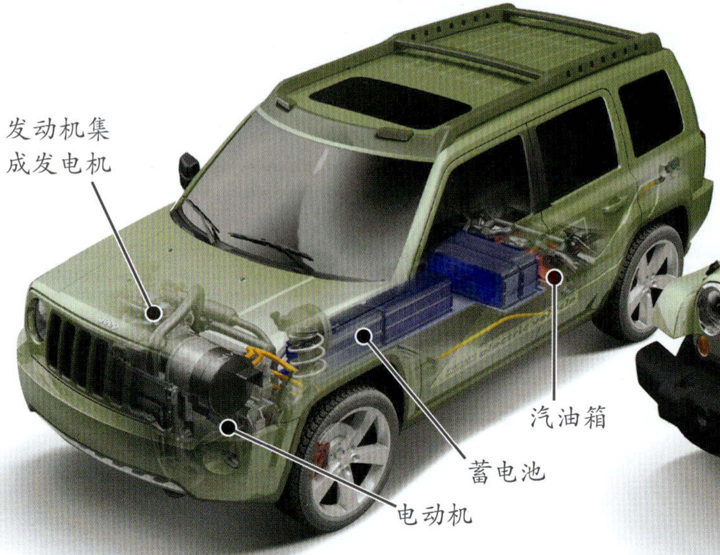

■ 吉普 Patriot 电动概念车

■ 吉普 Wrangler Unlimited 电动概念车

4. 克莱斯勒 200C 电动概念车

克莱斯勒 200C 电动概念车采用增程电动车技术，在仅依靠蓄电池的情况下可行驶约 63km，不使用汽油且不产生尾气排放；该车采用 55kW 汽油发动机和集成发电机，在蓄电池电量低或耗尽的时候，通过发动机带动发电机产生电能，可将汽车行驶里程延长到 644km。克莱斯勒 200C 并非基于现有的车型而是一款全新设计的豪华汽车，它对未来克莱斯勒的量产车有前瞻性意义。

克莱斯勒 200C 电动概念车技术参数	
电 动 机	最大功率：200kW
增程汽油发动机	最大功率：55kW
蓄 电 池	锂离子蓄电池组
性 能	0~100km/h 加速 7.1s，最高时速 193km/h
行驶里程	纯电动：63km；使用增程系统：644km

5. 克莱斯勒 Town & Country 电动概念车

克莱斯勒 Town & Country 电动车同样属于增程型电动车。将电动车的电驱动部件与集成式小排量发动机和发电机结合，可在必要时产生额外电能为电驱动系统提供动力。这使其续驶里程可与当下的汽油驱动车辆相匹敌，而丝毫无损其性能。采用 190kW 的电动机，Town & Country 电动车完全依靠电力驱动能够行驶 63km，总续航 644km，使其成为一款完美的节油型家用车。

克莱斯勒 Town & Country 电动概念车技术参数	
电 动 机	最大功率：200kW
增程汽油发动机	最大功率：70kW
蓄 电 池	锂离子蓄电池组
性 能	0~100km/h 加速 8.1s，最高时速 161km/h
行驶里程	纯电动：64km；使用增程系统：644km

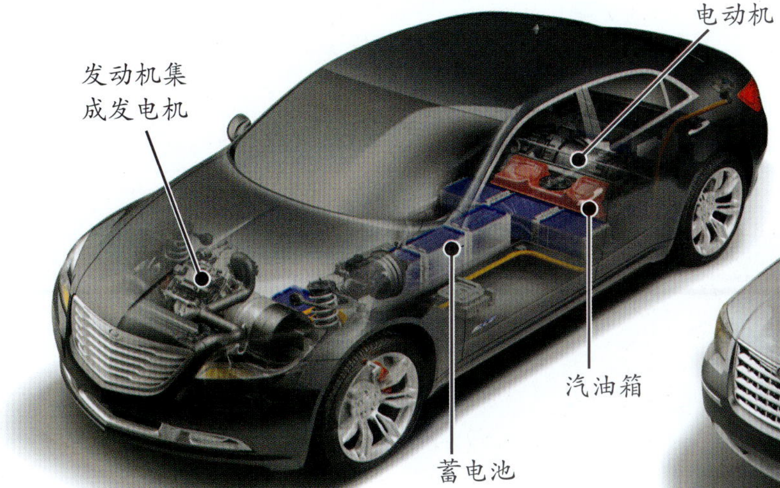

■ 克莱斯勒 200C 电动概念车

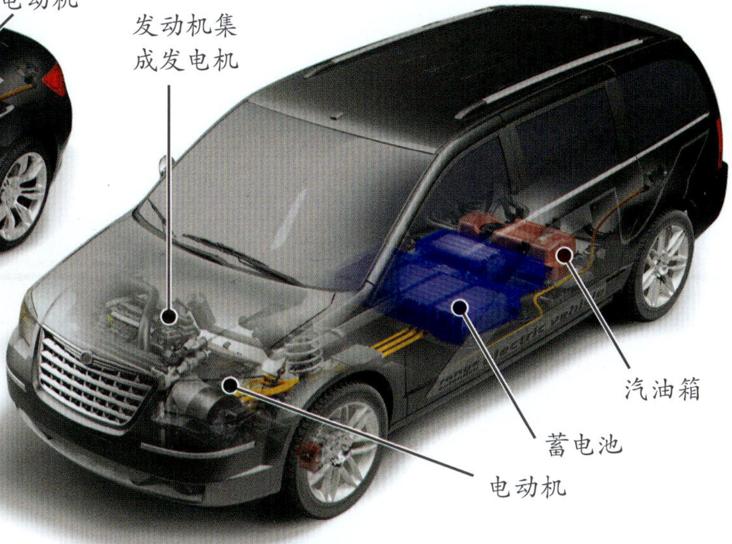

■ 克莱斯勒 Town & Country 电动概念车

十五、特斯拉电动汽车车型

特斯拉（Tesla）汽车公司成立于2003年，总部设在美国加州的硅谷地带。这家汽车公司的特点是投资者并非汽车行业巨头，而是硅谷的IT巨头。因此，特斯拉的产品最大的特色是全部采用电动驱动，完全摒弃了传统的内燃机。并且，特斯拉先前投放市场的均为高性能的跑车及汽车，完全颠覆了电动车给人们带来的动力不足的印象。

在传统汽车品牌委靡不振的时候，特斯拉却显示出其旺盛的生命力。2006年其首款纯电动跑车Roadster宣布以来，其订单就如雪片般的飞来，而由莲花代工的特斯位却以产能不足致使很多有钱人拿着钱也买不到，这款高达10万美元的纯电动跑车价格不菲，却备受青睐。

2009年，戴姆勒收购了特斯位汽车公司10%的股份，从而宣告两家公司将进入更加紧密的战略合作阶段。尽管戴姆勒在最近才进行了收购，但两家公司的合作却是早已开始。由特斯位生产的锂离子蓄电池和充电设备已经使用在了1000台纯电动的smart车型上，这批车型自从2007年就在伦敦开始了日常使用的测试。这还并不是特斯位仅有的成就，2010年，丰田向特斯位投资5000万美元，与其合作共同开发电动车。这些与世界汽车巨头的联姻无不表示了特斯拉的超前眼光以及纯电动车在未来的地位。

■ 特斯拉目前在产的2款车型：Model S（白色）和Roadster（红色）

1. 特斯拉 Roadster 电动汽车

特斯拉的第一款量产电动汽车就是这台灵感来源于莲花Elise，并且也是经过莲花调校的双座敞篷跑车。该车搭载一台215kW的AC电动机。由6831个锂离子单元组成的锂离子蓄电池组提供电力，用原厂的快速充电器充满电量仅需要3.5h，满电情况下在高速公路上可以拥有394km的超强续航力。0~100km/h加速仅仅需要4.1s，最高时速达到201km/h。

特斯拉 Roadster 电动汽车技术参数	
电动机	最大功率：215kW　最大转矩：397N·m
蓄电池	6831个锂离子单元组成的蓄电池组
性能	0~100km/h加速4.1s，最高时速201km/h
充电时间	用特斯拉的家用连接器在240V、70A的电源上只需要3.5h

■ 特斯拉 Roadster 电动汽车

2. 特斯拉 Model S 电动汽车

正处在研发阶段的Model S在2012年才能上市销售，这是一台豪华的4门汽车，特斯拉希望这台纯电动汽车的价格能在6万美元左右。就目前公布的消息来看，Model S拥有非常奢侈的空间，能容纳5个成年人和2个小孩。蓄电池可以选择三种不同的容量，分别可行驶260km、370km、480km。

特斯拉 Model S 电动汽车技术参数	
电动机	未公布
蓄电池	260km、370km、480km三种不同容量可选
性能	0~100km/h加速5.8s，最高时速193km/h
充电时间	快速充电45min，换蓄电池仅1min

■ 特斯拉 Model S 电动汽车

第五章　燃料电池汽车

燃料电池汽车是指以氢气、甲醇等为燃料，通过化学反应产生电流，依靠电动机驱动的汽车。其电池的能量是通过氢气和氧气的化学作用，而不是经过燃烧，直接变成电能或动能的。燃料电池的化学反应过程不会产生有害物质，因此，燃料电池车辆是无污染汽车，燃料电池的能量转换效率比内燃机要高 2~3 倍。从能源的利用和环境保护方面而论，燃料电池汽车是一种理想的车辆。

单个的燃料电池必须结合成燃料电池组，以便获得必需的动力，满足车辆使用的要求。

燃料电池汽车的优点包括：零排放或近似零排放、减少了机油泄露带来的水污染、降低了温室气体的排放、提高了燃油经济性和发动机燃烧效率并且运行平稳、无噪声。

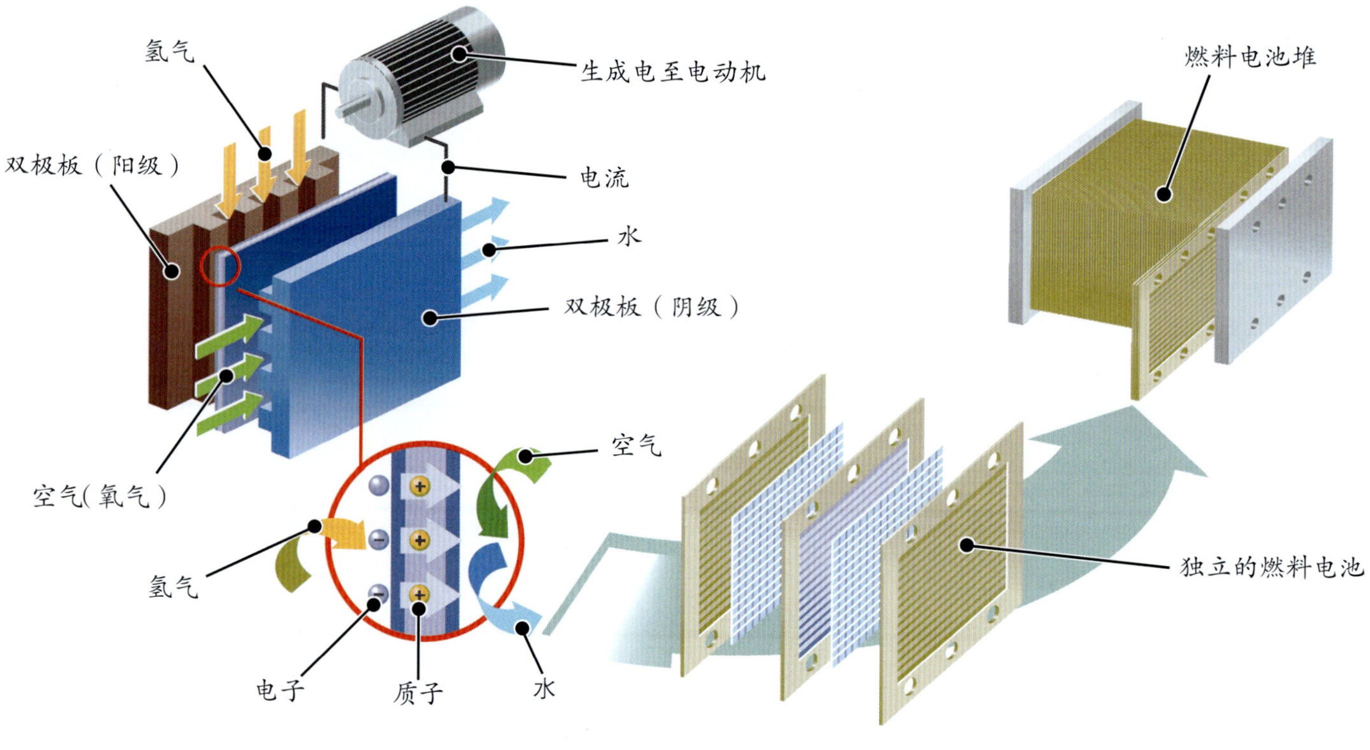

■ 燃料电池系统部件分解图

第一节　质子交换膜燃料电池原理

燃料电池分很多种，不过公认为最适合汽车使用的，是质子交换膜燃料电池。质子交换膜燃料电池发电过程不涉及氢氧燃烧，能量转换率高，发电时不产生污染，发电单元模块化，可靠性高，组装和维修都很方便，工作时也没有噪声。所以，质子交换膜燃料电池是一种清洁、高效的绿色环保电源。在燃料电池内部，质子交换膜为质子的迁移和输送提供通道，使得质子经过膜从阳极到达阴极，与外电路的电子转移构成回路，向外界提供电流。因此，质子交换膜的性能对燃料电池的性能起着非常重要的作用，其性能的好坏，直接影响电池的使用寿命。

在原理上，质子交换膜燃料电池相当于电解水的“逆”装置。其单电池由阳极、阴极和质子交换膜构成，阳极为氢燃料发生氧化的场所，阴极为氧化剂还原的场所，两极都含有加速电极电化学反应的催化剂，质子交换膜作为电解质。工作时，相当于一个直流电源，其阳极即电源负极，阴极为电源正极。

由于质子交换膜只能传导质子，因此，氢质子可直接穿过质子交换膜到达阴极，而电子只能通过外电路才能到达阴极。当电子通过外电路流向阴极时，就产生了直流电。

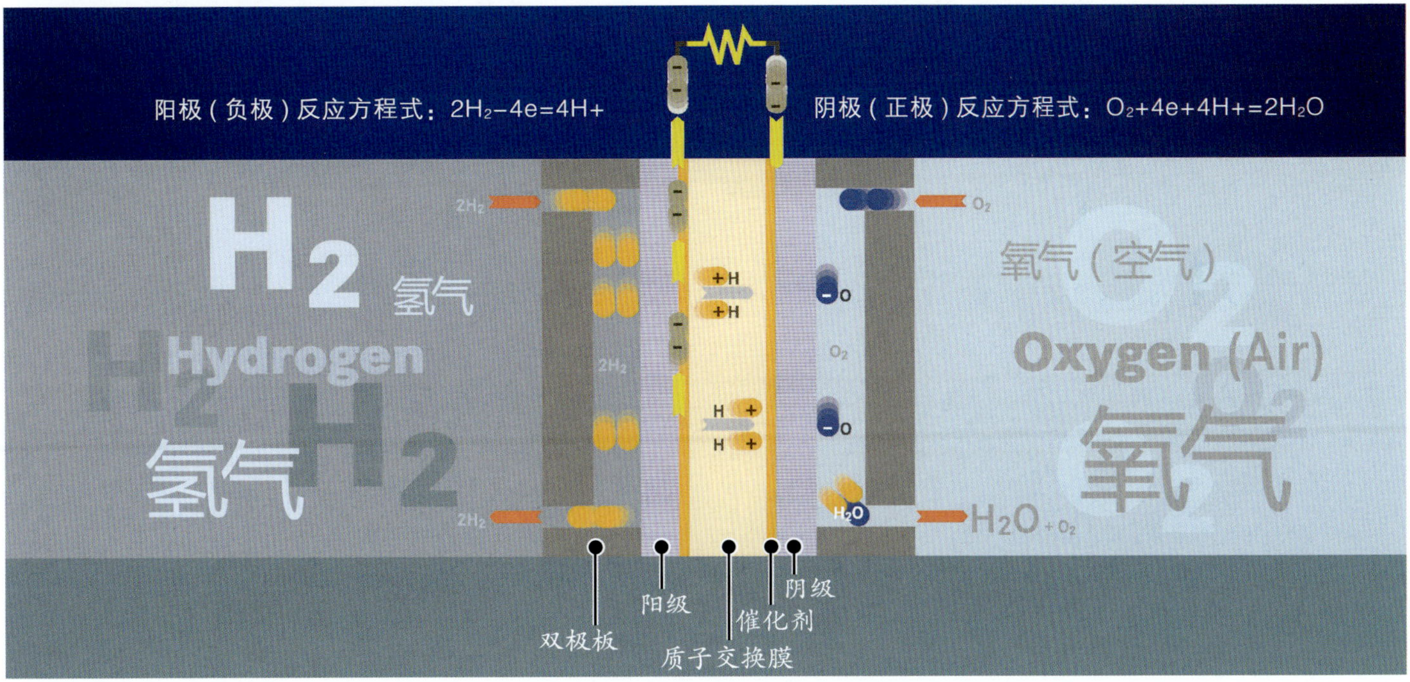

■ 质子交换膜燃料电池原理图

第二节　各品牌燃料电池汽车车型

一、本田燃料电池汽车车型

1. 本田 FCX

本田FCX自1999年首次发布“FCX-V1”燃料电池试验车后，先后经过了“FCX-V2”、“FCX-V3”、“FCX-V4”和“FCX”5代艰苦的开发历程。2002年“FCX”世界首次取得美国政府认定；同年9月“FCX”世界首次获得美国环境保护厅(EPA)“零污染车辆”认定。2002年12月2日，本田同时向日本政府和美国洛杉矶市政府交付了首批FCX，成为世界上第一家实现商品化销售的燃料电池车生产厂家。

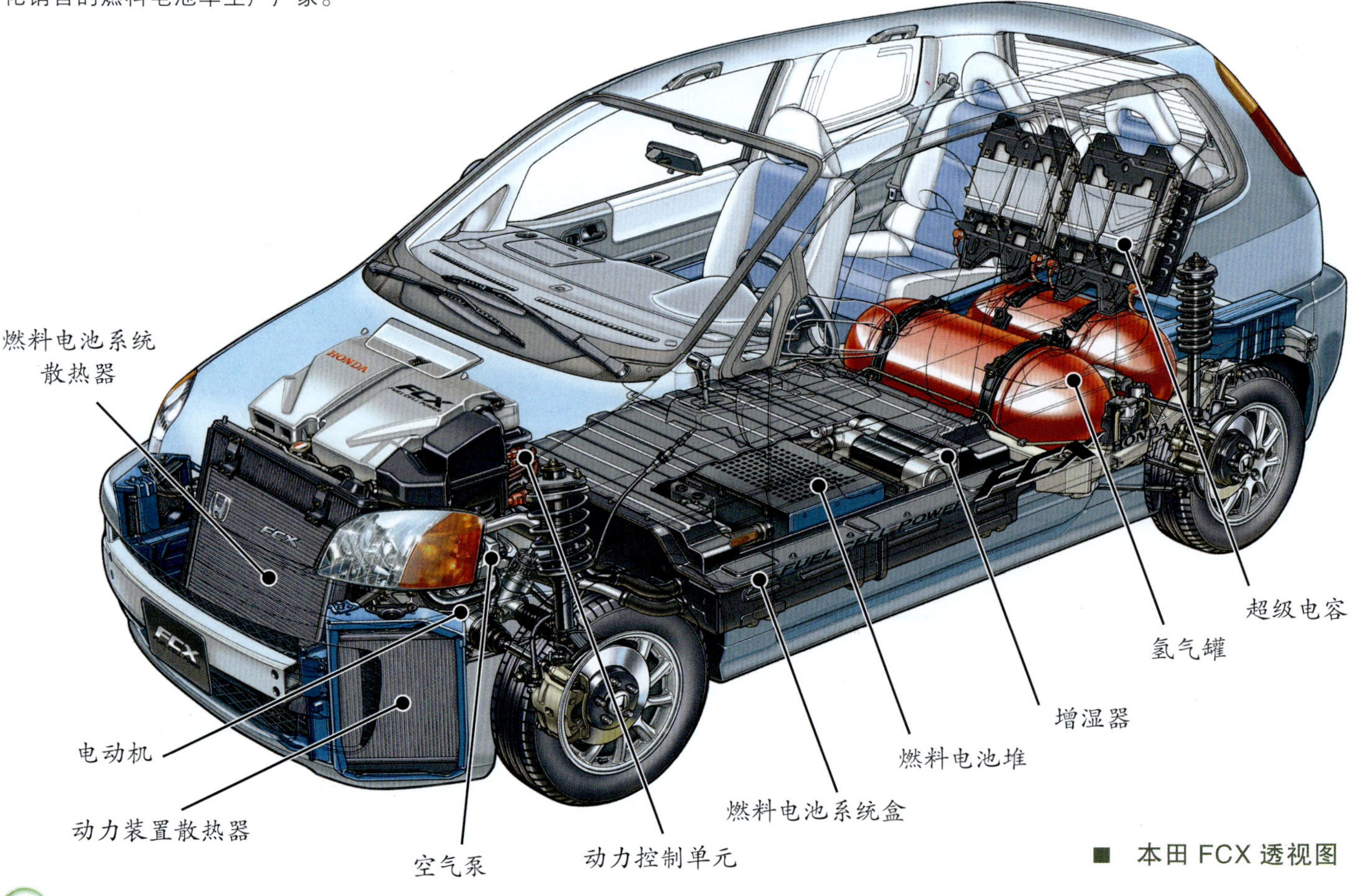

■ 本田 FCX 透视图

本田燃料电池车 FCX 的开发历程

1999

9 月，本田推出 FCX-V1 和 FCX-V2 装备了燃料电池的测试车辆

FCX-V1

FCX-V2

2000

与加州的燃料电池供应商一同发布了 FCX-V3 燃料电池车

FCX-V3

FCX-V3 发动机舱

2001

2 月，搭载了本田燃料电池堆的 FCX-V3，开始由加州的燃料电池供应商进行路试

7 月，FCX-V3 燃料电池车被日本政府许可在普通道路上测试，包括对氢气产取和补给站的测试

9 月，FCX-V4 发布

2002

2 月，FCX-V4 燃料电池车受到日本交通局许认定

3 月，FCX-V4 充当了洛杉矶马拉松赛的工作车

7 月，FCX 燃料电池车成为世界上首台受到美国政府许可可进行准商业发布的车型

10 月，本田北美公司与洛杉矶政府达成世界上首个燃料电池车商用协议

12 月，向日本和美国洛杉矶市政府交付了首批 FCX

	FCX-V1	FCX-V2	FCX-V3/V3 本田燃料电池	FCX-V4	FCX
氢气补给	储氢合金罐		高压储氢罐 25331kpa（250atm）	高压储氢罐 35463kpa（350atm）	高压储氢罐 35463kpa（350atm）
氢气储存能力			100L	137L	156.6L
燃料电池堆	PEFC（质子交换膜燃料电池）	本田生产的 PEFC（质子交换膜燃料电池）	PEFC/ 本田生产的 PEFC（质子交换膜燃料电池）	PEFC（质子交换膜燃料电池）	PEFC（质子交换膜燃料电池）
动力辅助	蓄电池	蓄电池	超级电容	超级电容	超级电容
最大功率	49kW	49kW	60kW	60kW	60kW
最大转矩	—	—	238N·m	238N·m	273N·m
最高时速	—	—	130km/h	140km/h	150km/h
巡航里程	—	—	180km	315km	355km
座位数量	2	2	4	4	4
储物舱空间	—	—	—	98L	102L

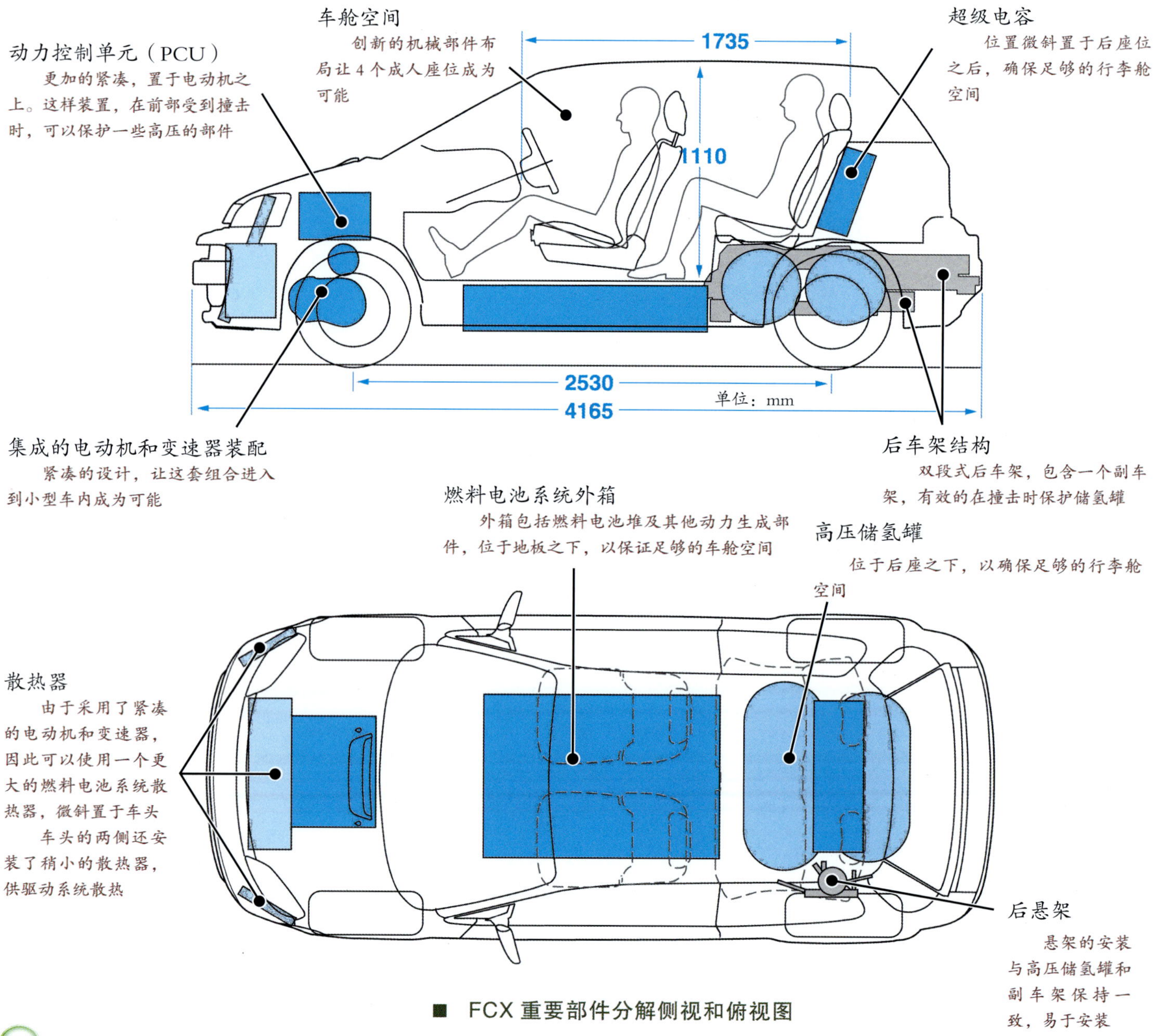

■ FCX 重要部件分解侧视和俯视图

■ 本田 FCX 仪表功能分解图

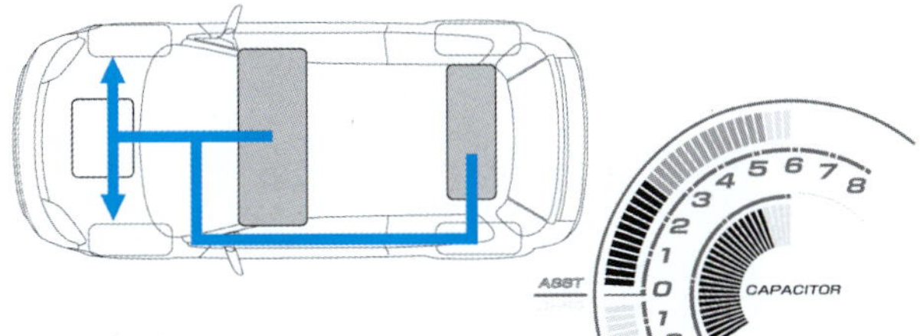

起步和加速时
（输出由燃料电池堆和超级电容提供）
超级电容在极短的时间内辅助燃料电池达到最大的性能

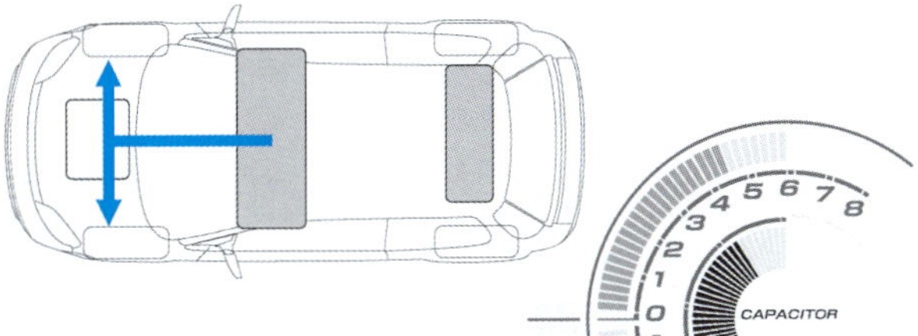

轻微加速和巡航时
（输出只由燃料电池提供）
燃料电池负责给电动机提供必须的动力，电容不用辅助

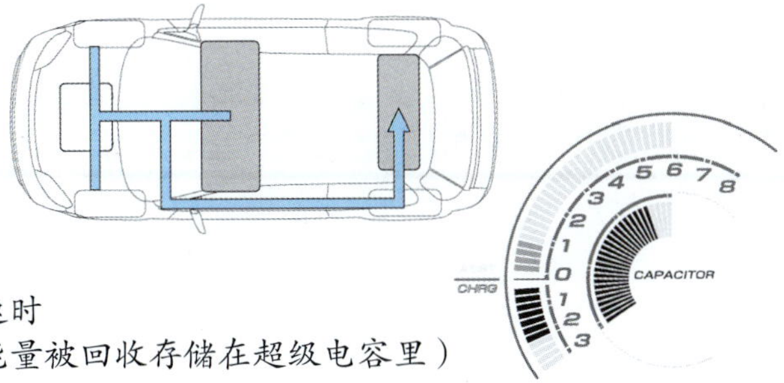

减速时
（能量被回收存储在超级电容里）
超级电容能回收在制动时产生的能量，有效地提高能源效率

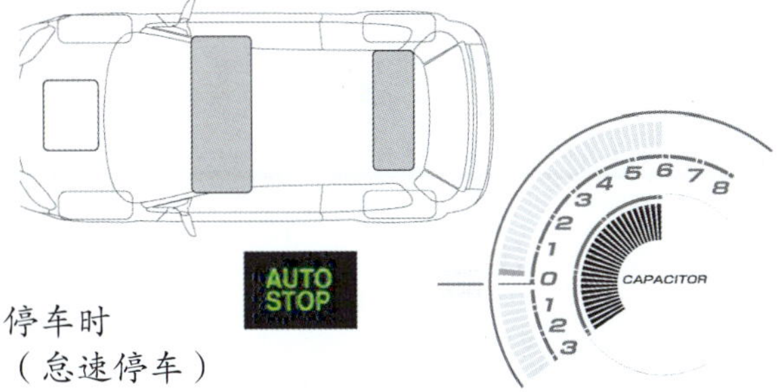

停车时
（怠速停车）
自动怠速停车系统将切断从燃料电池输送过来的输出，以节省燃料消耗。系统在感应到驾驶人操纵的起步信号后，可迅速由燃料电池和超级电容协同提供所需的动力

■ 本田 FCX 的能量管理

2. 本田 FCX Clarity

本田一直认为以氢为燃料，具备出色的续航性能和行驶性能，排放物只有水的燃料电池电动车，是未来社会终极的环保汽车。因此，本田从FCX一路研发，直到现在已经开始量产的FCX Clarity。FCX Clarity具有零下30°C的低温起动功能，续航能力达到620km。如今FCX Clarity已在日本和美国市场进行租赁销售，是一款具有真正实用价值的环保车型。

FCX Clarity以本田独创的燃料电池堆“V Flow FC Stack”技术为核心，实现了燃料电池电动车特有的未来感设计、先进的整体封装布局，以及出色的驾驭感受。不仅具备不排放CO_2的清洁性，还赋予汽车独特的新价值和新魅力。

换挡装置

小型便于操纵的“电子线控换挡技术”

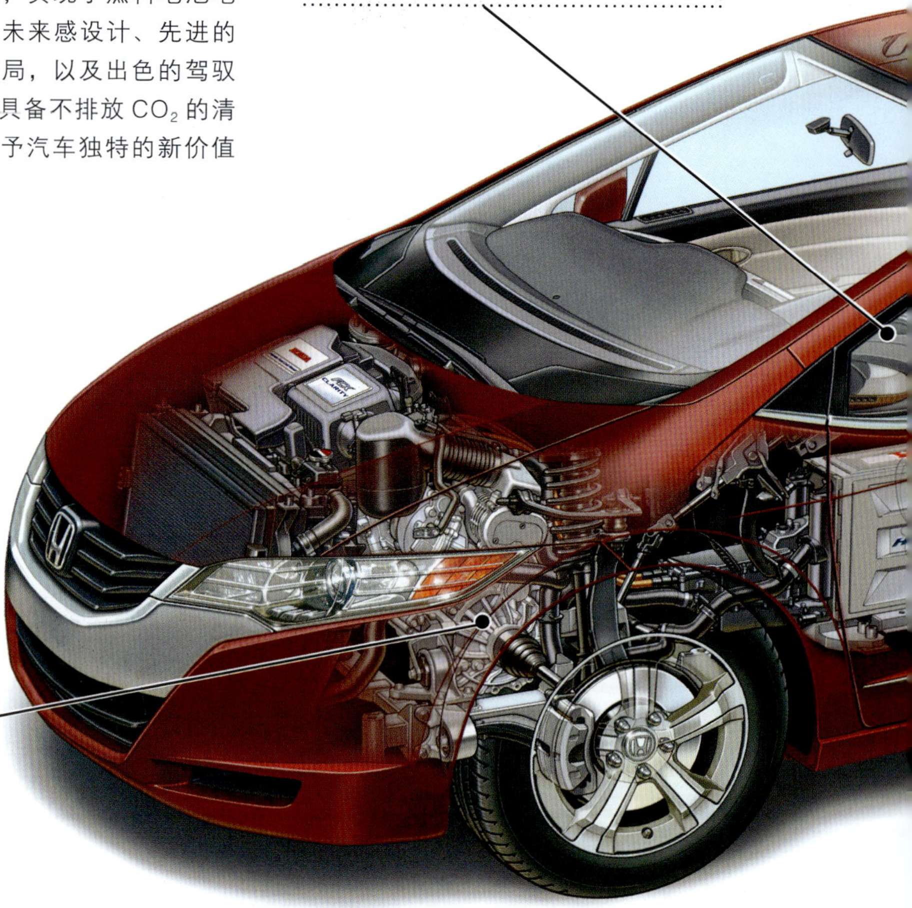

电动机

FCX Clarity采用的电动机功率达100kW，与上一代相比，整体动力单元的质量功率密度提高1倍，体积功率密度提高1.2倍，实现了轻质小型化和高功率的高度统一。此外，节能性提高20%，续航里程提高30%。

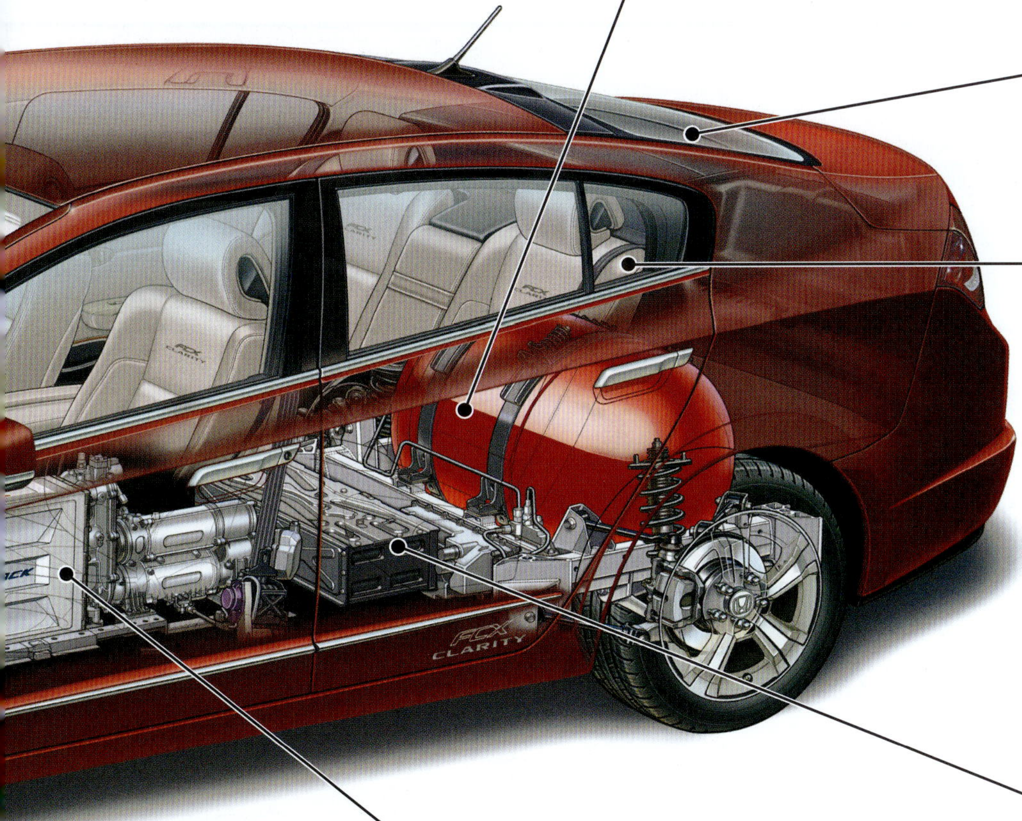

高压储氢罐

采用 350 个标准大气压储存的氢气罐，可容纳 171L 氢气

可视后车窗

采用具备视野控制功能的单向可视后车窗，在保证良好的后方视野的同时，确保了行李舱的私密性

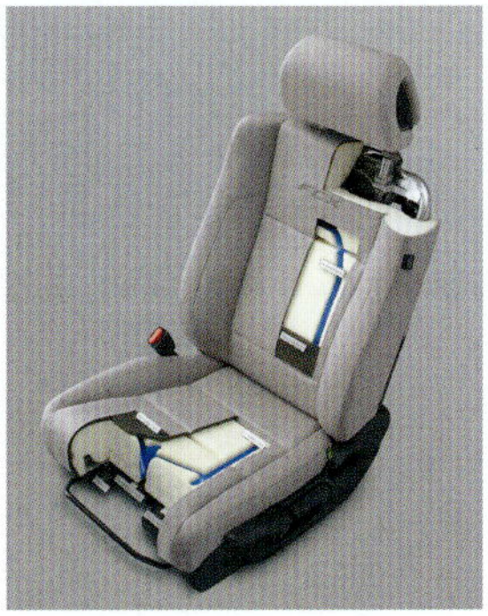

温控座椅

全车座椅均配备具有冷暖空调功能的温控座椅。并采用世界首创植物型新材料“本田生物纤维”

锂离子蓄电池

它比 FCX 上的超级电容轻了 40% 并小了一半，因此可以很容易地安置于后排座椅之下。这能获得更多的后排座空间和储物空间

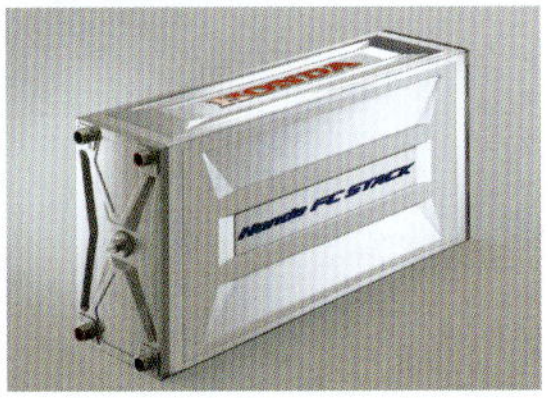

小型轻量化燃料电池堆“V Flow FC Stack”

FCX Clarity 搭载本田新开发的燃料电池堆“V Flow FC Stack”，采用本田独创的氢气和空气竖直流动的“V Flow 电池单元构造”，还采用使氢气和空气波状流动的“波状隔板”，和上一代相比，性能有了飞跃性提高，并实现了轻质和小型化

■ 本田 FCX Clarity 透视图

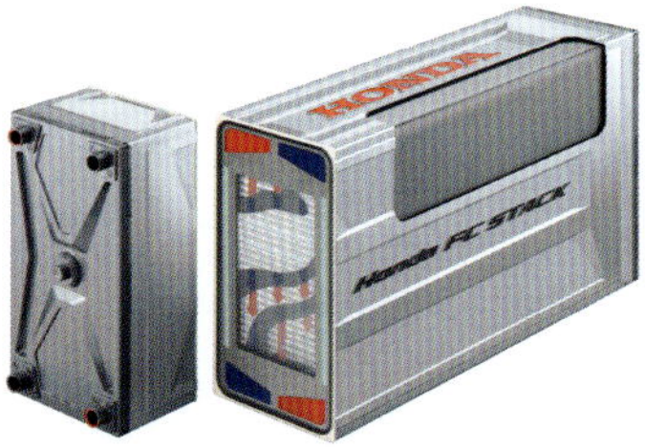

本田新型燃料电池堆

新型燃料电池堆的最高功率提升至 100kW，与上一代燃料电池堆相比，体积功率密度提高 50%，质量功率密度提高 67%。另外，低温状态起动性能也得到大幅度提高，最低可在 –30°C 正常起动。

技术阶段	1999 年	2003 年	2006 年
燃料电池堆外形	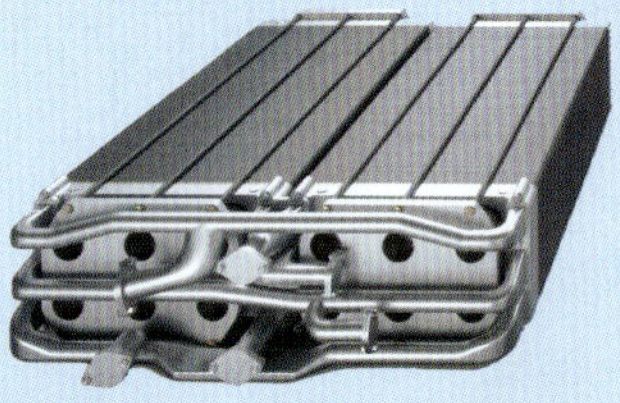	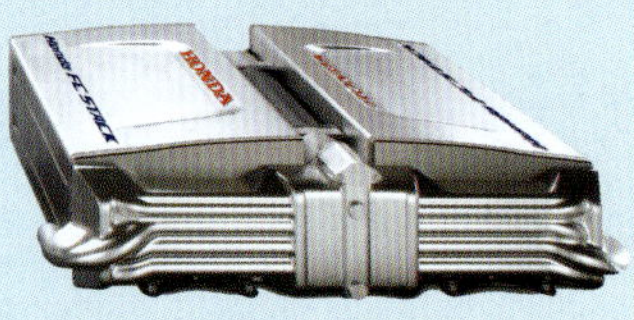	
特　　点	本田最早自制的电池堆，采用了当时流行的氟电解质膜和切削碳隔离板结构，作为车载用电池堆，其体积相当大	燃料电池堆在世界上首次实现零下 20℃以下可正常起动，具有划时代意义。采用芳香型电解质膜以及冲压金属隔离板	将双盒型电池堆改造为单盒型电池堆结构。体积的变小使电池堆可以纵向放置，有效地提高了排水性能，而且稳定了电压
	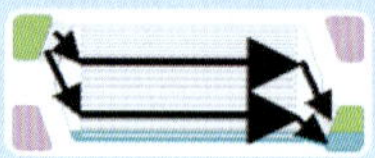 传统电池堆布局：氢气和生成的水横向流动 装置包括燃料电池在内的动力总成，所需空间较大，但由于室内空间及整体布置都有所限制，因而只能采用类似 SUV 那样的设计		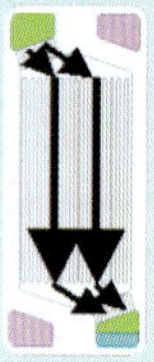 传统电池堆布局：氢气和生成的水纵向流动 采用将小型化的燃料电池堆纵向装置在中央通道内的设计，满足了未来汽车设计的需求
输出功率	60 kW	86 kW	100 kW
尺　　寸	134 L	66 L	52 L
质　　量	202 kg	96 kg	67 kg
电解质膜	氟电解质膜 最高工作温度：80℃	芳香型电解质膜 最高工作温度：95℃	芳香型电解质膜 最高工作温度：95℃
堆结构 / 电池结构	螺栓紧固，切削碳隔离板 单独密封	嵌板箱形结构， 冲压金属隔离板，成组密封	单箱堆结构，V Flow 结构 波浪流体隔离板

■ 本田燃料电池堆发展历程

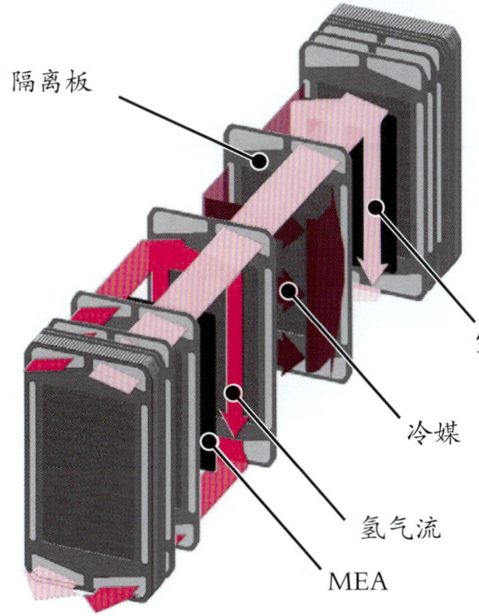

■ 波浪形通道隔离板结构图

垂直气体流动（V Flow）单元结构

氢气和空气（氧气）纵向流动，生成的水在重力作用下可更顺畅地排出，由此可以防止生成的水停留在发电层面上，确保发电的持续稳定性。另外，纵向流动还可使流动通道更畅通，通道深度减少17%，电池单元更薄、体积更小。

燃料电池是由膜电极组件（MEA）组成，它依次地包含在有氢气、空气和冷媒气流通道的隔离板之间。是一个由氢气和空气电级形成的一对电极层和扩散层之间的夹层。

垂直气体流动（V Flow）燃料电池堆由波浪形的垂直气流通道组成，这些气流通道负责氢气和空气的导向，在它们之前，还有水平的冷媒流动通道。

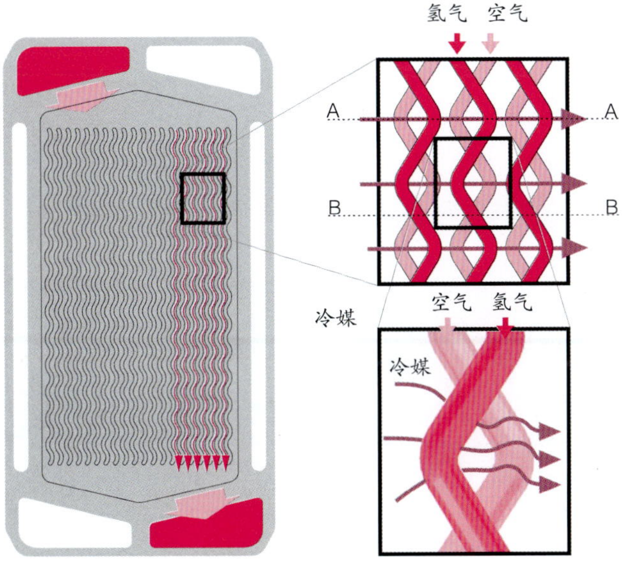

■ 波浪形通道隔离板剖面图

波浪形（Wave）通道隔离板

氢气和空气的流动通道呈波浪形状，冷媒则沿横向流动。波浪形流动通道不仅比以往的直线通道长出一条通道的长度，而且可改变流动方向，提高了氢气和空气的扩散性。同时，冷媒出入口的横向布置可以扩大氢气和空气的通道，最终使发电能力比以往的本田燃料电池堆提高10%。

另外，冷媒的横向流动还可以保持很好的冷却效果，避免了以往电池单元之间所必需的冷却层，使燃料电池堆质量减小约30%，积层长度缩短约20%，达到了飞跃性的轻量化和小型化。

功能高度整合的储氢罐

FCX 采用了两个储氢罐的设计，而 FCX Clarity 则只有一个。这能给后座乘客提供更多的空间，包括储物空间。补给系统中的截流阀、调节阀、压力感应器和其他部件都集成在一个罐内模块中，部件减少 74%，这样可以让储氢罐的容量更大，让汽车行驶得更远。

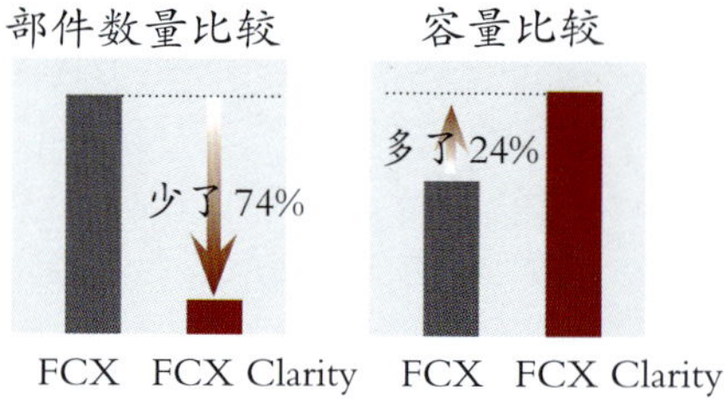

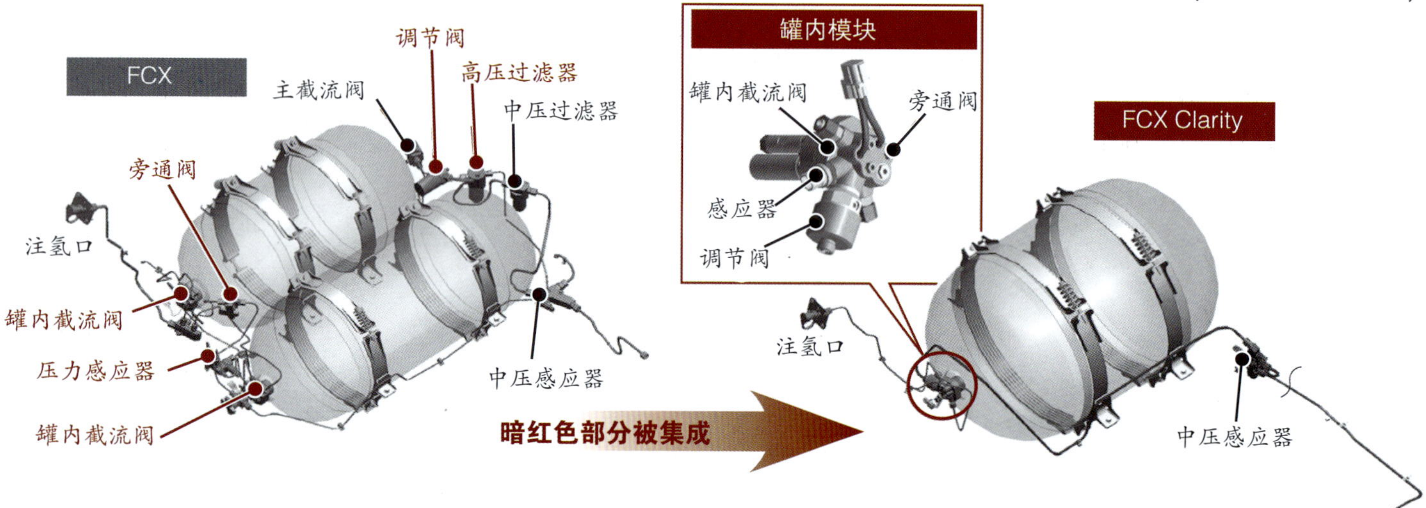

■ FCX 与 FCX Clarity 储氢罐比较图

紧凑高效的锂离子蓄电池占用极小空间

车辆的补充动力源和全新的锂离子蓄电池，能在必要时提供额外的动力辅助并能回收能量。它比 FCX 上的超级电容轻了 40%，体积小了一半，因此，可以很容易地安置于后排座椅之下。这能获得更多的后排座空间和储物空间。

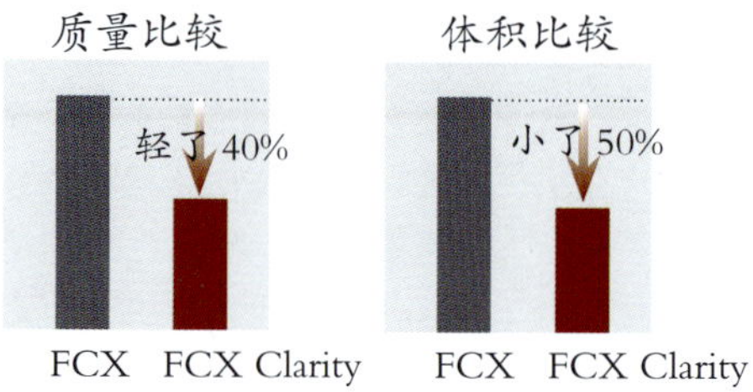

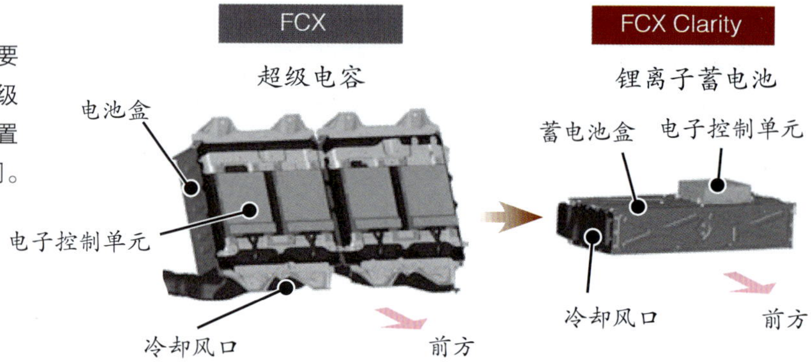

■ 超级电容和锂离子蓄电池比较图

线传操控技术

FCX Clarity 的固定齿轮比让操作变得更简单：只需要选择前进、后退和停车即可。紧凑的换挡装置完全电子控制，非常特别的安装在仪表台上。换挡装置、起动按钮和驻车按钮都非常容易操作。其他的操控系统同样布局合理，符合人体工程学。

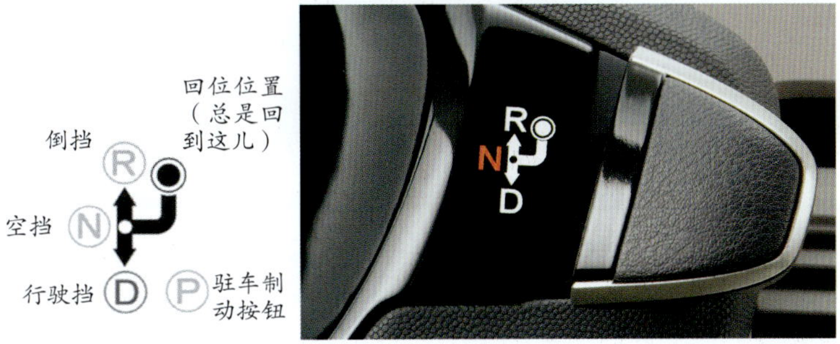

■ FCX Clarity 的线传操控技术

新型生物纤维座椅

为将生产过程 CO_2 排放量减少到最低，本田开发出了以植物为原料，耐久、抗光的生物植物纤维内饰。构成这种新型生物纤维的 PPT（Polypropylene terephthalate）聚脂材料，是从玉米提炼物与石油成分中的对酞酸重合生成的。由于是复合纤维，在具备布质材料的稳定性的同时，还具备纤维的可伸缩特性，因此手感十分舒适。

与以往的石油聚合材料相比，本次开发的以植物为原材料的新型生物纤维，在生产过程中的能源消耗降低了 10%~15%，每生产一辆汽车时，排放的 CO_2 可减少约 5kg。此外，生产这种新型生物纤维，不需要改变现有的纺织工艺。因此，量产性能非常高。这种材料已被成功应用在 FCX Clarity 的内饰和座椅表面。

■ FCX Clarity 的新型座椅面料

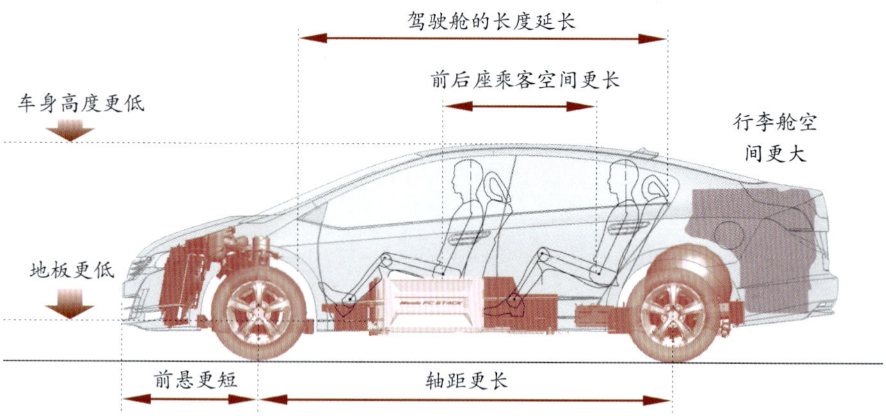

■ FCX Clarity 的布局特点

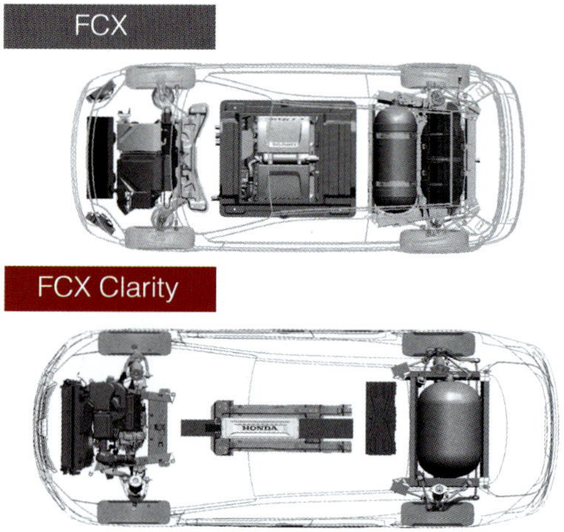

■ FCX 与 FCX Clarity 的布局对比图

FCX Clarity 的主要动力源是燃料电池，由氢气产生电力。随着驾驶人的各种驾驶需求，动力驱动单元（PDU）将统管电动机、蓄电池、燃料电池和储氢罐进行协同工作。

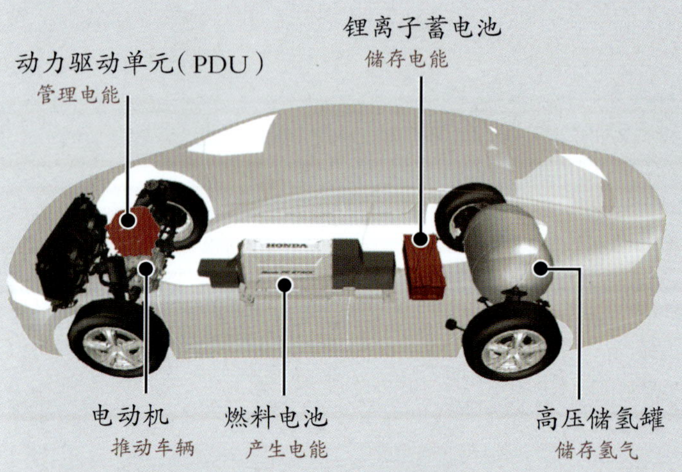

■ FCX Clarity 的主要部件

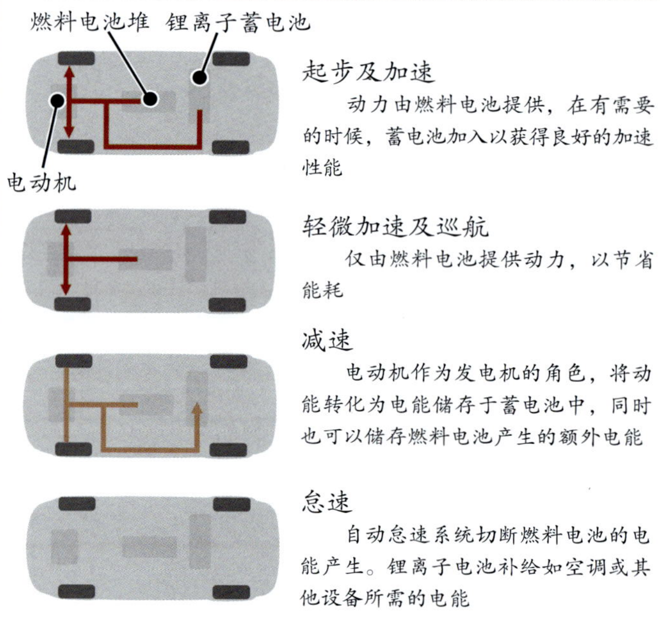

■ FCX Clarity 的能量管理

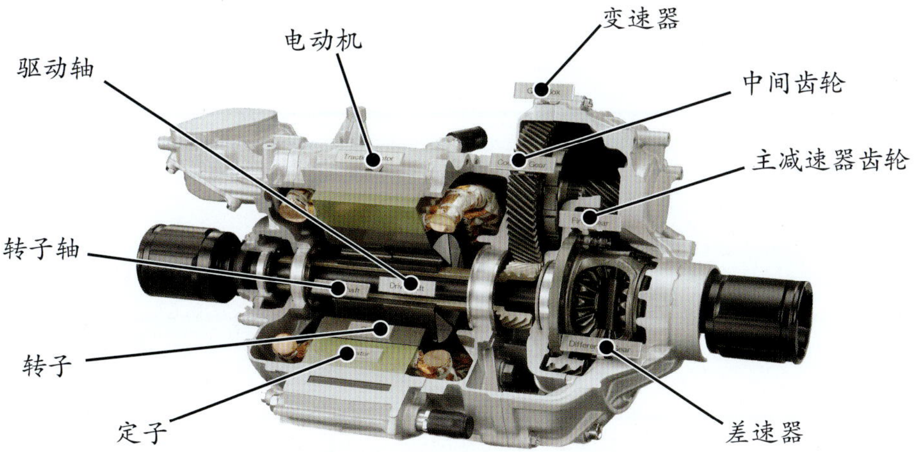

■ FCX Clarity 电动机分解图

变速器与电动机同轴设计

电动机的转子轴采用中空设计，而驱动轴则从中间穿过形成同轴构造。这样的布局可以让电动机和变速器结合成为一个紧凑的整体，同时也能提高效率。更独特的轴承和更少的转子油封设计，能有效地降低摩擦，提高变速器效率，建立更直接的驾驶感觉。

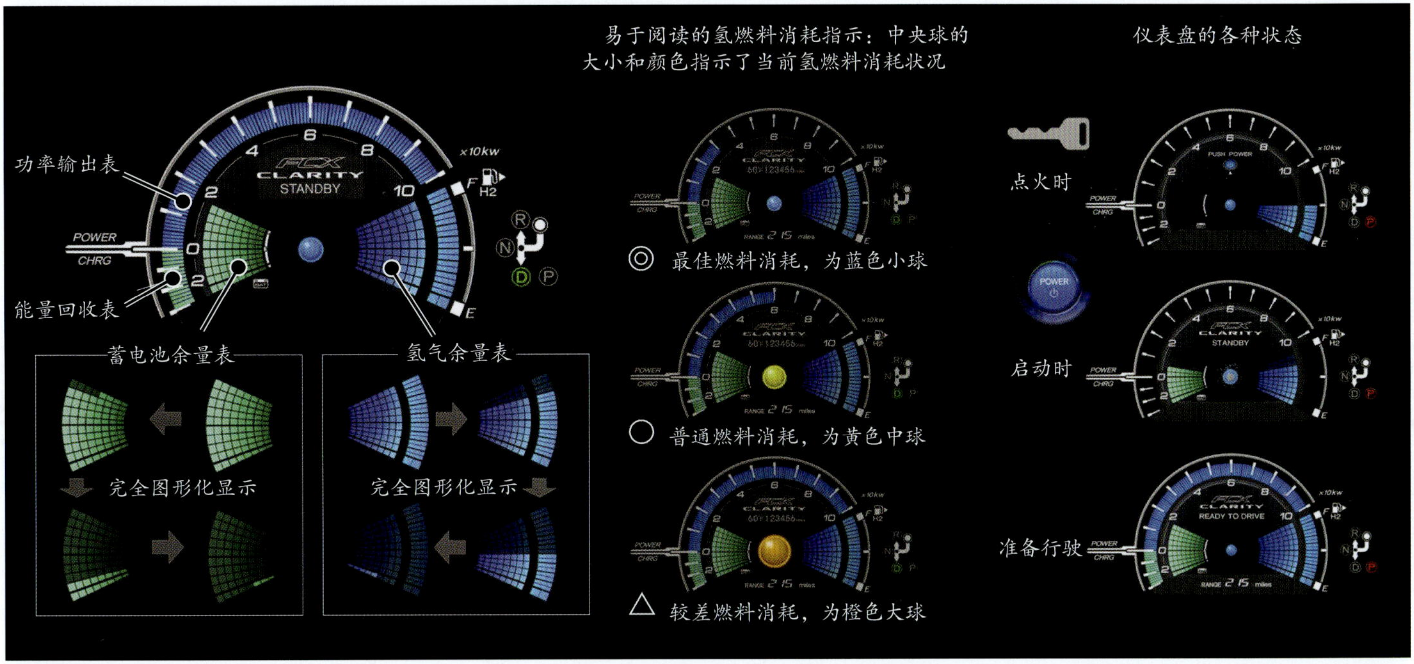

■ 本田 FCX Clarity 仪表盘

二、奔驰燃料电池汽车车型

1. 奔驰燃料电池汽车发展简史

1994

奔驰发布了世界上第一台燃料电池车，名为 NECAR（新电动车的英文简写）。这台燃料电池车以奔驰 100 MB 多用途车为基础，它的燃料电池占据了这台车的整个车厢。

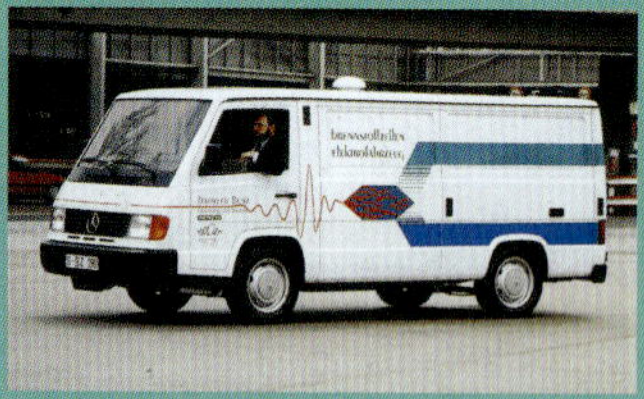

1999

基于 A 级车的 NECAR 4 面世，这台用燃料电池推动的电动车最大功率达到 70kW，其燃料电池和储氢罐以夹层的布局方式置于车辆地板下面，为更多的乘客舱空间提供了保证。NECAR 4 的最大巡航距离达到了 200km。

2003

基于奔驰 Citaro 的 30 台燃料电池驱动大巴在马德里和斯图加特投入到商业运营当中。其他的城市，包括澳大利亚的珀斯和北京也进入了运行计划之中。直到 2006 年，这些燃料电池大巴已经运行超过 135 000h，总里程达到 200 万 km。

2004

奔驰交付了 10 台燃料电池车给柏林的终端消费者。基于 A 级车的燃料电池车可以在清洁能源合作项目（CEP）提供的公共加氢站进行氢燃料的补充。

2009

奔驰发布了接近于量产的 BlueZERO 概念车，这是一个驱动部件模块化的概念车，可用纯蓄电池或燃料电池驱动，在电动机和小排量内燃机的协同下，可增加不少行驶里程。

2009

奔驰开始小批量生产第一款燃料电池车：奔驰 B 级 F CELL，得益于 70MPa（700bar）的高压储氢技术，这台 100kW 功率的燃料电池车可以行驶 400km 左右，完全能适应日常用途。

2. 奔驰 B 级 F-Cell 燃料电池车

在 2005 年的日内瓦车展上，当年的戴姆勒・克莱斯勒作为燃料电池驱动的先行者，发布了新一代燃料电池汽车：奔驰 B 级燃料电池车，从而将燃料电池汽车家族的车型范围拓展到运动旅行车。

作为一款适合旅行、家庭和休闲的汽车，B 级车采用了奔驰创新的夹层式车身结构，这种独特的设计，非常便于应用燃料电池动力系统。B 级燃料电池车的高转矩电动机，能输出超过 100kW 的功率，比前一代 A 级“F-Cell”的功率高出 35kW。在这惊人的技术数据背后，暗示着 B 级燃料电池车充满活力的驾驶感受与零排放运行的完美融合。

在减少了燃料消耗并进一步提高了存储容量之后，B 级燃料电池车的续航里程已达约 400km。 2009 年底，B 级燃料电池车型正式投入批量生产，首批 200 台于 2010 年初交付欧洲和美国市场上的消费者。

■ 氢气加注口

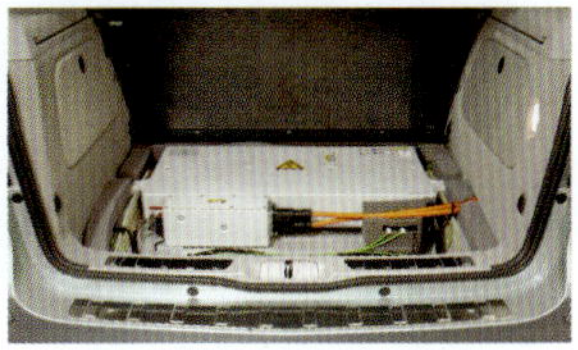

■ 锂离子蓄电池

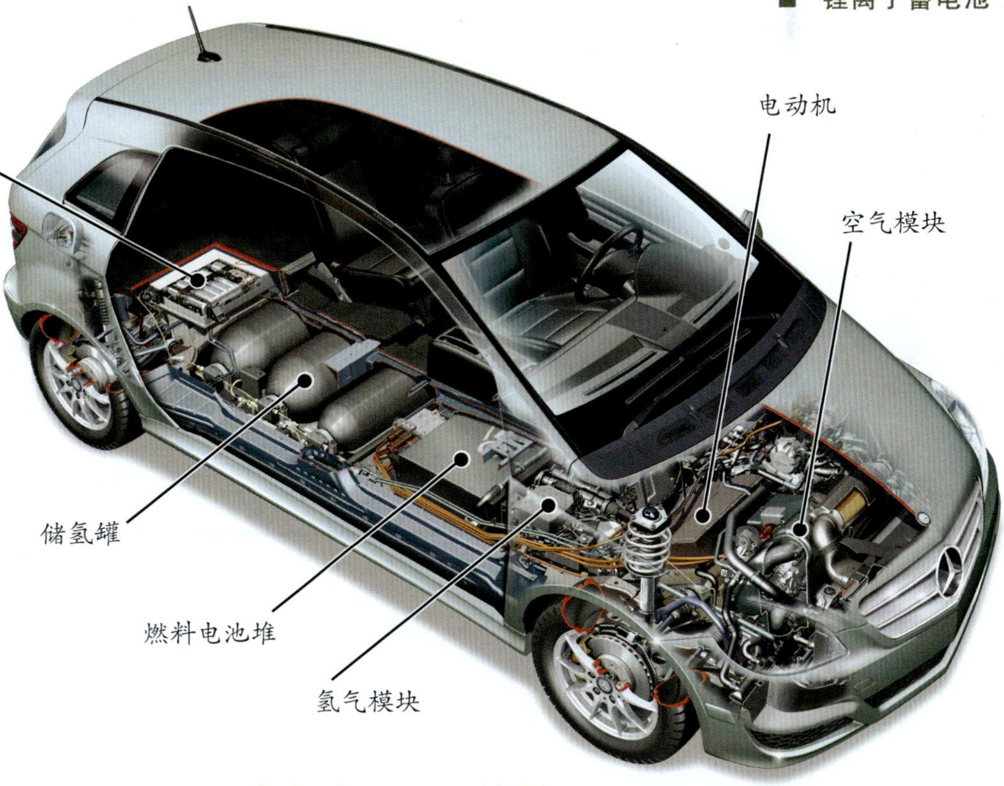

■ 奔驰 B 级 F-Cell 透视图

奔驰 B 级燃料电池车技术参数	
电　动　机	最大功率：100kW 最大转矩：290N·m
蓄　电　池	锂离子蓄电池 最大容量：1.4kWh 最大输出：35kW
续航里程	纯电动模式最大 385km
性　　能	0~100km/h 加速 4.8s 60~120km/h 加速 4.1s 最高时速限速 170km/h
燃料消耗	等同于柴油 3L/100km
低温起动	−25℃以下

3. 奔驰 BlueZero 燃料电池概念车

奔驰在 2009 年的北美车展上，发布了三款 BlueZERO 电动概念车。它们虽然都采用相同的外观设计，总长也同为 4.22m，但动力驱动系统却截然不同。

BlueZERO E-CELL 概念车

大容量锂离子蓄电池可储存足以供日驾车所需的能量

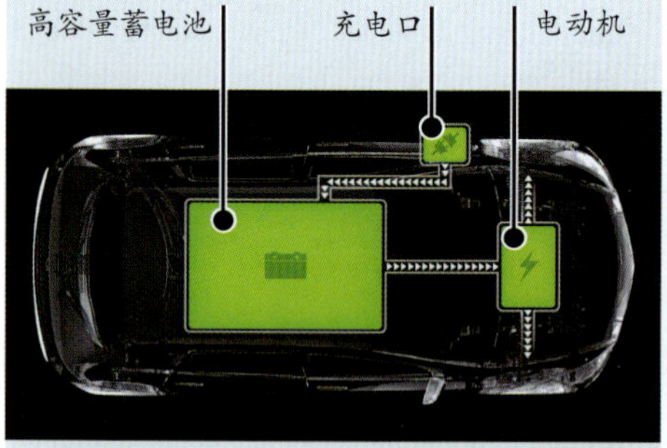

工作原理：在静态起动时即可提供全部动力；使用单速变速器，即产生持续驱动。

特点：近乎无噪声的驱动系统，带来全新的驾驶感受，它能在行驶过程中实现能量恢复 / 回收，即在制动和下坡行驶时将动能转化成电能，增加可行驶里程。蓄电池组件置于车辆地板之下，不影响车内舒适性，拥有正常大容量存储空间 。

BlueZERO F-CELL 概念车

燃料电池从氢气和氧气的化学反应中产生所需的能量

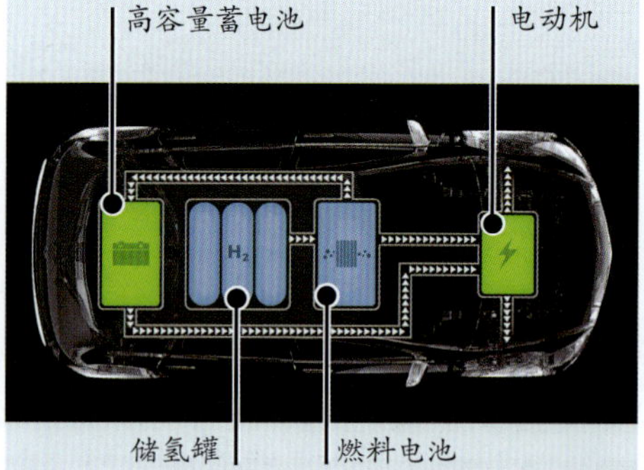

工作原理：氢气在燃料电池中与氧气发生反应，由此产生电流，这些电能被储存在电池中，再由发动机驱动车辆，它能实现零排放，排放出的仅仅是水。

特点：在制动和下坡行驶时进行能量恢复，恢复的能量储存于锂离子蓄电池中。以 70MPa（700bar）的气压储存的氢气可供车辆行驶的里程长达 400km。以此燃料电池系统驱动的奔驰 B 级车已经在 2010 年实现小批量投产。

BlueZERO E-CELL PLUS 概念车

3 缸汽油发动机驱动发电机不断发电并储存在锂离子蓄电池中

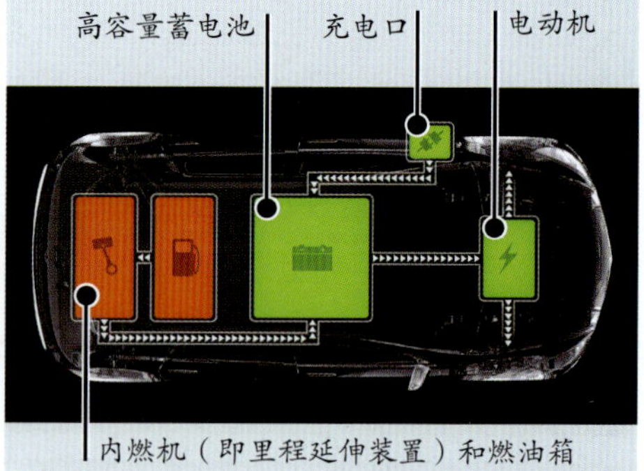

工作原理：通过正常的电源插座从外部为锂离子蓄电池充电，充电一次足以供车辆行驶 50km。

在制动和下坡行驶时将动能转化成电能。当蓄电池电量较低时，位于车辆尾部的三缸汽油发动机将自动起动并通过发电机为蓄电池充电。3500r/min 的发动机恒定转速，确保 CO_2 的低排放量。电力驱动和汽油驱动模式组合使用时，最大行驶里程可达 600km。

BlueZERO E-CELL 概念车

充电功率为 15kW·h，蓄电池电量在大约 2h 内充足，充电 30min 可驱动汽车行驶 50km。

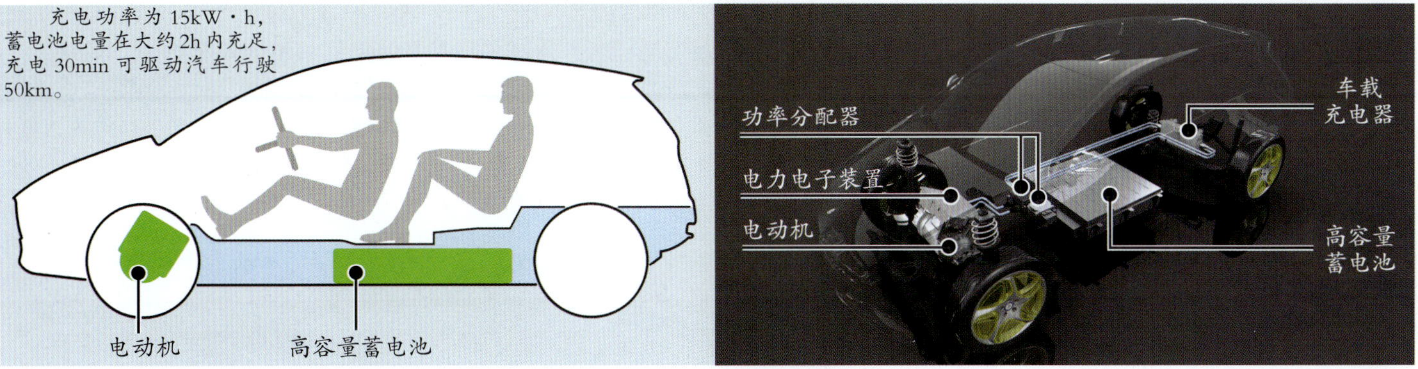

BlueZERO F-CELL 概念车

可再生的氢气是未来的燃料，与燃料电池组合使用，能确保车辆零排放和零 CO_2。

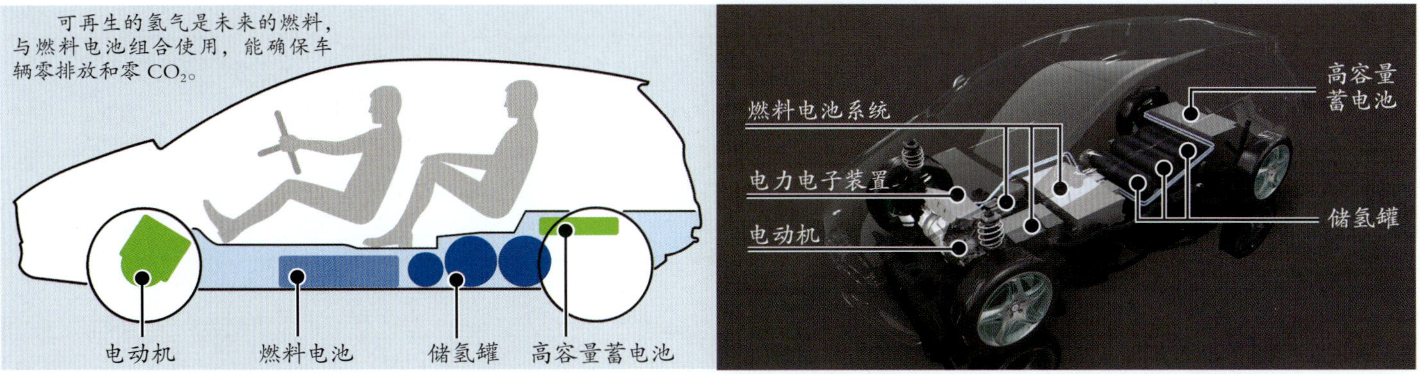

BlueZERO E-CELL PLUS 概念车

所有驱动部件都采用夹层式地板布局，因此获得了更多的空间：除了 5 名乘客外，还有 500L 的行李舱空间。

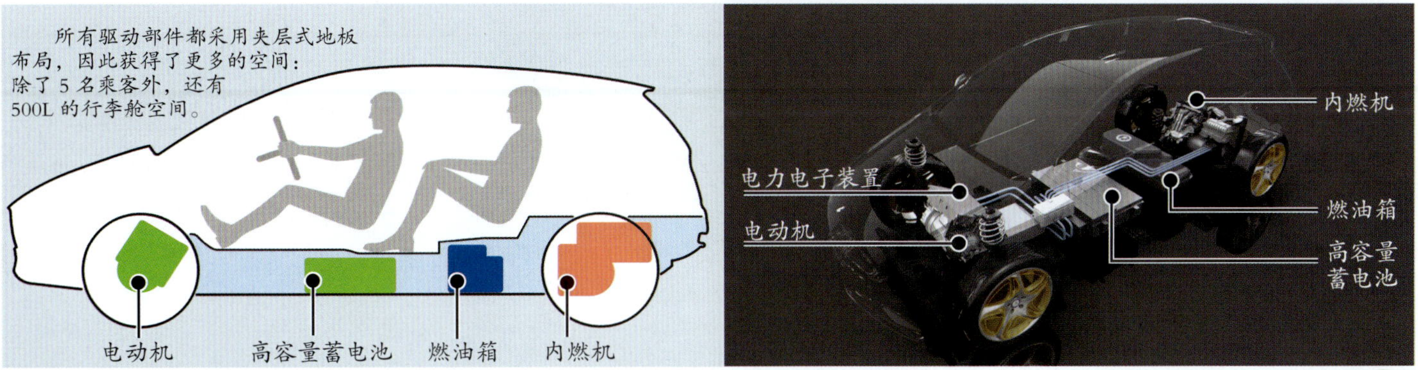

三、通用燃料电池汽车车型

1. 通用 HydroGen3

通用 HydroGen3 燃料电池车技术参数

电动机	最大功率：60kW 最大转矩：215N·m
燃料电池	质子交换膜燃料电池 持续功率：94kW；峰值功率：129kW
续航里程	液态氢：400km 压缩氢：270km
性能	0~100km/h 加速 16s 最高时速限速 150km/h

基于欧宝赛飞利的“氢动三号”燃料电池汽车，由 200 块相互串联在一起的燃料电池单元组成的燃料电池堆产生电力。燃料电池堆所产生的电能传递给电动机后，通过功率为 60kW 的三相异步电动机驱动车辆行驶，几乎不产生任何噪音。“氢动三号”0~100km/h 的加速时间约为 16s，最高时速达到 150km/h。氢储存罐分为两种，一种罐为内储存的是温度为 -253℃的液态氢，另一种罐为内储存的是承受最高压力可达 70MPa（700bar）的压缩氢。一次充气行驶里程分别可达 400km 和 270km。

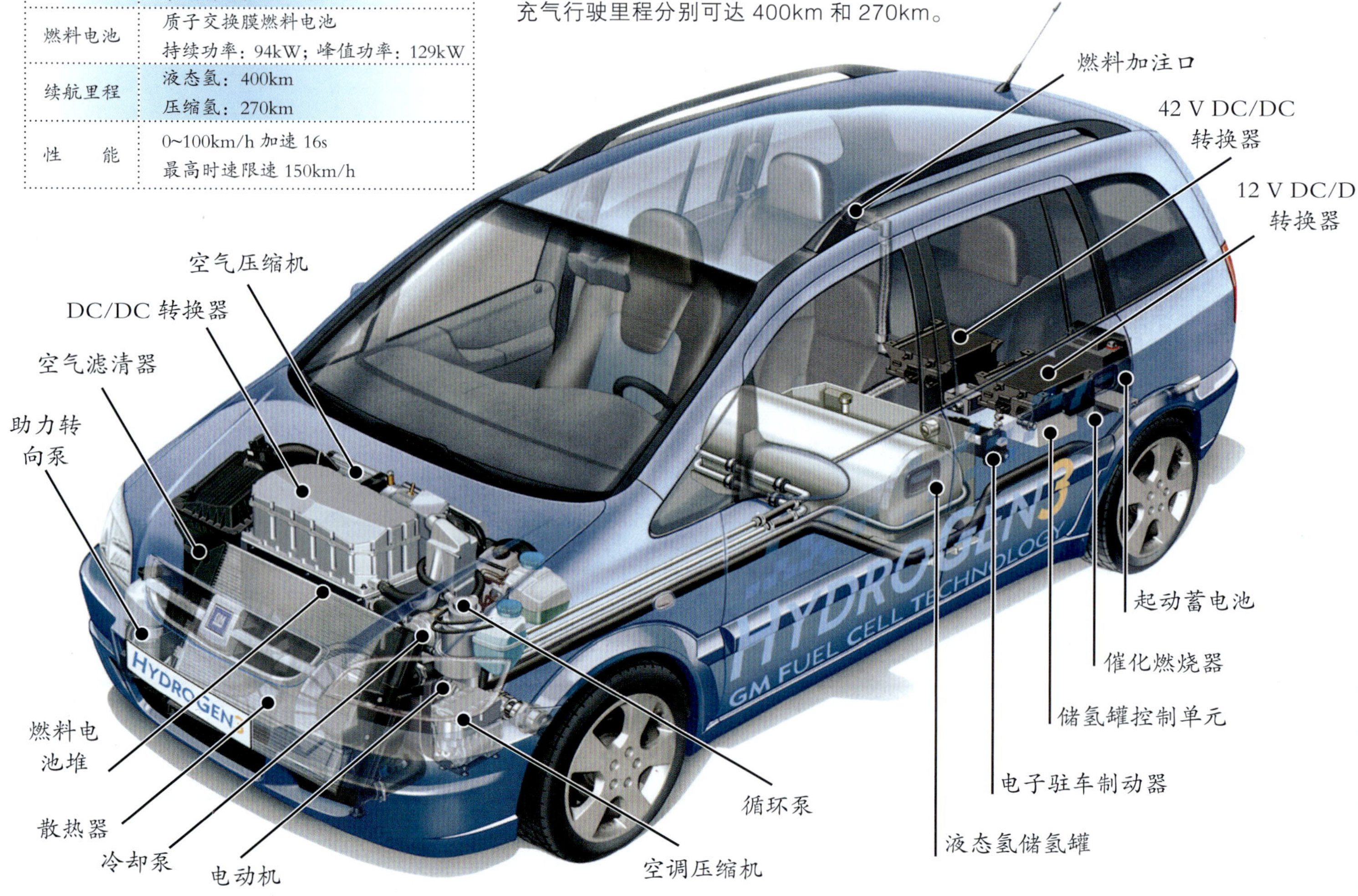

■ 通用 HydroGen3 透视图

高度集成的驱动底盘，可随心所欲选择车壳。

2. 通用 AUTOnomy 概念车

通用 AUTOnomy 概念车在 2002 年北美车展上全球首发。该车将全新燃料电池驱动系统与线传操控电子控制技术相结合，汽车的操控系统、制动系统和其他车载系统使用线传操控电子控制技术，将汽车的动力和操作系统全部压缩在 0.1524m（6in）厚的底盘内。消费者可以根据各自需要购买多种车身或内饰与同一底盘搭配。另外该概念车的特点是采用氢气作为新型燃料电池的能源，尾气管排放的是水，也使 AUTOnomy 概念车成为环保型汽车的代表。

■ 车辆驱动系统的演变

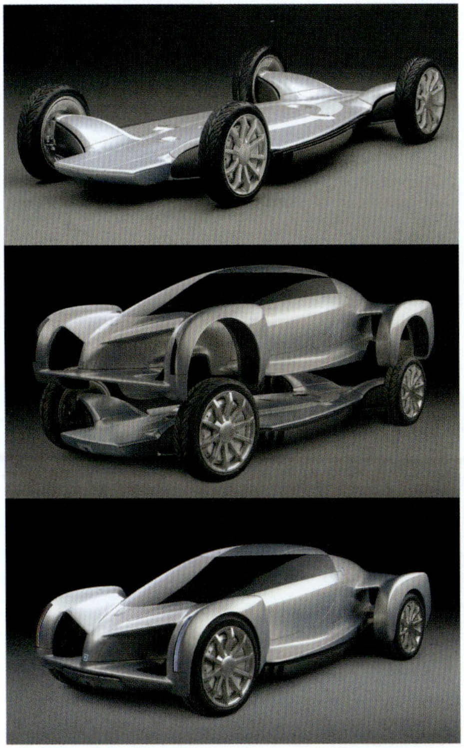

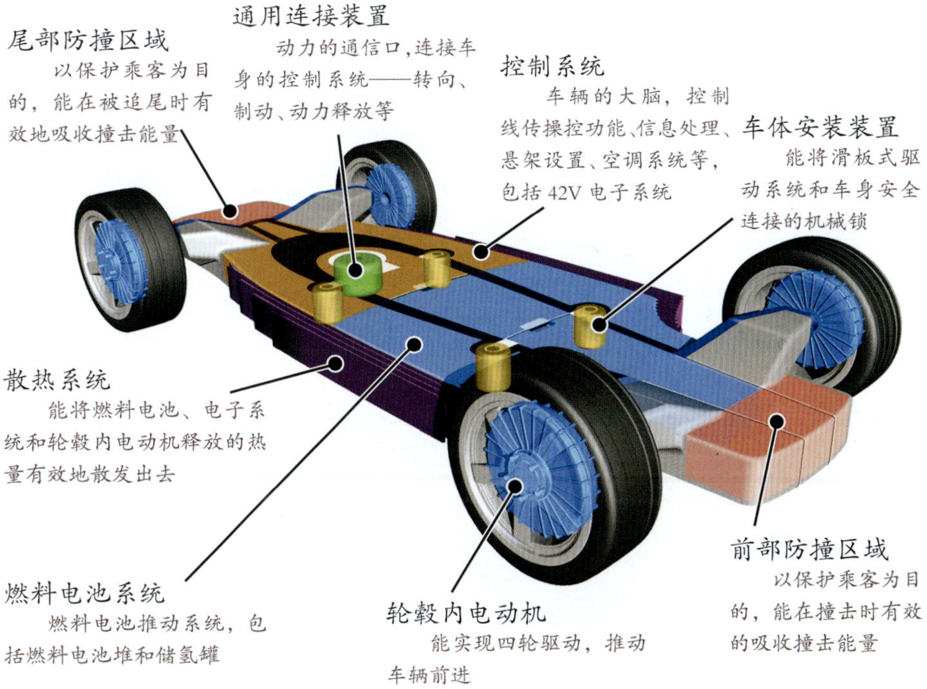

■ 通用 AUTOnomy 概念车 滑板式驱动系统结构图

3. 通用 Hy-wire 概念车

Hy-wire 为氢气（Hydrogen）与线传操控（by-wire）的合成词。Hy-wire 概念车是在 AUTOnomy 概念车基础上开发的，融合了其各项主要技术创新。

燃料电池系统

由 200 个独立的燃料电池串联而成，它们加在一起，可以提供 94kW 的持续功率和 129kW 的峰值功率

储氢罐

三个储氢罐由特殊的碳合成材料制成，存储了约 2kg 氢，压力大约为 35MPa（350bar）

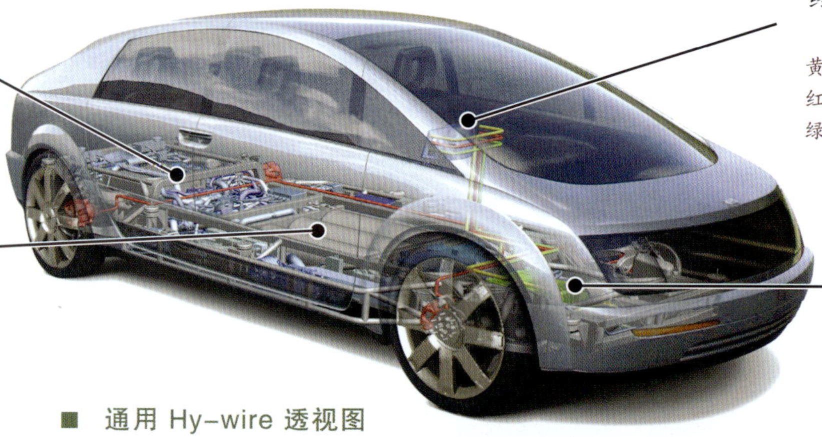

终端控制系统

完全线传操控：

黄色线路：控制转向

红色线路：控制 4 个车轮的制动

绿色线路：控制功率输出大小

电动机

250~380V 三相异步电动机

■ 通用 Hy-wire 透视图

玻璃纤维的车身只是个外壳，车主可以根据个人的喜好更换车身。

所有驱动系统全部集成在 28cm 厚的滑板式车身底盘，因此能获得最大的驾驶舱空间和平直的地板。

Hy-wire 的转向、制动系统完全由电子操控。传统汽车上的转向柱与转向盘，由一个彩色的小屏幕和两个手柄代替。加速时，驾驶人只需转动手柄，减速时，则只需压迫位于同一手柄上的制动器；而转向时，只需上下滑动手柄即可。 由于彻底摒弃了传统的机械控制装置，驾驶人可以将操控系统设置在车的任何部位。

4. 通用 Sequel 概念车

在 2005 年 1 月北美车展上，通用汽车发布了新一代的氢燃料电池车 Sequel。基于此前发布的燃料电池概念车 AUTOnomy 和线传操控氢燃料电池概念车 Hy-wire，是通用汽车向燃料电池车商业化生产目标所迈出的重要一步。

Sequel 主要技术包括采用了燃料电池、线传操控和轮毂内电动机。Sequel 的新一代燃料电池系统更轻更小，最大功率提高了约 25%。这使得 Sequel 拥有 480km 的巡航距离。线传操控技术以电线和制动器来代替机械及液压系统，把来自驾驶人的命令(例如踩下制动踏板或转动转向盘)转变为信号，以驱动电动机实现所需的操作。用线传操控技术代替传统的机械系统后，Sequel 的制动、加速与操纵性能都得以全方位提高。

Sequel 的前轮驱动由一台横向安装的三相 60kW 电动机负责，而另外两台三相 25kW 轮毂电动机则负责驱动后轮，使总功率达到 110kW。

通用 Sequel 燃料电池车技术参数	
前电动机	最大功率：60kW 最大转矩：2350N·m
后轮毂电动机	最大功率：25kW x 2 最大转矩：500N·m x 2
燃料电池	功率：73kW
蓄电池	65kW 锂离子蓄电池
续航里程	液态氢：480km
性能	0~100km/h，加速 <10s，最高时速 145km/h

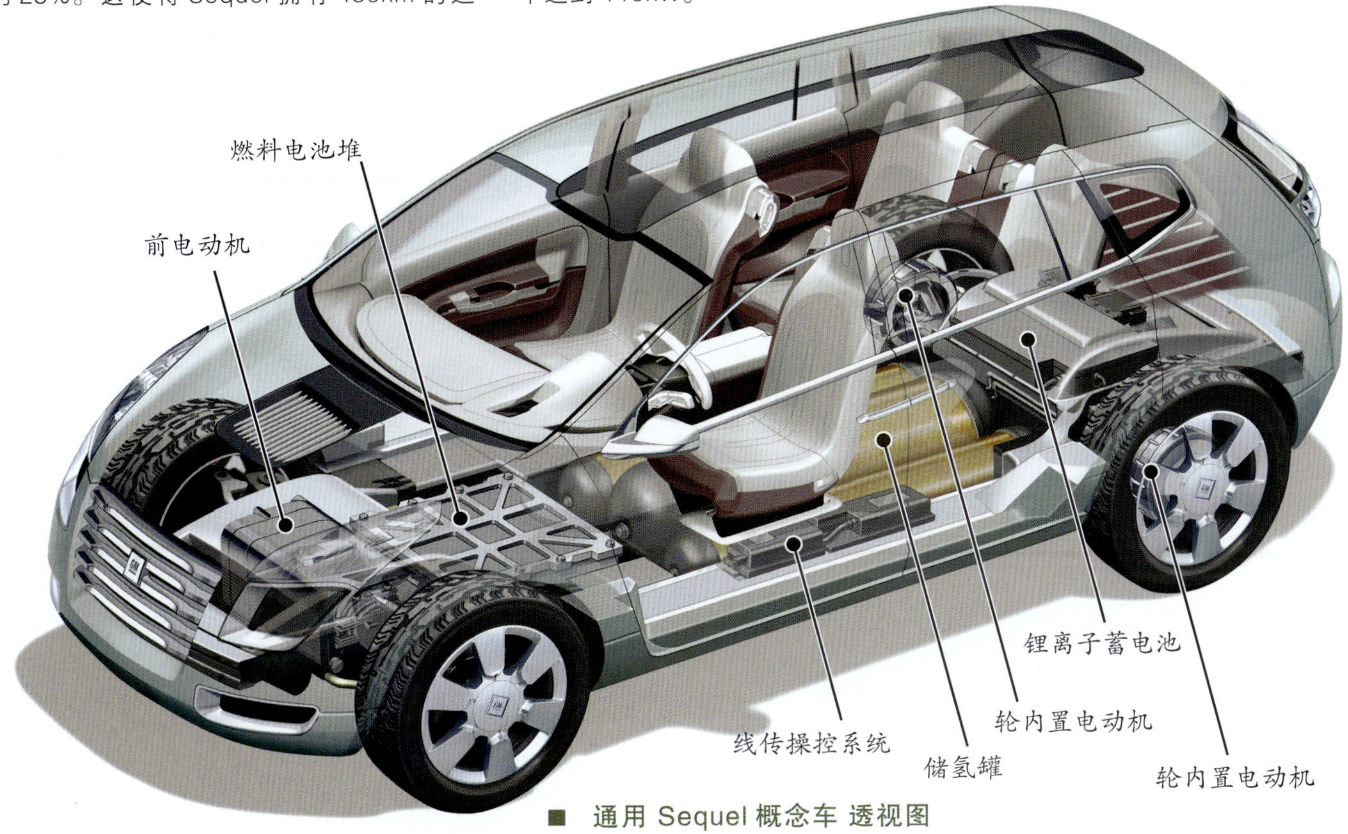

■ 通用 Sequel 概念车 透视图

5. 通用 HydroGen4 概念车

基于雪佛兰 Equinox 的 HydroGen4 是通用能源战略的重要组成部分，搭载了通用第四代燃料电池系统，HydroGen4 最重要的任务就是走出实验室，进行长时间的各种道路实验并交付特定的用户进行终端运营。从而 2007 年发布至 2008 年底，HydroGen4 仅在美国就有近似 10 万普通用户申请驾驶这款车，一共有 3400 人获得了体验的机会，而其中 30 个家庭获得了更长的使用期限，总共累积行驶超过 70 万 km。这些过程中得到的反馈数据，不仅为通用的工程师提供了必要的技术数据，同时也从未来车主的角度带来一些有价值的建议与驾驶体验。

HydroGen4 的燃料电池由 440 个燃料电池单元组成，能输出 73kW 的功率，0~100km/h 加速只用时 12s，极速达到 160km/h。

通用 HydroGen4 燃料电池车技术参数	
电动机	持续功率：73kW 最大功率：94kW 最大转矩：320N·m
燃料电池	功率：93kW
蓄电池	35kW 镍氢蓄电池
储氢罐	700bar 压缩氢 ,4.2kg
巡航距离	320km
性能	0~100km/h，加速 12s， 最高时速 160km/h

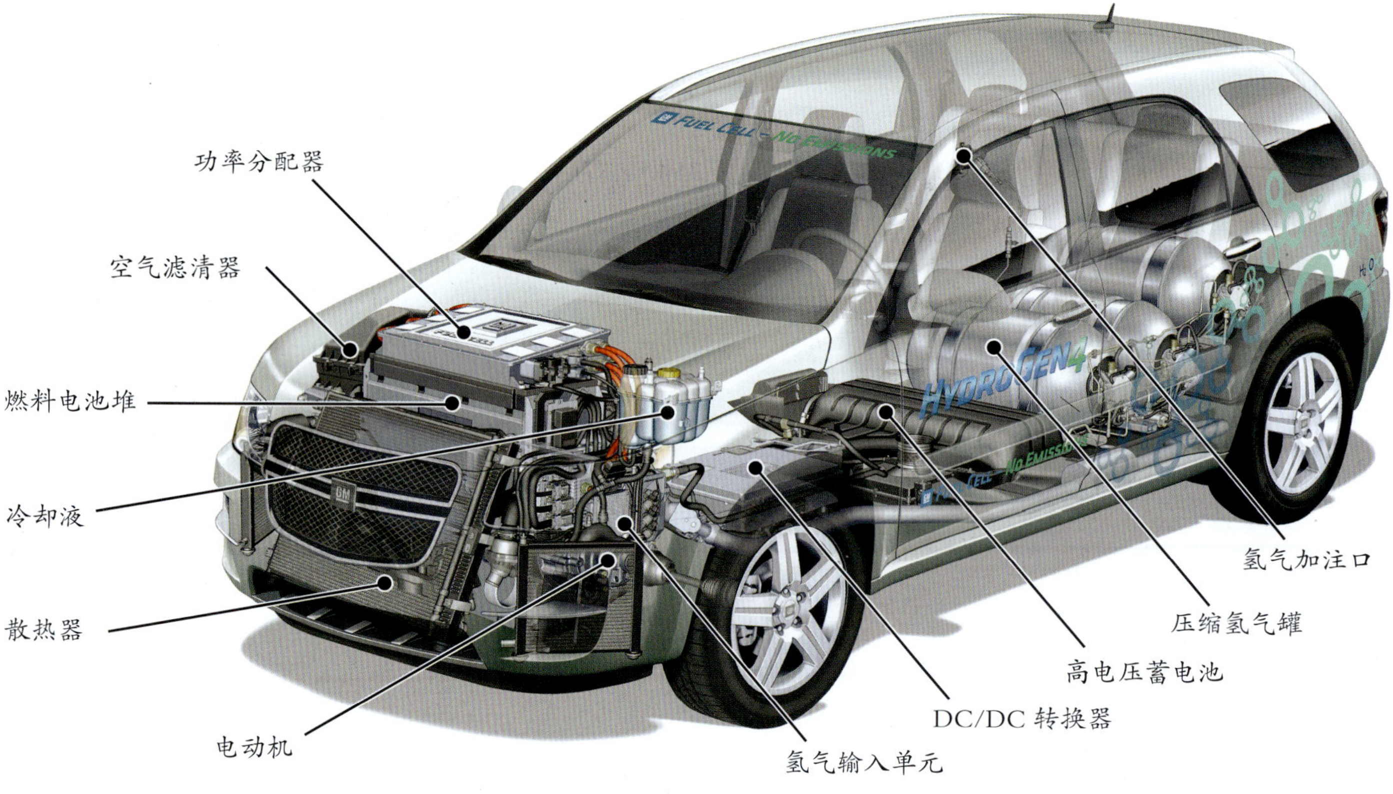

■ 通用 Hy-wire 透视图